Hi, 마르크스
Bye, 자본주의

인류사를 뒤흔든 ≪자본론≫을 가장 쉽게 풀어 쓴 책

Hi, 마르크스 Bye, 자본주의

초판 1쇄 펴낸 날 2009년 7월 13일
초판 6쇄 펴낸 날 2017년 9월 1일

글 강상구
그림 손문상
펴낸이 이광호
펴낸곳 도서출판 레디앙

출판등록 2014년 6월 2일 제315-2014-000045
주소 서울 강서구 공항대로 481(등촌동, 2층)
전화 02-3663-1521   팩스 02-6442-1524
전자우편 redianbook@gmail.com

ⓒ강상구, 2009

ISBN 978-89-959952-5-9 03300

인류사를 뒤흔든 《자본론》을 가장 쉽게 풀어 쓴 책

마르크스 Bye, 자본주의

강상구 **지음**   손문상 **그림**

레디앙

단비가 내린다

경제가 위기다. 전국 곳곳의 노동현장에서 수많은 노동자와 서민의 삶이 위기에 빠져 있다. 그런데 노동자, 서민의 위기는 노동자 운동의 위기와 연관되어 있으며, 민주노총의 위기와도 밀접한 관련이 있다. 한국 노동자 운동은 1987년 노동자대투쟁 이후 20년을 이어 왔으나 이제 더는 물러설 수 없는 한계에 이르렀다.

1,400만 노동자의 대표 조직으로서 역할 했던 민주노총은 지금 매우 어려운 상황에 처해 있다. 민주노총의 정치, 사회적 위상도 많이 약화되었다. 대중 동원력도 예전 같지 않다. 노동 계급 내의 양극화 현상도 우려할 수준에 이르렀다. 이제 노동 운동의 위기는 부정할 수 없는 현실이 되었다.

노동자 운동이 살고, 서민이 행복하게 살 수 있어야 그것이 진정으로 경제 위기를 극복하는 길이다. 이런 의미에서 우리에겐 진지한 고민과 모색의 시간이 필요하다. 그렇지 않으면 우리는 구조 조정의 원인을, 가진 자들의 무분별한 투기의 이유를 이해하지 못할 것이다. 노동자가 노동자 의식을 갖지 못하는 이유를 알지 못할 것이고, 비정규직 노동자와 정규직 노동자로 나뉘어 있는 그 깊은 골을 뛰어넘을 방법을 찾지 못할 것이다.

분명한 것은 자본이 지배하는 세상을 정확히 꿰뚫어 보고, 모든 노동자가 단결된 의식을 가지는 딱 그만큼 세상은 바뀔 것이라는 점이다. 이런 점에서 이 책은 노동자에게 단비처럼 다가온다. 끊임없이 이어지는 잔업, 특근 때문에 혹은 언제 일을 그만둬야 할지 모르는 불안감 때문에, 아니면 일자리가 좀처럼 생기지 않아 생기는 초조함 때문에 책 읽기는 노동자에게 사치일지도 모른다. 하지만 노동자의 관점에서 세상을 해석하는 책이라면 사정은 다르다. 만약 그 책이 쉬우며 재미까지 있다면 더욱 그렇다.

　나는 칼 마르크스의 《자본론》을 감옥에서 읽었다. 《자본론》은 노동자들이 쉽게 읽을 수 있는 책은 결코 아니다. 책 한 장을 넘기기 위해 며칠을 끙끙대던 기억이 아직도 생생하다. 엄청난 분량 때문에 많은 시간을 쏟지 않으면 안 된다. 그래서 《자본론》은 나처럼 감옥에나 가지 않으면 노동자에게는 그림의 떡과 같은 책이다. 그러나 이제 이 책의 출판으로, 노동자 앞에 정말 먹기 좋은 떡 한 접시가 놓였다. 노동자의 생활이 나아지기 위해, 민주 노동 운동이 국민들의 신망과 존경을 받기 위해 노동자는 새롭게 고민을 시작해야 한다. 정부와 자본의 눈이 아니라 노동자의 눈으로 자본주의를 바라볼 수 있어야 한다. 그러한 고민과 성찰을 토대로 우리 앞에 닥친 커다란 위기를 이제 기회로 만들어야 한다. 이 책을 읽는 행위가, 그 작은 출발점이 되길 바란다.

　한때 노동 운동을 겪었던 모든 사람들, 가족이 노동 운동을 했던 사람들, 노동 운동의 성과가 분명히 존재한다고 생각하는 사람들 혹은 그런 건 없다고 생각하는 모든 사람에게도 이 책을 권한다.

단병호 | 전 민주노총 위원장

금지된 서적과의 인연

책이란 읽어야 할 나이가 있다. 열여섯 사춘의 문턱에서 헤르만 헤세의 《데미안》을 읽고, 스무 살 청년의 고뇌와 더불어 도스토예프스키의 《카라마조프가의 형제들》을 읽었던 것은 아주 행복한 독서였다. 돌이켜 보면 《데미안》의 어둠과, 《카라마조프가의 형제들》에서 전개되는 러시아적 광기와 회의주의에 대해, 그땐, 아무 이해를 할 수 없었을지라도, 그러한 만남 자체가 청춘을 풍요롭게 만들어 주었음이 분명하다. 다시 읽는다 하여도, 그 책들을 넘기면서 지나간 사춘의 기억을 회상할 수 있다는 것이 얼마나 다행스러운 일인가!

그 왕성한 열정으로 새로운 세계를 구축하려고 덤볐던 스무 살, 1977년, 그때 우리에게 칼 마르크스의 《자본》은 금지된 서적이었다. 마르크스가 도서관의 철창 속에 유폐된 시절, 우리는 마르크스주의적 경향의 책들로 지적 굶주림을 달래었다. 나는 폴 스위지의 서적에서 마르크스주의를 처음 접했다. 세계에 대한 사상의 밑그림을 그려 나가던 그 무렵, 마르크스의 노동가치설은 내 사상의 든든한 토대가 되었다. 만일 내가 마르크스의 노동가치설을 배우지 않았더라면 인간의 경제 행위와 역사에 대한 나의 인식은 얼마나 천박했을 것인가!

독재 정권과 투쟁하면서 만난 마르크스, 감옥의 30촉 전구 그 희미한 불빛 아래에서 마르크스주의를 탐구하던 열정이 지금도 생생하다. 《자본》은 직접 읽을 수 없었지만, 모리스 돕(Maurice Dobb)과 폴 스위지(Paul Sweezy)의 원서들을 참, 부지런히 공부했다. 교도소의 검열 과정을 통과하기 위해 합법 서적의 뚜껑으로 표지를 교체해야 했던 눈물겨운 책들이었다.

하지만 우리 세대의 마르크스 학습은 불구의 학습이었다. 원전 《자본》을 접할 수 없었으므로, 많은 해설서가 그 자리를 대신했다. 주로 일본 사회과학 서적들의 번역본들이었다. 일명 '자구발'(《자본주의 경제의 구조와 발전》)로 대표되는 해설서들의 경박함, 교조주의적 경향은 온갖 좋지 않은 기회주의와 결합되어 횡행하였다. 《자본》의 과학적 정신은 온데간데없고, 마치 마르크스가 사이비 종교의 교주나 된 듯, 마르크스주의가 자본주의를 물리치는 주술로 이해되기도 하였다.

내가 마르크스의 《자본》을 본격적으로 만난 것은 공장에서 노동 운동을 하던 1985년 무렵이었다. 누군가에게서 영문판 《자본》 원서를 입수했다. 당시 나는 노동자의 삶을 소모품으로 이용하는 자본의 흡혈귀적 속성에 분개하면서 그 책을 읽었다. 이후 노동 운동을 하면서 여러 차례 더 《자본》을 읽었던 것으로 기억한다. 어떤 때엔 자본의 초기 축적 과정에서 백인들이 연출한 인디언 학살 과정에 치를 떨면서 읽었고, 어떤 때엔 울타리치기 운동 과정에서 보여 준 영국의 유혈적 수탈사가 곧 우리 선조들의 이야기임을 공감하면서 읽었다.

어언 나이가 들고 가르치는 선생의 입장이 되어 제자들과 함께 《자본》을 읽으면서는 자본주의적 축적의 일반 법칙으로 나타나는 상대적 과잉 인구, 그것의 현실태가 오늘 한국의 비정규직 노동자들임을 확인하였다.

모든 존재는 거대한 역사적 변화의 흐름 속에서 생성과 소멸을 거듭한다. 이것이 변증법이 가르치는 역사의 진리이다. 하지만 지배계급은 자신의 체제가 영구불변하다는 허위의식을 피지배계급에게 주입한다. 마르크스가 그렇게 심혈을 기울여 작성한 '상품'의 물신적 성격이 바로 이 허위의식을 폭로하기 위해 작성된 것임을 가장 최근에 읽은 《자본》에서 이해하였다.

《자본》은 노동자 계급의 《성경》이라고 한다. '적어도 대학생이 되어 훌륭한 교양인이 되고자 한다면, 서구 2500년 지성의 정수를 한몸에 구현한 마르크스의 저작을 읽어야 한다'고 나는 대학에 들어간 제자들에게 권유하고 있다. 마르크스는 이 책을 쓰기 위해 25년의 젊음을 불살랐다. 강상구 씨의 새 책을 보면서, 한 번 더 《자본》을 읽어야겠다 마음먹었다. 거듭 강조하거니와, "과학은 학습되어야 한다."

황광우 | 지리산초록배움터 대표

333

333번! 행운의 숫자 3이 세 개나 적혀 있으니 333번은 놀라울 만큼 기쁜 숫자인데, 짜증이 확 밀려옵니다. 지금 번호판에 찍혀 있는 숫자는 134, 135, 136번. 손에 쥔 번호표에 적힌 숫자는 333번. 앞으로 2백 명이 남았습니다. 실업급여 자격이 되는지 알아보려고 고용지원센터에 들렀는데, 사람들이 넘쳐 납니다. 2백 명이면 앞으로 2, 3시간은 족히 기다려야 합니다. 찔찔이는 숨이 막힙니다. 그놈의 돈이 뭐라고, 회사에서 잘리고 며칠 지나지도 않았건만 벌써 다음 달 어린이집에 낼 돈이 걱정입니다. 언제나 그렇듯이 살면서 늘 걱정이었던 건 돈입니다. 돈을 좀 벌게 되면 인생이 기뻤고, 돈이 없으면 우울했습니다. 인생의 희로애락은 항상 돈과 함께합니다.

　돈이 최고인 사회, 돈이 사람 사는 것을 좌지우지하는 사회. 그렇습니다. 우리가 사는 사회는 '자본주의' 사회입니다. 이 자본주의 사회를 이해하는 것은 아주 쉬운 일이기도 하고, 또 아주 어려운 일이기도 합니다. 자본주의 사회를 이해하는 것이 쉬운 이유는 우리가 그 안에 살고 있기 때

문입니다. 하나 마나 한 이야기입니다.

신라 사람들한테, '세탁기'라는 것이 있는데 이게 빨래를 자동으로 해 주는 기계라고 아무리 설명해야 못 알아듣습니다. "에이~ 세상에 그런 게 어디 있어?" 이러고 말 것입니다. 마찬가지로 "자본주의는 뭐든지 팔아서 이윤을 남기려고 물건을 만들지."라고 하면 백제나 고구려 사람들은 그게 뭔지 도저히 상상 못합니다. 하지만 우리는 전혀 그럴 필요가 없습니다. 평소에 우리가 보고 경험하는 것들을 떠올리기만 하면 되기 때문입니다. 이런 점에서 우리가 자본주의를 이해하는 것은 매우 쉬운 일입니다.

  하지만 자본주의 안에 사는 모든 사람이 자본주의를 속속들이 이해하고 있는 것은 아닙니다. 세탁기는 우리가 평소에 늘 쓰는 물건이니까 세탁기 하면 그게 뭔지 모르는 사람은 없습니다. 그러나 세탁기를 쓰는 모든 사람이 그 속이 어떻게 생겼는지, 세탁기가 어떻게 '세탁'에서 '헹굼'으로 또 '탈수'로 바뀌면서 빨래를 하는지 등을 아는 것은 아닙니다. 사람들은 세탁기 내부에 대해서도 굳이 알려고 하지 않습니다. 관심 있는 일부 사람들이나 세탁기를 직접 만드는 사람들을 빼고는, 다들 "그냥 잘 쓰기만 하면 되지 굳이 원리나 작동 방식 같은 건 알아서 뭐해."라고 생각할 것입니다.

자본주의도 똑같습니다. 자본주의 안에 살지만, 그 구조가 대체 어떤 건지, 어떤 원리로 움직이는지, 왜 '호황'이었다가 갑자기 '공황'이 오고 또 '불황'이 지속되는지 사람들은 평소에 알려고 하지 않으며, 알기도 쉽지 않습니다.

IMF 구제금융을 받은 이후로 우리는, 경제는 '시장'에 맡기면 다 잘될 것이니까 신경 쓰지 말고 각자 자기 경쟁력이나 열심히 키우라는 이야기를 귀가 따갑게 들었습니다. 하지만 현실은 별로 그렇지 않다는 점을 우리는 눈으로 직접 확인해 왔습니다.

사람들은 (1) '누구나 열심히 일하면 잘살 수 있다.'와 (2) '부자는 점점 부자가 되고, 가난한 사람은 더욱 가난해진다.' 중에 2번이 사실이라는 것을 다 알고 있습니다. 정부와 기업과 학교는 지난 몇십 년간 계속해서 1번이 맞다고 가르쳤습니다. 그 사이에, 1979년의 여성 노동자들은 극도의 저임금을 받으며 하루 14시간 넘게 일을 했고, 2009년 지금 그 여성 노동자들의 딸들은 비정규직 노동자가 되어 한 달에 70만 원이 조금 넘는 월급을 받으면서 살아가고 있습니다. 이런 식이라면 2019년이나 2029년이 되어도 상황은 마찬가지일 것입니다. 끔찍합니다.

시장이 알아서 착착 물건을 거래해 주면 불황이 생길 리가 없는데 경제는 잊어버릴 만하면 한 번씩 공황에 빠집니다. 실업자는 자꾸 생깁니다. 일하는 사람들은 불안하고, 일자리 없는 사람들은 더 불안해서 살 수가 없습니다. 파업하면 사람들이 욕할 걸 알지만, 노동자들은 파업하지 않을 수 없는 상황에 내몰립니다. 이 와중에 '시장 만능'을 외치던 사람들은 경제 위기도 예측하지 못하고, 빈부 양극화도 막지 못하며, 일자리도 못 만들어 냅니다. 이래저래 죽어 나가는 것은 노동자, 서민뿐입니다. '시장이 다 해결해 줄 것이다'라는 주장, 이제는 너무 답답합니다.

몇 년 사이에, 커다란 사회적 이슈가 터지면 사람들이 그 문제에 대해 집중적으로 공부하는 습관이 생겼습니다. 황우석 교수 사건이 벌어졌을 때에는 국민 전체가 줄기세포 전문가가 됐습니다. 2008년 광우병 파동으로 시민들이 촛불을 들고 나섰을 때, 광우병 전문가가 아닌 사람이 없었습니다. 이제는 자본주의 차례입니다. 경제 위기의 시대, 이제는 모두 '자본주의 전문가'가 될 때입니다.

이 책은 가볍게 읽을 수 있는 자본주의 안내서입니다. 새로운 해석으로 미래를 밝혀 주는 그런 고급스럽고 멋진 책은 아니고, 140여 년 전에 마르크스가 쓴 《자본론》을 그냥 쉽게 설명한 책입니다.

《자본론》은 우리가 살고 있는 자본주의 현실을 아주 잘 설명하고 있습니다. '이윤'이 어떻게 만들어지는지, 아무리 열심히 일해도 왜 노동자는 항상 가난하고, 왜 실업자가 거리에 넘쳐 나는지를 명쾌하게 설명하고 있습니다. 노동자들이 왜 파업할 수밖에 없는지도, 공황이 일어나는 원인이 무엇인지도 《자본론》을 읽고 나면 이해가 갑니다.

그런데 《자본론》은 두껍기도 하고, 또 어렵습니다. 내용도 내용이지만 우리가 일상적으로 쓰는 용어들을 쓰지 않는 데다 설명 방식도 매우 독특해서 자본주의 속에 오랫동안 푹 빠져 지냈던 사람들이 쉽게 이해할 수 없는 부분이 많습니다. 고등학생이 읽어야 할 필독서 100권 안에 언제나 들어가는 《자본론》, 고민하는 노동자나 교양 있는 대학생이면 누구나 한 번쯤 읽어야 한다는 《자본론》 그러나 솔직히 그 누구도 제대로 읽지 않는 《자본론》. 그래서 이 책은 《자본론》을 최대한 쉽고 재밌게, 핵심 내용만 뽑아서 독자들에게 전달하는 것이 목표입니다.

이 책의 경쟁 상대는 전 국민의 애독지인 〈스포츠 신문〉입니다. 지금까지 천만 권 넘게 팔려 한국에서 가장 많이 팔린 책으로 추정되는 '자동차 운전면허 예상문제집'이나 아이들한테 폭발적인 인기를 얻은 《마법천자문》이 또한 염두에 두고 있는 경쟁 상대입니다.

끝으로 몇 분에게 감사를 드려야 할 것 같습니다. 옆에서 새벽마다 빨리 일어나서 책 쓰라고 구박해 주신 주현숙 씨께 고맙다는 인사를 드립니다. 부모님들께는 항상 건강하셔서 감사하다는 말씀을 드려야겠습니다. 동생들과 가족들도 건강하길 바랍니다. 조카들이 튼튼하게 잘 자라는 건 저에게도 큰 행복입니다.

마지막으로 2009년 6월, 태어난 지 딱 3년 된 사랑하는 우리 미루에게 이 책을 선물합니다. 좋아할진 모르겠습니다.

2009년 6월
강 상 구

차례

1

생산관계는 친구 관계?

– 생산력, 생산관계, 생산양식

공부하려면 평소에 잘 안 쓰는 용어와 개념을 많이 알아야 합니다. 세탁기 내부 구조를 알려면 생전 신경 안 썼던 부품 이름을 외워야 하는 거와 같습니다. 이 점이 좀 어렵지만, 부품 이름만 잘 외우면 세탁기든 자본주의든 구조를 이해하는 것은 의외로 간단합니다.

우선 생산력, 생산관계, 생산양식에 대해서 알아보겠습니다.

생산력이란 말은 별게 아니고 그냥 '생산하는 능력'이란 뜻입니다. 생산은 '물건을 만들어 내는 행위'이고, 능력은 '뭔가를 해내는 힘'이니까, 생산력이란 '물건을 만들어 내는 힘'입니다. '생산력이 높다'는 말은 물건을 잘 만들거나, 짧은 시간에 물건을 많이 만들어 내거나, 다른 사람들이 못 만드는 물건을 누군가 만들어 낼 때 흔히 씁니다.

생산하는 힘

천 년 전과 비교해 보면, 지금이 생산력이 훨씬 높습니다. 그때는 없던 자동차, 비행기, 컴퓨터, MP3 같은 것들을 지금은 수도 없이 만들어 냅니다. 천 년 전 사람이나 지금 사람이나 생긴 건 다 똑같고 힘쓰는 것도 비슷하겠지만 지금이 그때보다 생산력이 훨씬 높습니다. 그때나 지금이나 지구 위에서 자연을 이용해서 생산하는 것은 똑같은데 지금이 생산력이 훨씬 높습니다. 사람들의 지혜가 쌓이면서 기계 같은 것을 자꾸 발명해서 예전보다 좋은 물건을 짧은 시간에 많이 만들어 내섭니다.

여기서 기계 같은 것들을 노동 수단이라고 합니다. 말 그대로 사람이 '일하면서 이용하는 수단'입니다. 사람이 생산하기 위해 이용하는 '자연'은 흔히 '노동 대상'이라고 합니다. 사람은 자연의 일부인 땅 위에다 공장을 짓고, 자연에서 나온 석유 같은 연료를 써서 기계를 돌려 물건을 만듭니다. 자연은 '우리가 자연을 대상으로 노동한다.'고 해서 노동 대상이라고 합니다.

또한 방금 설명한, 기계 같은 '노동 수단'과 자연이라는 '노동 대상'을 한꺼번에 생산 수단이라고 합니다. 생산하기 위한 수단으로 자연도 이용하고, 기계도 이용한다는 뜻입니다. 이러한 생산 수단을 인간이 노동력을 발휘해서 이용하면 '생산하는 힘', '물건을 만들어 내는 힘'이 생깁니다. 곧, 생산력이 생긴다는 것이지요. 그래서 좀 유식하게 말하면, '생산 수단과 노동력을 합하면 생산력이 된다.'고도 합니다.

사장과 직원

이제 생산관계에 대해서 알아보겠습니다. 생산관계란, 생산할 때 사람들이 맺는 관계입니다.

"너, 저 사람이랑 무슨 사이냐?"

흔히 다른 사람과의 관계를 묻는 말입니다.
사람은 살아가면서 다른 사람과 여러 관계를 맺습니다. 어떤 사람하고는 친구, 어떤 사람하고는 연인 관계를 맺습니다. 어떤 사람하고는 이웃 관계를 맺고, 어떤 사람하고는 '사장과 직원'의 관계를 맺습니다.

그런데 사람이 '다른 사람과 어떤 관계를 맺느냐', 곧 '다른 사람하고 어떤 사이인가' 하는 것은 그 사회가 어떤 사회인지를 말해 주는 아주 중요한 척도입니다. 예를 들어 요즘 같은 때에, '주인-노비'의 관계는 없습니다. "저 사람은 나의 주인님이셔!"라고 말하는 사람은 없다는 것입니다. 왜냐하면 지금은 노예 사회가 아니기 때문입니다. "저분은 우리 고을 사또님이십니다."라고 말하는 사람도 없습니다. 지금은 '사또'라는 직책이 없기 때문입니다. 조선 시대에 사는 어떤 사람이 "아~ 저 사람? 우리 회사 사장이야."라고 말했다면 그 사람은 이상한 사람입니다. 조선 시대는 자본주의 사회가 아니었기 때문입니다.

생산관계는 바로 이런 문제와 관련 있습니다. 사람들이 생산할 때, '서로 어떤 관계를 맺으면서 생산하느냐' 하는 것이 바로 생산관계이기 때문입니다. 생산관계는 생산 수단을 누가 가질 것인가, 만들어진 생산물을 어떻게 처리할 것인가 등의 문제들과 관계 있어서 무척 중요합니다. 왜 그런지는 조금만 생각해 보면 알 수 있습니다. 사람에게 가장 중요한 것은 먹고 사는 문제입니다. 먹는 데 필요한 것, 그 밖에 생활하는 데 필요한 것을 뭘 이용해서 어떻게 만들고(생산), 어떻게 나눠 가지며(분배), 얼마나 어떻게 쓰느냐(소비) 하는 것은 사람이 살아가는 데 아주 기본적이면서도 가장 중요한 문제입니다.

만약 세상에 나 혼자 산다고 가정하면 뭘 만들고, 그걸 어떻게 나눠서, 어떻게 쓸 것인지 고민할 필요가 하나도 없습니다. 그냥 혼자서 필요한 걸 만들어 쓰면 됩니다. 학교 앞에서 자취하는 남자 대학생들처럼 혼자 사는 경우를 상상해 봅시다. 집에는 생라면이 잔뜩 쌓여 있습니다(원료). 휴대용 가스레인지와 냄비(노동 수단)도 있습니다. 생라면, 가스레인지, 냄비 모두 혼자 사는 이 사람 것입니다. 이 사람은 배고프면 아무 때나

라면을 끓일 수 있습니다. 저녁 12시건 새벽 3시건 자기 마음입니다. 끓인 라면을 어떤 규칙으로 먹을 것인가? 이것도 자기 마음입니다. 그냥 냄비 채로 먹든, 대접에 담아서 먹든, 1시간쯤 놔 둬서 탱탱 불린 다음에 먹든 다 자기 마음입니다. 이렇게 이 사람은 라면을 자기 마음대로 '생산'하고, '분배'를 따로 고민할 필요도 없으며, '소비'도 자기 마음대로 합니다.

이 사람이 아주 씩씩하고 똑 부러지는, 하지만 조금은 괴팍한 여성이랑 같이 살게 됐습니다. 그러자 옛날 방식이 문제가 되었습니다. 둘이 사는 데 혼자서 아무 때나 라면만 끓여 먹으면 옆 사람은 화가 납니다. 이제부터는 어떤 식으로 지낼지 약속이 필요합니다. 두 사람이 서로 어떤 관계를 맺어 갈지 규칙이 필요하다는 것입니다.

"이제부터 라면은 하루에 딱 한 번만 끓여. 나도 라면 좋아하니까 한 번에 세 개씩."
"그래!"
"그리고 네가 그동안 라면 계속 끓여 왔으니까 앞으로도 끓여."
"알았어."
"라면 끓일 때는 저 오래된 냄비 말고, 내가 사 온 새 냄비를 써."
"응."
"저 냄비는 내 것이니까 쓸 때 조심하고."

이렇게 생산의 규칙을 잡아야 합니다. 냄비(생산 수단)가 누구 것인지 분명히 합니다. 그런 뒤에 냄비로 누가 라면을 끓일 것인지(생산)도 정합니다.

"라면 다 끓였어?"

"응. 자, 여기."

"좋아. 막 퍼 먹으면 국물 튀고 지저분해지니까 우리 대접에 덜어서 먹자. 너는 이 작은 젓가락 써. 나는 이 큰 젓가락."

이제 생산한 라면을 어떻게 나눌지(분배) 정합니다. 라면이 다 나눠지면 그때 비로소 두 사람은 라면을 먹기(소비) 시작합니다. 두 사람이 같이 사니까 이런 식으로 라면을 생산, 분배, 소비하는 규칙이 정해지기 시작합니다. 두 사람 사이에 혼자 살 때는 없던 '인간관계'가 만들어지는데, 이런 게 바로 '생산관계'입니다.

그럭저럭 잘 살던 두 사람 사이에서 아이가 생기고, 이 아이가 초등학생이 되었습니다. 세 사람이 라면을 끓여 먹습니다.

"자, 라면 생산은 아빠가 할게. 엄마 냄비로."

"매일 아빠가 하잖아."

"라면 분배는 각자 자기 앞에 있는 대접 크기에 맞게 알아서!"

"네!!"

"라면 소비는 너무 쩝쩝거리지 말고, 흘리지도 말고!"

"네!!"

세 사람이 되면 두 사람 때보다 관계가 조금 더 복잡해질 것 같습니다. 그러나 관계가 복잡하든 안 하든 누가 생산 수단을 가지고 있는가, 누가 생산을 하는가, 생산한 것을 어떻게 분배하고 소비할 것인가에 대한 규칙은 어쨌거나 정해집니다. 이 집에서 라면을 끓이는 경우에 생산 수단은 엄마가 소유하고 있고, 생산하는 노동자는 아빠이며, 각자 필요에 따라 분배한 것을 모든 구성원이 알아서 소비합니다. 이것이 이 집의 생산관계입니다.

생산관계라는 말이 이해되었다면 이제 자본주의적 생산관계에 대해서 알아보겠습니다.

한 가지 상상의 나래를 더 펴 보겠습니다. 예를 들어 세상에 필요한 모든 물건을 오직 가족 안에서 만들어 낸다면, 이런 생산관계를 뭐라고 불러야 할까요? 뭐, 사람마다 부르기 나름이겠지만 굳이 이름을 붙인다면 가족적 생산관계 정도가 될 것 같습니다. 가족이 중심이 되고, 사람들은 그 가족을 중심으로 서로 인간관계를 맺어서 생산을 한다는 뜻입니다. 이때 가족 안에 들어가지 못하는 사람은 '실업자'가 되겠죠.

친구들끼리 날만 밝으면 서로 모여서 생산하는 이상한 사회가 있다고 쳐 봅시다. 그런 사회는 친구적 생산관계가 발달되어 있다고 할 수 있을 겁니다. 정부는 이런 친구 관계가 부실해지면 정부 돈을 써서 지원해 주겠죠.

아프리카 오지에 수렵이나 채취 같은 것으로 먹고사는 부족이 있다면, 그런 경우에는 굉장히 원시적인 수준에서 다 같이 모여 공동으로 생산한다고 해서 원시공산제(공동 생산)적인 생산관계가 유지되고 있다고 말할 수 있을 것입니다.

그렇다면 자본주의적 생산관계가 발달한 사회는 어떤 사회이겠습니까? 바로 자본을 중심으로 생산이 이루어지며, 자본 주변에 사람이 모여서 인간관계를 맺고 생산하는 사회라는 뜻입니다. 우리 사회에서는 사람이 사는 데 필요한 많은 물건을 '회사'가 만들어 냅니다. 회사에는 자본을 동원한 자본가와 이 자본가가 고용한 노동자가 있습니다. 사람들이 자본가와 노동자라는 관계를 맺으면서 살고 있다는 것입니다. 생산수단을 이용해서 먹고 사는 데 필요한 물건을 하필이면, 사람이 '자본가와 노동자'로서 만나는 '회사'를 통해서 생산하는 사회, 이런 사회를 우리는 자본주의 사회라고 합니다.

제도까지 포함된 생산양식

마지막으로 생산양식에 대해서 알아보겠습니다. 생산양식이란 '생산관계와 생산력이 결합되어 이루어진 생산 형태'를 말합니다. 이것 참 말이 어렵습니다. '양식'이란 말은 영어로는 mode인데 국어사전에서 찾아보면 형태, 방법, 방식, 식 등이라는 뜻입니다. 그러니까 자본주의 생산양식이란, 생산을 자본주의적인 형태로 하는 사회, 자본주의적 방법으로 하는 사회, 자본주의적인 방식으로 하는 사회, 자본주의 식으로 하는 사회로 이해하시면 됩니다. 다시 말해서, 그냥 '자본주의 사회'를 좀 그럴 듯하게 '자본주의 생산양식'이라고 하는 겁니다.

그런데 그냥 자본주의 사회라고 하면 될 텐데 굳이 생산양식이라는 말을 붙인 이유는, 자본주의 사회를 생산관계와 생산력을 기준으로 보려고 했기 때문입니다. 이건 자본주의 이전의 역사에 대해서도 마찬가지입니다. 자본주의 이전 역사도 '생산력과 생산관계'에 따라서 즉, '생산양식'에 따라서 구분할 수 있습니다.

생산양식으로 역사를 구분하는 것과 그냥 역사를 구분하는 것은 예를 들면 이렇게 다릅니다. 인간이 생기고 지금까지 15만 년쯤 흘렀는데, 그 역사를 보통은 구석기 시대-신석기 시대-청동기 시대 등등으로 나누죠. 그런데 이때 신석기 시대를, '신석기적 생산양식'이라고 부르지는 않습니다. 누군가가 "과거 신석기 시대에는~"이라고 말을 꺼내면 그 사람은 그 시절에 사회가 그렇게 생긴 이유가 바로 신석기라는 도구가 발명되었기 때문이라고 생각하는 것입니다. 그러나 이런 식의 설명으로는 생산력과 생산관계가 그 전 시대와 어떻게 다른지, 그 이후 시대와 어떻게 다른지 잘 구분할 수가 없습니다. 사람 사이의 관계가 어떠했으며, 누가 지배했고, 누가 지배당했는지 등을 알 수 없습니다. 그래서 인간의 역사를 생산관계와 생산력 두 가지를 기준으로 놓고 원시 공산제, 고대 노예제, 중세 봉건제, 자본주의 등과 같은 방식으로 나누어 설명하는 것입니다. 이것이 바로 생산양식에 따라 역사를 구분하는 방식입니다.

그런데 여기서 한 가지 더 알아야 할 것이 있습니다. 생산양식은 단순히 생산력과 생산관계만 표현하는 것이 아니라 그러한 생산관계를 유지하는 '사람들의 생각이나 제도'도 모두 포함한 말이라는 것입니다.

"옆집은 아빠가 항상 라면 끓인다는데, 왜 우리 집은 라면이든 밥이든 왜 늘 엄마가 해?"

"어허! 이게 바로 우리 집 규칙이야. 남자는 부엌에 들락거리면 안 되는 거야. 그 대신 아빠가 부엌살림은 다 사 줬잖아."

"잉. 그런 게 어딨어?"

"아빠 말이 맞아. 남자는 바깥일, 여자는 집안일. 너도 그렇게 살아야 해. 알았지?"

이 집은 앞에 나온 집과 생산관계가 반대입니다. 부엌살림(생산 수단)은 죄다 아빠 것이고, 생산은 엄마 혼자서 일방적으로 합니다. 딸이 뭔가 좀 잘못됐다 싶어서 불만을 얘기해 보지만 아빠는 이게 집안의 규칙이

라고 얘기합니다. 게다가 만날 요리하느라고 고생하는 엄마까지도 이렇게 하는 게 맞다면서 아빠 편을 듭니다.

"알았어요. 그럼 저도 앞으로 부엌에서 열심히 요리하면 칭찬받을 수 있는 거죠?"

결국 딸도 아빠 생각에 동의합니다. 그렇지 않고 만약 딸이 계속 투덜거리면 이 집의 생산관계는 바뀔 수도 있습니다.

"정말, 지독하네. 쟤는 누굴 닮아서 저렇게 고집이 세? 알았어, 알았어. 아빠가 라면 끓여 줄게."
"솔직히 쟤 말이 맞아요. 당신도 요리 좀 하고 그래야 해."

딸의 생각이 아빠, 엄마와 다르면 원래 있던 생산관계를 유지하기 힘듭니다. 그러니까 생산관계를 오래 유지하려면 사람들이 그 생산관계가 옳다고 믿어야 한다는 것입니다. '생산양식'이란 바로 이런 것입니다. 생산양식은 생산관계를 유지하는 사람들의 의식과 그러한 의식을 계속 유지시켜 주는 법이나 제도 같은 것들도 모두 포함합니다. 똑같이 한국에 대해서 말하더라도 누군가가 '한국과 같은 자본주의 생산양식에서는……'이라고 말한다면 앞으로는 '아, 저 사람은 한국의 자본주의적 생산관계와 생산력, 그러니까 노동자-자본가 관계와 거기서 나오는 생산력 그리고 그걸 유지시켜 주는 의식과 법 제도에 관심이 있는 거구나'라고 생각하시면 되겠습니다.

2

"나도 상품"
– 자본주의의 특징

지금부터는 자본주의의 특징에 대해서 알아보겠습니다.

흔히 "그 사람 특징이 뭐야?"라고 물으면 다른 사람과 다른 그 사람만의 독특한 점을 이야기합니다. "밥을 먹으면 위로 소화시키고, 술을 먹으면 간이 부지런히 알코올을 분해하는 특징이 있어."라고는 아무도 말하지 않습니다. 왜냐하면 그건 누구나 다 똑같기 때문입니다. 그 대신, "말이 많아!"라든가 "얼굴이 쥐같이 생겼어!"라고 대답합니다. 이렇게 특징이란 다른 사람과 구분되는 점입니다.

"그 왜 있잖아, 말 많고 얼굴 쥐같이 생긴. 그 사람 이름이 뭐더라~?"

"누구 말하는지 모르겠다."

"너, 그것도 몰라? 확 쥐어박는다!"

특징, 그러니까 다른 사람과 다른 그 사람만의 독특한 점을 알면 그 사람을 매우 쉽게 이해할 수 있습니다.

"그 왜, 영주랑 농노가 있고, 농사지어서 영주한테도 바치고 교회에다가도 내야 하고. 그 사회 이름이 뭐더라?"

"중세 봉건 사회 말하는 거냐?"

"그렇지, 중세 봉건 사회."

특징을 알면 이렇게 사람뿐만이 아니라 사회에 대해서도 쉽게 이해할 수 있습니다. 자본주의 사회도 마찬가지입니다. 가끔, "자본주의 사회든 무슨 사회든 사람 먹고 사는 건 다 똑같은 거 아냐?"라고 말하는 사람들이 있는데, 이래서는 자본주의의 특징을 알 수 없습니다. 자본주의의 특징이란, 자본주의가 아닌 다른 사회와 자본주의가 구분되는 점입니다. 이 특징을 알아야 비로소 자본주의를 알 수 있습니다.

돈 벌려고…

"그 있잖아. 물건을 돈벌이하려고 만들고, 또 만든 물건을 죄다 팔아 치워야 하고, 인간들도 다 자기 노동력을 팔아야 되는, 그 사회 이름이 뭐더라?"

"자본주의 말하는 거냐?"

"그렇지! 자본주의!!"

열심히 공부해서 다 외웠는데, 하필이면 그 용어만 기억 안 나서 괴로워하는 유식한 초등학생들이라면 이런 식으로 대화할 법도 합니다. 이 대화에서 나왔던 것처럼 자본주의 특징은 '물건을 돈벌이하려고 만들고', '만든 물건을 죄다 팔아 치워야' 하고, '인간들도 다 자기 노동력을 팔아야 된다.'는 것입니다.

이걸 좀 그럴듯하게 다시 말하겠습니다. 자본주의의 특징은 첫째, 생산의 목적이 이윤 추구에 있고 둘째, 모든 생산물이 상품으로 유통되고 소비되며 셋째, 노동력이 상품화되었다는 점입니다. 하나하나 살펴보겠습니다.

우선, 생산의 목적이 이윤 추구에 있다는 점에 대해서 알아보겠습니다. 사람이 뭔가를 만들면 그건 다 목적이 있습니다.

"꼬마야, 너 그 찰흙 자동차 왜 만들어?"
"선생님이 만들어 오라고 숙제 내줬거든요."

"어이, 아저씨 웬 뜨개질을 그렇게 열심히 하쇼?"
"내일까지 모자 만들어서 안 갖다 주면 마누라한테 죽어요."

이런 식입니다.

꼬마가 찰흙 자동차를 '생산하는 목적'은 선생님한테 꾸중 듣지 않는 원만한 학교생활을 위해서입니다. 아저씨가 뜨개질로 모자를 '생산하는 목적'은 안 그러면 죽기 때문입니다.

저희 외할머니는 6평쯤 되는 밭에다가 상추, 깻잎, 고추 따위를 심어서 키우십니다. "아이고 할머니, 그거 다 키워서 뭐하려고 그러세요?"라고 물어봤다면 할머니는 이렇게 대답하셨을 겁니다.

"나도 좀 먹고, 애들도 좀 갖다 줄라고. 그리고 또 이게 꽤 재미도 있어. 늙은이 소일거리로는 이만한 게 없어."

외할머니는 당신도 드시고, 식구들도 먹이려고 각종 채소를 기르십니다. 이런 걸 좀 그럴듯하게 얘기하면, 외할머니가 '생산하는 목적'은 당신이 '직접 소비'하기 위해서입니다. 그래서 외할머니는 당신과 식구들이 좋아할 만한 채소를 심습니다.

그렇다면 자본주의 사회는 어떻습니까? 생산되는 모든 물건이 저희 외할머니처럼 생산자가 직접 소비할 목적으로 생산되나요? 아니면 원만한 학교생활을 위해서 혹은 평화로운 부부 관계를 유지하려고 생산되나요?

자동차 회사에서 하루에 100대씩 차를 만드는 사람들은 그 차를 다 자기가 타려고 생산하지 않습니다. 가구 공장에서 일하는 노동자들도 자기 옷과 이불을 집어넣으려고 장롱을 만들지는 않습니다. 자본주의 사회에서 물건을 생산하는 목적은 직접 소비하기 위해서가 아니라는 이야기입니다. 그렇다고 자동차나 장롱을 생산하는 목적이 선생님한테 혼나지 않기 위해서나 마누라가 오늘 중에 차 1대를 안 만들면 죽인다고 했기 때문은 더욱 아닐 것입니다.

그럼, 이 물건들을 만들어 내는 이유는 무엇이겠습니까. 바로, 돈을 벌기 위해서입니다. 다시 말해서 생산의 목적이 이윤 추구에 있다는 이야기입니다.

"아니? 당연히 돈 벌려고 회사 만들지, 그럼 뭐하러 만드나?"

맞습니다. 회사는 돈 벌려고 만든 것입니다. 회사를 만들어서 뭔가를 생산하는 이유가 바로 돈을 벌려는 데 있습니다. 바꿔 말하면 자본주의는 생산의 목적이 돈을 버는 것에 있기 때문에, 돈 버는 것이 목적인 회사라는 조직을 만들어서 물건을 만들어 냅니다.

돈이 있어야…

자본주의의 두 번째 특징은 모든 생산물이 상품으로 생산되고 유통되며 소비된다는 점입니다.

사실, 살면서 필요한 것을 모두 자기가 생산할 수는 없습니다. 혼자서 집 짓고, 책상 만들고, 장판 만들어서 방바닥에 깔고, 농사지어서 쌀 거두어 밥해 먹고, 닭 키워서 얻은 달걀로 달걀말이 해 먹고……. 이럴 수 없다는 것입니다. 그래서 자본주의 이전에도 일단 기본적으로 먹고 살 것 외에 남는 게 있으면 서로 교환하는 일이 있었습니다.

그러다가 생산력이 발전하면서 점차 사회적으로 분업을 하게 됐습니다. 농사짓는 사람은 농사만 짓고, 농사짓는 사람이 볼 텔레비전은 텔레비전만 만드는 사람이 생산하는 식이 됐다는 것입니다. 이렇게 되자 이제 중요한 것은 각자 만든 물건을 '어떤 방식으로 나눠 갖느냐' 하는 것입니다.

"나는 텔레비전을 만들었어."
"나는 쌀을 만들었지."
"나는 자동차를 만들었는데?"
"나는 옷을 만들었어."
"그럼 이걸 이제 어떻게 나눠 갖지?"

"우리 각자 만든 걸 다 꺼내 놓고 필요한 사람이 알아서 가져가는 걸로 할까?"

"아니 그러지 말고 돈 있는 사람이 필요한 물건을 사 가는 걸로 하자."

이것이 바로 자본주의에서 사람들이 생산한 물건을 나눠 갖는 방식입니다. 이렇게 돈을 주고 사야 하는 물건을 상품이라고 합니다. 상품과 상품이 아닌 것은 확실히 다릅니다.

앞서 나왔던 꼬마가 만든 찰흙 자동차는 상품이 아닙니다. 아저씨가 뜨개질해서 만든 모자도 상품이 아닙니다. 혹시 부인이 그 모자를 받아서 어디 가서 팔아 버리면 상품이지만 의리가 있지 그렇게는 안 할 겁니다. 외할머니가 기른 상추나 깻잎 역시 할인마트 같은 데서 파는 상품과는 다릅니다.

꼬마의 찰흙 자동차는 내다 팔지 않아도 충분히 쓸모 있습니다. 꼬마가 선생님한테 숙제 잘해 왔다고 칭찬 들을 때 써먹을 수 있기 때문입니다. 뜨개질한 모자는 그걸 누가 돈을 내고 사지 않아도 모자 만든 분의 부인이 유용하게 쓰고 다닐 것입니다. 외할머니 깻잎은 할인마트에서는 안 팔지만 저는 그걸 이미 먹었습니다. 이렇게 상품이 아닌 생산물은 시장에서 팔지 않아도 누군가는 그걸 사용합니다. 그러나 상품인 생산물은 다릅니다. 이건 시장에 내놨을 때 안 팔리면 아무도 그걸 사용하지 못합니다.

사람 100명이 사는 어떤 평화로운 마을에 빵 100개가 있다고 해 봅시다. 이 경우 한 사람당 빵이 몇 개씩 돌아갈까요. 대부분 사람들은 뭐 이런 걸 문제라고 내나 생각하실 겁니다. "당연히 한 사람당 1개씩이지 뭐." 그런데 그렇지 않습니다. 오직 모든 사람에게 빵을 '골고루 나눠 줄 경우'에만 한 사람당 한 개씩 돌아갑니다. '골고루 나눠 주다', 그러니까 '평등하게 분배'할 경우에만 빵 한 개가 한 사람에게 돌아간다는 이야기입니다.

자선 사업 하는 사람이 고아원에 있는 어린이 100명에게 빵 100개를, 수해 복구 현장에 간 사람이 이재민 100명에게 빵 100개를 한 사람 앞에 하나씩 나눠 주고, 공산주의 사회에서 빵 100개를 100명에게 분배할 경우에만 빵은 한 사람에게 하나씩 돌아갑니다.

만약 이 빵을 찔찔이라는 사람이 회사를 만들어서 생산한다고 해 봅시다. 빵이 상품이 되어 나타났다는 이야깁니다. 이 경우에는 한 사람당 빵이 몇 개씩 돌아갈지 전혀 알 수 없습니다. 찔찔이가 어릴 때부터 '평등'이나 '분배' 이야기만 들으면 가슴이 콩닥콩닥 뛰는, 성품이 착한 사람이라면 한 사람당 빵 하나씩을 나눠 줄까요? 당연히 그렇게 안 합니다.

찔찔이는 이윤 추구를 위해서 빵을 만들었습니다. 빵은 아무나 가져다 먹으면 되는 단순한 먹을 것이 아니라 상품입니다. 찔찔이는 빵을 죽으나 사나 팔아야 하고, 사람들은 돈을 내고 빵을 사야 합니다. 만약에 빵 살 돈이 있는 사람이 50명밖에 없다면? 빵 100개 중에서 50개는 팔리고, 50개는 찔찔이네 공장에 그대로 쌓여 있습니다. 빵을 못 산 50명이 굶어 죽게 생겼다면? 그래도 빵 50개는 찔찔이네 공장에 쌓여 있고 시간이 지나면 썩어 없어질 것입니다.

자선 사업 하는 사람과 구호 활동 하는 사람에게 빵은 상품이 아닙니다. 그리고 공산주의 사회에서도 빵은 상품이 아닙니다. 아무도 그것을 팔려고 하지 않고, 사려고도 하지 않습니다. 자선 사업가나 구호 활동가, 공산주의 사회에 사는 사람들의 경우에는 창고에 빵 50개가 있으면, 빵을 못 먹은 50명한테 "하나 가져다 드세요."라고 말할 것입니다. 배고픈 사람이 있고, 한쪽엔 빵이 남아돈다면 그걸 안 주는 게 이상한 일입니다.

그러나 빵이 상품이면, 배고픈 사람 눈앞에 그 빵이 있더라도 "그냥 하나 가져다 드세요."라고 말하지 않습니다. 그 대신에, "하나 사서 드세요."라고 말합니다. 그걸 그냥 먹으면 '범죄'가 됩니다. 자본주의 사회의 규칙을 어겨서지요. 상품한테 상품 취급을 안 해 줬기 때문입니다.

"나도 상품"

저희 외할머니는 소일거리로 깻잎과 상추를 기르시지만, 대부분 사람들은 먹고살기 위해서 생산에 참여합니다.

"내가 가진 건 몸뚱아리밖에 없는데 조심하면서 살아야지."

맞습니다. 몸을 놀려서 생산에 참여하지 않으면 먹고살 수 없으므로 조심해야 합니다. 몸을 놀려서 생산에 참여하는 것 곧, 노동력을 팔지 않으면 먹고살 수 없다는 것, 이것이 바로 자본주의의 세 번째 특징입니다.

"그놈의 회사 확 때려치워 버려!!! 내가 이거 아니면 못 먹고살 줄 알아?"

하루에도 몇 번씩 이런 생각을 하는 노동자들이 많지만 막상 회사를 진짜로 때려치우려면 대단한 용기가 필요합니다. 노동력을 팔지 않으면 먹고살 수 없기 때문입니다. 그러면 노동력은 왜 이렇게 상품화가 되었을까요?

자본주의가 처음 생긴 영국에서는 노동자가 아닌 사람들을 노동자로 만드는 과정이 있었는데요, 그 과정이 대부분 굉장히 폭력적이었습니다. 자본주의를 다스리시는 '보이지 않는 손'과 그 부하가 당시에 나누었을 법한 얘기를 잠시 들어 보겠습니다.

"어이, 똘마니! 내가 노동자를 좀 고용해야겠는데 말이야."

"네? 농민들 말씀하시는 건가요?"

"아니 아니, 노!동!자! 노예처럼 누구한테 얽매여 있지 않고 자유로우면서 노동력만 나한테 팔 사람들 있잖아. 꼭 이렇게 길게 설명해야 하나?"

"농민들이 있긴 한데, 그 사람들은 농사지어 먹으면서 잘 살고 있는데요."

"그래? 그럼 노동자가 없단 말이야?"

"네. 노동자라는 말은 처음 듣는 말인데."

"아, 없으면 만들어!!!"

"어떻게 만들라는 건지."

"어떻게는 뭘 어떻게~!! 농민들, 걔네들 농사짓는 땅 그거 자기들 거래? 아니잖아. 그냥 공유지에다 농사짓는 거잖아. 그러니까 지금 농사짓는 땅에서 농사 못 짓게 해 버려."

"그 땅은 신의 땅이라서 그동안 쭈욱 같이 농사를 지어 왔는데요."

"아, 가서 말뚝 박고 울타리 치고, 못 들어오게 해~~! 예전에도 사람들 내쫓고 양 키워서 양털 팔았잖아."

"그럼 그 사람들은 뭐 먹고살라고요."

"이런 멍청하기는……. 내가 지금 걔네들 노동자 시키려고 그러는 거 아냐~~? 그리고, 뭐냐 그 길드라고 있지 길드?"

"네, 있습죠."

"걔네들도 문제야 문제. 거 몇 명 되지도 않는 애들이 자기들끼리 모여서 그게 무슨 대단한 기술이라고 꽁꽁 비밀로 하고 말이야. 물건도 다른 사람들은 못 만들게 하고. 왜 그런 걸 법으로 정해? 걔네들도 해체시킬 때가 됐어."

"그럼 물건은 누가 만들라고요. 그래도 길드에 소속된 장인들이 지금까지 물건 만들어 줘서 우리가 그걸 사용했던 건데요."

"'공장'이라고 못 들어 봤어? 거기 와서 일 나눠서 하면 훨씬 편해! 분업하자는 거야, 분업. 분업하면 한 가지 일만 하니까 작업도 더 능숙해지고, 필요하면 간단한 작업 도구도 쉽게 만들 수 있고 얼마나 좋아. 그러니까 인제 길드한테 있던 특권들, 그런 것 다 없애 버려. 그리고 집에서 물건 만드는 애들. 가내 수공업인가? 걔네들도 다 공장으로 보내~~."

여기서 말하는 공장은 '매뉴팩처'를 뜻합니다. 이에 대해서는 9장 〈현실적으로 착취하기〉 편에서 자세히 다루도록 하고, 농촌에서 쫓겨난 사람들 이야기를 계속 하겠습니다.

농사짓다 쫓겨나서 도시로 온 사람들 중에는 공장으로 가는 것보다 그냥 거지로 사는 게 더 낫겠다고 생각하는 사람들이 많았습니다. 공장에서 하루 종일 죽어라 일하는 게 습관이 되지 않았기 때문입니다. 사람들은 공장이나 감옥이나 다 비슷한 곳으로 여겼습니다.

그런데 국가에서는 이런 사람들을 가만히 놔 두지 않았습니다. 일을 못할 만큼 나이 든 경우에는 '거지 면허증'이라는 걸 발급해 주고, 이 면허증이 없는데도 일을 안 하고 돌아다니는 사람들은 엄격히 단속했습니다. 그래서 대낮에 젊은 사람이 길을 걸어 가면 꼭 검문을 당했습니다. 교복 입은 학생들이 낮에 다니면 어른들이 '혹시 불량 학생들 아냐' 하는 시선으로 보듯이 말입니다. 면허증 없는 사람이 잡히면 '3진 아웃제' 비슷한 게 있어서 처음 걸렸을 때는 채찍으로 때리고, 두 번째 걸리면 귀를 자르고, 세 번째 걸리면 사형을 시켰습니다. 이러니 노동자들이 공장으로 가지 않을 수 없었습니다. 죽는 것보다야 죽도록 일하는 게 나았기 때문입니다.

이런 일을 당하면서 노동자가 된 사람 입장에서는 황당하고, 답답하고 그랬을 겁니다. 개중에는 "저놈의 기계 확 부숴 버려." 하는 사람들도 있었습니다. 하지만 그 노동자들이 낳은 자식이 취직하고, 또 그 자식이 나은 자식이 취직하면서 사람들은 점차 자본주의에 적응하게 되었습니다. 그리고 한 200~300년이 흐른 지금에는 먹고살려고 취직하는 것이 전혀 이상하지 않은 일이 됐습니다. 오히려 사람들의 유일한 꿈은 '취직'

세 번 걸리면 끝이야!

이고, 그 다음 꿈은 '승진'이며, 그 다음 꿈은 '정년퇴직'이 됐습니다. 직장이 인생의 전부가 된 것입니다. 그런데 이것도 그나마 일부 정규직이 된 사람들 이야기이고, 많은 비정규직 사람들에게 승진이나 정년퇴직 같은 말은 이제 도저히 이룰 수 없는 꿈이 되어 가고 있습니다. 누구도 자신의 노동력이 상품이 되는 걸 원하지 않던 사회가 이제는 누구나 자신의 노동력을 상품으로 팔기를 원하는 사회로 변해 버렸습니다.

노동력이 상품이 되면 사람도 상품과 똑같이 취급됩니다.

"이거 얼마예요?"

"에이, 좀 깎아 줘요~~."

"너무 비싸~~ 안 사요!"

"써 보니 별로드만. 물러 주세요."

"에이, 흠도 나고 그랬는데 좀 싸게 파셔야지."

"오래됐구먼. 반값만 받으면 사 줄게~."

이런 말들을 사람한테도 쓰기 시작했다는 것입니다.

노동력이 상품이라는 사실은 별로 기분 좋은 일은 아닙니다. 그런데 노동력이 상품이 됐다는 것은, 이윤을 위해서 생산하는 첫 번째 특징이나 모든 생산물이 상품이 된다는 두 번째 특징보다 훨씬 중요합니다. 다른 특징들은 자본주의가 아닌 다른 사회에서도 아주 부분적으로라도 있던 현상들입니다. 그러나 노동력의 상품화는 오직 자본주의에만 있는 유일한 특징입니다. 노동력이 상품화되고 노동자가 공장에 가서 잉여가치를 뽑아 줘야 비로소 '자본'이 생기기 때문입니다. 이 점에 대해서는 이후에 더 자세히 알아보겠습니다.

인클로저 운동과 노동자의 '탄생'

자본주의가 시작될 때 실제로 영국에서는 '인클로저 운동'이라는 게 있었습니다. '인클로저(enclosure)'는 '둘러치다'는 뜻인데요, 인클로저 운동은 사람들이 함께 쓰던 땅에 울타리를 쳐서 남들이 사용하지 못하게 했던 일을 말합니다.

인클로저 운동은 크게 두 차례 벌어졌습니다. 한 번은 서기 1400~1500년대에 있었고, 또 한 번은 1700~1800년대에 있었습니다. 첫 번째 인클로저 운동은 영국에서 모직 공업이 한창일 때 벌어졌습니다. 아시다시피 '모직'이란 양털에서 뽑은 실로 짠 천을 말하는데, 당시에는 바로 이 모직 공업이 발달해서 양을 키워 양털을 팔면 꽤 돈이 벌렸던 모양입니다. 그래서 농민들을 땅에서 내쫓고 거기에 양을 키우는 일이 다반사였던 것이죠. 이것 때문에 농민들은 일할 수 없게 되고, 결국 농촌을 떠나 점점 가난해졌습니다. 이런 문제가 있어서 당시에는 정부도 인클로저 운동을 못하게 막았습니다.

두 번째 인클로저 운동은 첫 번째 인클로저 운동과 다른 이유에서 벌어졌습니다. 1700~1800년대 사이 영국에서는 인구가 급격히 늘어났는데 이 때문에 밀의 가격이 올라갔습니다. 또 1793년에 영국이 프랑스와 전쟁을 벌이는 바람에 외국에서 수입되던 곡물이 끊겨서 농산물 가격이 마구 올라갔죠. 이러자 농사를 많이 짓는 게 이익이라고 판단한 사람들이 농민들을 내쫓았던 것입니다. 이렇게 쫓겨난 농민들은 도시로 흘러가 노동자가 됐습니다. 정부는 두 번째 인클로저 운동은 합법으로 인정했습니다.

마르크스는 《자본론》에서 스코틀랜드의 서덜랜드 공작부인이라는 사람이 농민들을 내쫓는 모습을 묘사했는데요, 이 공작부인은 1814년에서 1820년 사이에 주민들이 살던 마을을 모두 부수고 불태웠다고 합니다. 영국 군인들이 이 일을 했는데, 쫓겨나는 걸 거부했던 주민들과 당연히 충돌이 일어났고, 그 과정에서 어떤 할머니는 자기 오두막에서 그대로 타죽기도 했습니다. 이때 쫓겨난 사람들은 약 3천 가구, 1만 5천 명이었다고 합니다. 돈만 되면 멀쩡하게 사는 사람도 무자비하게 내쫓는 건 자본주의의 특징이고 그걸 눈감아 주는 건 자본주의 국가의 특징인 것 같습니다. 서울과 같은 대도시에서 재개발 사업을 한다면서 그 지역에서 잘 살던 사람들을 쥐꼬리만 한 보상금만 주고 내쫓는 일도 말하자면 현대판 인클로저 운동이나 마찬가지입니다.

어쨌거나 이렇게 해서 쫓겨난 농민들은 곧바로 노동자 생활에 적

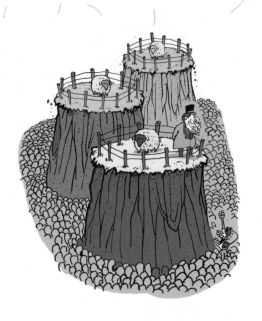

응했어야 하는데 당연하게도 그렇지 못했습니다. 영국에서는 떠돌던 농민들이 길거리에서 잡혀 사형까지 당하는 경우도 많았는데, 이런 일이 영국에서만 있었던 것은 아닙니다. 네덜란드에서는 길거리를 떠도는 유랑자들을 잡아다가 빈민사육장이라는 곳에서 강제로 일을 시켰습니다. '매일 할당량을 채우지 않으면 밥은 없다!'는 게 이곳 규칙이었습니다. 또한 잘못을 저지를 경우에는 물이 새는 지하 감옥에 가두었습니다. 이때 빈민사육장 측에서는 수동 펌프를 하나씩 줬는데, 감옥에 갇힌 사람들은 이 펌프로 열심히 물을 퍼내면서 갇혀 있는 시간을 버텼습니다. 그리고 이런 일을 당한 사람들은 점차 온순한 노동자로 변해 갔습니다.

자본주의는 이렇게 강제적인 방법으로 사람들을 노동자로 탈바꿈시켰습니다.

3

실체는 노동

– 가치와 사용가치

1장에서는 생산력, 생산관계, 생산양식의 뜻이 뭔지 알아봤습니다. 자주 쓰지만 헷갈리기 쉬운 말들이기 때문입니다. 2장에서는 자본주의 특징 세 가지를 설명 드렸습니다. 자본주의에서는 이윤 추구를 위해 생산되고, 그렇게 생산된 물건이 상품이 되어 유통·소비되며, 노동력이 상품화되어 있다는 것입니다. 이 점을 말 씀드린 것은 자본주의의 작동 방식과 원리를 본격적으로 공부하기 전에 전체적 으로 일단 감을 좀 잡으라는 취지였습니다.

이제 본격적으로 자본주의를 분석하겠습니다. 세탁기를 다 뜯어서 세탁기의 내 부 구조와 작동 원리를 알아보겠습니다.

세탁기 겉을 보면 세탁기 동작을 조작하는 판이 있고, 뚜껑을 열면 그 안에 통이 들어 있습니다. 통에 빨래를 집어넣으면 잘 빨립니다. 우리는 빨래가 빨리는 핵심이 이 통이 돌아가는 데 있다는 사실을 압니다. 세탁기를 분해하려면 일단 조작판과 몸통부터 분해해야 합니다. 겉으로 드러난 것부터 분해해야 한다는 것입니다. 뚜껑을 열면 통이 보이긴 하지만 겉을 분해하지 않고 통부터 분석할 수는 없을 것 같습니다. 겉에서부터 차근차근 속에 있는 부품까지 순서대로 이해하고 들어가야 합니다.

마찬가지로 자본주의도 겉으로 보면 '상품'이 지배하는 사회입니다. 자본주의의 겉 몸통이 상품이라는 것입니다. 자본은 자본주의의 핵심이고, 세탁기 뚜껑을 열면 빨래통이 보이듯이 자본도 현실에서 우리 눈으로 확인할 수는 있지만 그걸 곧바로 끄집어내서 이해하는 것은 쉽지 않습니다. 따라서 우선은 상품을 분석해야 합니다. 우리 주변에 널린 것이 상품이니 이것부터 차근차근 파고들어 가는 것이 좋겠습니다.

자, 그럼 상품 분석에 들어가겠습니다. 상품은 종류가 진짜 다양합니다. 당장 우리 주위만 둘러보아도 휴대폰, 컴퓨터, 자동차, 빵, 손수건,

집 등 보이는 모든 것이 다 상품입니다. 그런데 상품 성격을 기준으로 이 많은 상품을 파악해 보면 두 가지로 나눌 수 있습니다. 바로 '사용가치'와 '가치'입니다.

필요한 것 서로 바꾸기

우선 사용가치에 대해 말씀드리겠습니다.

사용가치는 물건의 쓰임새, 그러니까 물건의 용도를 말합니다. 국어사전에서 가치를 찾아보면 이렇게 나옵니다.

1. 사물이 지니고 있는 쓸모
2. 대상이 인간과의 관계에 의하여 지니게 되는 중요성

여기서 '1. 사물이 지니고 있는 쓸모'가 바로 사용가치입니다. 예를 들어서 칼은 종이를 자르는 데, 젓가락은 음식을 집어먹는 데 쓰입니다. 자동차는 출퇴근하기 위해 쓰이고, 술은 기분 좋으라고 마십니다. 사용가치란 말은 평소에는 잘 안 쓰지만 전혀 어려운 말이 아닙니다. 바로 이 사용가치 때문에 우리는 물건을 삽니다. 그래서 흔히 '사용가치를 통해 사람들은 자신의 욕망을 충족한다.'고 말합니다. 자기가 하고 싶은 게 있으니까 물건을 구해 쓴다는 뜻입니다. 요리하기 위해서 칼을 사고, 음식을 먹으려고 젓가락을 씁니다. 출근길이 너무 멀어서 자가용을 사고, 밤만 되면 기분을 좀 풀고 싶어서 술을 마십니다.

물론 똑같은 물건을 쓰더라도 사람마다 사용가치가 다를 수 있습니다. 똑같은 칼이라도 어떤 사람은 그 칼을 요리용으로 쓰고, 영화에서처

럼 어떤 사람은 조직 활동용으로도 씁니다. 음식 먹는 젓가락을 밥투정 하는 남편 옆구리 쑤시는 용도로도 쓸 수 있습니다. 자동차를 출퇴근용 대신, 미국 대사관 돌진용으로 사용하는 사람들도 다른 나라에는 있습 니다. 기분을 풀려고 술을 마시는 게 아니라 그냥 그게 습관이라서 마시 기도 합니다. 어쨌거나 이런 경우에도 사람들은 사용가치를 통해 자신 이 원하는 것을 얻는다는 점에는 변함이 없습니다.

사용가치와 관련해서 한 가지 더 말씀드리겠습니다.

화폐가 없어서 물건과 물건을 교환하는(물물교환) 사회가 있다고 가정 해 보겠습니다. 물물교환 하는 이유는 두 사람이 서로 다른 물건을 가지 고 있기 때문입니다. 한 사람은 싱싱한 사과를 가지고 있고, 또 한 사람 은 활을 가지고 있으면 물물교환이 가능합니다. 사용가치가 완전히 다 른 물건을 각자 가지고 있으면 교환이 가능하다는 것입니다. 두 사람이 모두 사과를 가지고 있는데 힘들게 만나서 사과랑 사과를 바꾸는 것은 괜한 시간, 힘 낭비입니다. 그런 짓을 할 리가 없습니다. 따라서 교환은 사용가치가 다른 물건끼리 이루어집니다.

이제 사용가치에 대해서 정리하겠습니다.

사용가치는 물건의 쓰임새, 즉 용도입니다. 사람들은 자신이 뭔가 하 고 싶은 게 있을 때 어떤 물건의 사용가치를 보고 그 물건을 삽니다. 그 리고 사용가치가 전혀 다른 물건을 가지고 있는 사람들끼리만 서로 물 물교환을 합니다. 교환은 사용가치가 다를 때 이루어진다는 것입니다.

가치 비교하기

이제 가치에 대해서 알아보겠습니다.

사용가치는 잘 안 쓰는 말이지만 이해하기 쉬운 개념이었습니다. 그런데 가치는 잘 쓰는 편인데도 이해하기 어려운 개념입니다.

우선 앞에서, 가치를 국어사전에서 찾았을 때 나왔던 내용을 다시 적어 보겠습니다.

1. 사물이 지니고 있는 쓸모
2. 대상이 인간과의 관계에 의하여 지니게 되는 중요성

사물이 지니고 있는 쓸모는 사용가치라고 이미 설명드렸습니다. 그럼 가치는 2번에 나와 있는 대로 '중요성'이라는 뜻일까요? 사실 평소에 그렇게 쓰는 건 맞습니다. 그 물건이 나한테 얼마나 중요한가를 보통 '그 물건이 나한테 얼마나 가치가 있는가.'라고 이야기합니다. 그러면 상품의 가치는 상품의 중요성을 말하는 게 분명할까요?

일단, 아까 앞에서 나왔던 사과와 활을 교환한 두 사람에 대해서 좀 더 얘기해 보도록 하겠습니다. 두 사람은 서로 쓰임새가 다른 물건, 그러니까 서로 사용가치가 다른 물건을 가지고 있었기 때문에 교환했습니다. 그런데 여기서 한 가지 의문이 생깁니다. 두 사람은 사과 몇 개와 활 몇 개를 교환했을까요.

만약 두 사람이 사과 10개와 활 1개를 교환했다고 쳐 봅시다. 이런 경우 왜 하필이면 사과 10개와 활 1개가 교환되어야 하는지 두 사람이 생각하는 어떤 기준이 있을 것입니다. 왜 이런 기준이 필요하냐면, 다른 사람하고 뭔가를 교환할 때 사람들은 누구나 자기가 손해를 보면서까지 교환하지는 않을 것이기 때문입니다. 자기 마을에서는 보통 사과 10개를 활 2개와 같은 것으로 쳐주는데 다른 마을과 교환하려고 나와 봤더니

활을 1개밖에 안 주더라 하면 그 마을에서는 교환을 안 할 겁니다. 손해
보는 짓이 분명하기 때문입니다. 이렇게 서로 손해 보는 교환을 하지 않
으려면 서로 같은 가치, 그러니까 서로 중요성이 같은 물건을 교환해야
합니다. 이런 교환을 등가교환이라고 합니다. '등가'는 '같은 가치'란 말
을 괜히 한자어로 써 놓은 말입니다. 그러니까 등가교환은 '같은 가치를
가진 물건끼리의 교환', '서로 손해 안 보고 하는 교환'이라는 뜻입니다.

　앞에서 교환하려면, 두 물건의 사용가치가 달라야 한다고 했습니다.
또 한편으로는 두 물건의 가치가 같아야 합니다. 사용가치는 다르지만,
가치는 같아야 교환이 된다는 이야기입니다.

　서로 손해 안 보고 두 물건의 가치가 같다는 걸 알려면, 일단은 두 물
건이 가지고 있는 가치를 비교해야 합니다. 그런데 비교하려면 두 물건
이 갖고 있는 가치가 같은 종류의 것이어야 합니다. 같은 종류의 가치를

가지고 있어야 어떤 게 더 가치가 많은지 적은지 비교할 수 있습니다. 이 걸 못 찾으면 비교하는 게 애초부터 불가능합니다.

"너 키 몇이야?"

"나? 170센티미터."

"너는 몸무게 몇인데?"

"60킬로그램."

"키 170센티미터와 몸무게 60킬로그램을 비교하면… 음… 두 개를 대체 어떻게 비교하란 말이지?"

다시 말씀드리지만, 두 물건에 공통적으로 들어 있는 가치가 있는지, 그러니까 같은 종류의 가치가 있는지, 있다면 무엇인지를 알아봐야 비교가 가능합니다. 그 기준을 찾아야 교환할 수 있습니다. 그렇다면 사과에도 있고, 활에도 있는 것, 그래서 사과와 활을 서로 비교할 수 있게 하는 것은 무엇일까요.

여기서 잠시 예를 들어 보겠습니다. 씨름 선수 두 사람이 있습니다. 이 두 사람은 코치한테서 몸무게를 불리라는 지시를 받았습니다. 살이 빨리 찌려면 칼로리 높은 음식을 계속 먹어야 합니다. 둘 중 한 사람은 집에 닭이 많아서 매일 닭고기를 먹었습니다. 다른 한 사람은 돼지고기를 만날 먹었습니다. 그러다 두 사람은 항상 같은 것만 먹는 것이 지겨워져서, 뭔가 다른 먹을 건 없나 찾게 되었습니다. 닭고기만 먹던 사람은 돼지고기가 먹고 싶어졌고, 돼지고기를 먹던 사람은 닭고기가 먹고 싶어졌습니다.

두 사람이 만났습니다. 일단 교환은 가능합니다. 왜냐하면 닭고기와 돼지고기는 사용가치가 다르기 때문입니다. 닭고기만 먹던 사람은 돼지고기를 먹고 싶은 욕망을 충족할 수 있게 됐고, 돼지고기만 먹던 사람은 닭고기 먹고 싶은 욕망을 충족할 수 있게 됐습니다. 자, 이제 서로 교환만 하면 됩니다. 어떤 기준으로? 두 사람은 도대체 닭고기 몇 그램이 돼지고기 몇 근과 교환되어야 하는지 고민하기 시작했습니다. 물론 그 기준은 앞에서 사과와 활을 말씀드렸을 때와 똑같이 돼지고기와 닭고기에 공통적으로 들어가 있는 가치를 찾아내면 되는 문제입니다.

"우리 있잖아요. 돼지랑 닭이랑 누가 빨리 뛰는지를 기준으로 하는 건 어때요?"

닭 주인이 제안했습니다.

"잉? 그걸 기준으로 하자고? 좀 이상하잖아요."

그렇습니다. 이상합니다. 돼지 주인이 계속 얘기합니다.

"내가 요새 공부 좀 해서 유식한 티를 내 볼 테니까, 아니꼬워도 참아주쇼. 그러니까 돼지와 닭한테는 똑같이 달리는 성질이 있고, 이건 꽤 중요한 가치니까 이걸 기준으로 닭과 돼지를 비교해 보자는 거잖아요, 그렇죠?"

그러자 닭 주인이 손뼉을 치며 말합니다.

"맞아요, 맞아. 그러니까 이렇게 하는 겁니다. 100미터를 누가 빨리 달리는지 내기해서 닭이 20초에 달리는데 돼지는 40초에 달린다면, 닭 한 마리에 돼지 두 마리, 이렇게 하는 거죠."

"오호, 그거 그럴듯한 방법이네요. 나 안 할라요."

두 물건에 공통적인 것으로서 교환의 기준이 될 수 있는 가치는, 그 물건의 주인들이 서로 합의할 수 있는 것이어야 합니다. 합의할 수 있으려면 그 기준이 상당히 일리가 있어야 합니다. 돼지고기와 닭고기를 교환하면서 돼지와 닭을 달리기 시합시키는 것은 어째 영 아닌 것 같습니다. 그런 식으로 하면, 촐랑거리면서 빨리 뛰는 강아지 한 마리랑 느려 터진 소 다섯 마리쯤을 교환해야 합니다.

물론, 우리는 두 사람 대화에서 중요한 것 한 가지를 더 알 수 있습니다. 닭 주인이 닭이 100미터를 20초에 뛰고, 돼지가 40초에 뛸 경우를 얘기했던 것처럼, 만약 두 물건에 공통적인 가치가 정해져서 그길 기준으로 교환하기로 했다면, 그 다음에는 실제로 가치를 '비교'해서 이 물건 몇 개와 저 물건 몇 개를 바꿀 것인지 정해야 한다는 것입니다. 그런데 이렇게 비교할 때는 두 물건이 가지고 있는 가치가 얼마나 되는지를 따지는데, 이런 걸 가치의 양(가치량)이라고 합니다. 만약에 '사람의 키'를 중요한 가치로 여기는 사회가 있다면, '160센티미터, 170센티미터' 같은 것들이 가치량입니다. 몸무게를 중요한 가치로 여기는 사회라면, '60킬로그램, 70킬로그램' 등이 가치량입니다.

어쨌든 조금 더 고민한 끝에 두 사람은 방법을 찾았습니다. 돼지고기와 닭고기를 바꾸는 기준, 그러니까 돼지고기와 닭고기에 공통적으로 들어 있는 가치 중에 그럴듯한 것으로 칼로리가 있다는 사실을 발견한 것입니다. 이건 두 사람이 충분히 합의할 수 있는 기준입니다. 칼로리로 비교하면, 몸무게를 늘리는 목표에 지장이 안 생기고 교환할 수 있기 때문입니다. 다시 말하면, 식사 때마다 1,000칼로리씩 섭취했던 닭 주인은 돼지고기를 먹어도 역시 똑같이 1,000칼로리를 섭취할 수 있기 때문에 손해 볼 일은 없게 됐다는 것입니다.

이제 두 사람은 가치의 기준을 찾았으니까, 가치량 그러니까 칼로리 양을 계산해서 똑같이 1,000칼로리에 해당하는 '닭고기 2킬로그램을 돼지고기 1근'과 바꾸는 식으로 교환했을 것입니다. 이제 등가교환이 이루어졌습니다.

노동이 교환의 기준

자, 그럼 다시 앞의 사과와 활의 경우로 돌아오겠습니다.

그렇다면 사과와 활처럼 전혀 비슷하게도 안 생긴 두 물건을 교환할 때 기준이 될 수 있는 것은 무엇일까. 물론 쉽게 생각했을 때 두 물건에 공통적인 것들이 아예 없는 것은 아닙니다. 예를 들어서, 무게는 두 물건에 공통적입니다. 무게가 기준이면 사과 1킬로그램과 활 1킬로그램을 바꿨겠죠. 실제로 과거에 외국의 어떤 부족은 무게를 교환의 기준으로 삼았던 예가 있기도 합니다. 하지만 무게나 혹은 길이, 부피 같은 것은 교환의 기준으로는 별로 적합하지 않습니다. 무게를 기준으로 하면 작은 다이아몬드는 자갈 하나만 주면 바꿀 수 있을 것이기 때문입니다.

자, 그렇다면 사과와 활에 똑같이 들어 있는 공통된 것은 무엇일까요?

두 물건에 공통된 것은 바로 '사람이 일해서 얻은 것'이라는 점입니다. 있어 보이게 말하면, 두 물건 다 노동의 결과물이라는 것입니다. 아주 상식적이면서 누구나 다 아는 사실입니다. 노동, 이것이야말로 두 물건에 공통적으로 들어 있는 것입니다. 두 물건에는 공통적으로 노동자의 피땀이 들어가 있습니다. 노동자의 노동, 이것이 물건에 들어가 있는 가치라는 이야기입니다.

"가치! 네 정체가 뭐냐?"
"저요? 노, 노동인데요."

'가치의 정체는 노동'이라고 해도 좋고, 이 말이 좀 우스꽝스러우면 '가치의 실체는 노동'이라고 해도 좋습니다. 아니면 '가치의 본질은 노동'이라고 해도 같은 말입니다.

이제 교환 기준이 되는 가치가 정해졌으니, 사과와 활의 가치량만 따지면 됩니다. 사과와 활의 가치는 '노동'이라고 했으니까, 사과와 활에 어느 정도의 '노동량'이 들어가 있는지만 따지면 됩니다. 사과에는 노동이 얼마나 들어 있고, 활에는 노동이 또 얼마나 들어 있을까요? 그런데 사실 노동 그 자체는 셀 수 있는 게 아닙니다.

"아, 그 사과 10개에는 노동자의 피땀 2바가지가 들어가 있어~."
"그래? 노동자의 피땀 2바가지라. 그거면, 우리는 활 1개 만드는데."
"그러면, 사과 10개랑 활 1개 바꾸면 되겠네."

이런 식으로 할 수 있으면 좋겠지만 그렇게는 못한다는 것입니다. 그 대신 이렇게는 보통 이야기합니다.

노동 시간의 양

"야~ 내가 그거 하나 만드는 데 얼마나 오래 걸렸는지 알아?"

그렇습니다. 얼마나 많은 노동이 들어 있는지는 노동 시간으로 계산할 수 있습니다. 이제 드디어 사과와 활을 교환할 수 있을 것 같습니다.

"내가 사과 10개 따는 데 걸린 시간이 1시간인데, 그 시간이면 활 1개를 만들 수 있으니까 사과 10개랑 활 1개 바꿉시다."

교환은 바로 이런 식으로 이루어지는 것입니다.
참고로 앞서 닭고기와 돼지고기의 교환에 대해서 예를 들었는데, 두 품목 역시 실제 교환은 칼로리가 아니라 닭고기와 돼지고기를 생산하는 데 드는 노동 시간을 기준으로 이루어집니다. 칼로리는 가치와 가치량의 개념을 설명하기 위해서 단지 예로 든 것입니다.

마지막으로 다시 한번 정리하겠습니다.

두 물건을 교환할 때 기준이 되는 것은 '노동'입니다. 노동이 물건의 가치, 곧 자본주의에서 상품의 가치입니다. 노동이 얼마나 들어 있는지는 노동 시간으로 확인하며, 이것이 가치의 양입니다. 상품 가치의 실체는 노동이고, 가치량은 노동 시간으로 나타냅니다.

4

피땀을 슬쩍 숨긴 화폐

- 가치의 본질과 가치 형태

3장에서는 상품의 성격을 알아보았습니다. 상품은 사용가치와 가치라는 두 가지 성격을 가지고 있는데, 사용가치는 상품의 쓰임새라는 점과, 가치의 정체, 그러니까 실체가 노동이라는 점을 확인했습니다. 그런데 평소 생활에서 실체라는 말은 잘 안 씁니다. 그렇다고 정체라는 말을 쓰는 건 너무 없어 보입니다. 그래서 지금부터는 가치의 본질이라는 말을 쓰도록 하겠습니다.

상품의 가치를 기어코 알아내려고 했던 것은 서로 쓰임새가 다른 두 물건을 교환하려고 할 때, 둘 사이에서 뭔가 공통점을 찾아내서 비교해야 교환을 하든 말든 할 수 있기 때문이었습니다. 가치의 본질이 노동이라는 점을 알아낸 후에, '상품 하나 만드는 데 얼마나 걸렸나?'를 확인했는데요, 이렇게 상품 만드는 데 들어간 노동 시간의 양을 가치량이라고 표현한다고 말씀드렸습니다. 가치의 크기라고 말해도 상관없습니다.

가치 계산법

이제 이런 식으로 이야기하는 게 가능해졌습니다.

"사과 10개 따는 데 1시간 걸렸으니까, 사과 10개 가치의 크기는 1노동 시간!"

여기까지는 별문제 없습니다. 그런데 갑자기 찔찔이가 나타나서 이렇게 말합니다.

"다른 사람은 1시간에 10개 딸지 몰라도 나는 사과 5개밖에 못 따거든? 그래도 똑같이 1시간 일하는 거니까 다른 사람 사과 10개랑 내 거 5개랑 똑같이 취급해 줘."

헷갈리기 시작합니다. 1시간 일하는 건 똑같고, 일하는 실력이야 어떻든 같이 고생한 거니까 찔찔이 말이 맞는 것 같기도 합니다. 그렇다고 사과 10개와 5개가 똑같다고 하기는 좀 뭣합니다.

사람마다 일하는 속도와 실력이 달라서 똑같은 상품이라도 어떤 사람은 1시간이면 할 일을 다른 사람은 2시간도 걸리고 3시간도 걸릴 수 있습니다. 이렇게 상품에 들어간 노동 시간이 사람마다 다 다른데 어떻게 가치의 양을 따질 수 있을까 고민이 아닐 수 없습니다. 이런 걸 감안해서 상품에 들어간 가치의 양은 사회적 평균으로 따집니다. 그러니까 우리 사회에 있는 사과 따는 사람들이 1시간에 몇 개나 따는지 평균을 낸다는 것입니다. 학교에서 반평균 따지듯이 사회의 평균을 따집니다.

"네가 1시간에 사과 5개 따는 건 안타까운 일이긴 한데, 이 지역은 죄다 1시간에 사과 10개씩 따거든? 평균적으로다가 그렇다는 이야기여. 그러니까 찔찔이 네 사과도 그렇게 계산할 수밖에 없어. 네가 1시간 고생한 건 맞는데 그거 30분 가치로밖에 못 쳐줘. 억울해도 할 수 없다."

이렇게 상품 가치 크기를 따질 때 전체적으로 평균 내는 것을 '상품 가치의 크기는 사회적 평균 노동 시간으로 정한다.'고 그럴듯하게 말합니다.

상품 가치의 크기가 어떻게 정해지는지 알아봤습니다. 그런데 어떤 물건을 만드는 데 몇 시간이 걸렸는가는 그 물건을 다른 물건하고 바꾸기 전까지는 전혀 신경 쓰지 않아도 되는 문제입니다. 교환하기 전까지 가치의 크기는 몰라도 된다는 겁니다. 하지만 다른 물건과 교환해야 하는 시점에서는 내 물건 가치의 크기가 얼마나 되는지를 알아야 다른 물건의 가치와 비교해서 교환할 수가 있습니다. "내가 활 1개 만드는 데 걸린 시간이 1시간인데, 그 시간이면 사과 10개를 딸 수 있으니까 사과 10개랑 활 1개를 바꿉시다." 하는 식으로 말이죠.

가치는 평소에는 있는지 없는지도 모르는데 교환만 하려면 꼭 얘기가 나오니까, 가치는 교환할 때만 등장한다고 할 수 있습니다. 활의 가치가 얼마나 되는지 신경 안 쓰고 잘 사용하다가, 사과와 바꿀 때만 되면 '이거 만드는 데 얼마나 걸렸지?'를 생각하고 상대방 물건과 비교해야 한다는 것입니다. 이런 점을 설명하기 위해서 만들어 낸 말이 교환가치입니다. 교환가치란, 평소에는 있는지 없는지 모르다가 '교환할 때에 비로소 등장하는 가치'라는 뜻이기도 하고, '교환할 때 인정되는 가치'라는 뜻이기도 합니다. 어려운 말하기 좋아하는 사람들은 이럴 때 보통 '가치는 교환가치의 형태로 드러난다.'고 표현합니다.

지금까지 가치의 본질에 대해서 설명드렸습니다. 요약해 보겠습니다.

첫째, 가치의 본질은 노동이다.
둘째, 가치는 사회적 평균 노동 시간으로 계산한다.
셋째, 가치는 교환가치 형태로 드러난다.

이제 가치의 형태에 대해서 알아보겠습니다.

가치의 겉모습

가치의 본질은 노동인데, 여러분 가운데 혹시 상품에 들어 있는 가치의 본질을 본 분이 있는지 기억을 더듬어 봐 주십시오. 만약 계시다면 바로 병원에 가셔야 될 것 같습니다. 헛것을 보신 겁니다. 상품에 들어 있는 가치의 본질은 우리 눈으로 보이지 않습니다. 상품을 막 파헤친다고 해서 나오지도 않습니다.

일요일 날 집안일은 안 하고 텔레비전만 본다고 구박받던 찔찔이는 문득 가치의 본질은 노동이라던 말을 떠올렸습니다.

"아니, 이 텔레비전 가치의 본질이 노동이라고? 내가 한 번 찾아보겠어."

아무리 텔레비전을 분해해 봐야 그 속에서 '노동'을 찾을 수는 없습니다. 노동자의 피땀이 몇 바가지나 있는지 봐야겠다면서 텔레비전을 비틀어 짜도 소용없습니다. 또 쓸데없는 짓했다고 부인한테 맞기만 할 겁니다. 분명히 가치는 본질이 있기는 한데 보이지는 않습니다.

가치와 그 친구인 노동자가 나눈 대화를 들어 보시겠습니다.

"음……. 심각해, 심각해."

"가치야 왜 그래? 무슨 고민 있냐?"

"고민? 있지!"

"뭔데?"

"내가 말이지, 분명히 존재하는데 말이야. 근데 사람들이 내가 안 보인데."

"별 고민을 다 하는구먼. 내가 사람들한테 말해 줄게."

"그래? 근데 사람들이 안 믿을걸?"

"야! 내가 노동자잖아, 노동자. 내가 노동을 해 가지고 생긴 게 너잖아. 그러니까 내가 말해 주면 돼."

"사람들이 다 너한테 미쳤다고 할걸?"

"괜찮아, 괜찮아. 나 평소에도 구박 많이 받으니까 상관없어."

"그러지 말고 더 좋은 방법 없을까?"

"글쎄, 요새 머리가 잘 안 돌아가서 말이야. 쩝쩝."

"괴롭다 정말. 내가 귀신도 아니고 말이야. 사랑도 표현을 해야 사랑인 줄 아는 거 아냐? 가치도 표현을 해야 가치인 줄 알지."

이렇게, 가치의 본질은 분명히 있는데 이걸 표현하지 못하면 말짱 꽝입니다. 상품의 가치가 표현되지 않으면 상품 안에 가치가 있는지 없는지, 있다고 해도 얼마나 있는지 알 도리가 없습니다. 그래서 가치한테는 자기를 표현할 뭔가가 필요합니다. 가치는 형태를 가진 무언가로 표현되어야 한다는 것입니다. 다시 말해서, 가치의 본질 말고 가치 형태가 필요합니다.

가치 형태는 가치가 겉으로 드러나는 형태입니다. 그러니까 가치의 본질을 영혼이라고 하면, 가치의 형태는 겉모습이라고 보시면 됩니다. 가치 형태는 가치를 표현하기 위한 것이기 때문에 가치 표현이라고도 이야기합니다. 자, 그렇다면 가치는 자신을 어떻게 드러낼까요?

"오호~ 그래, 그래 좋은 생각났다. 좀 후진 사람들이 이런 식으로 하긴 하는데, 왜 자신의 사랑을 표현한다면서 선물 같은 거 하는 사람들 있잖아. 이 물건에 내 사랑을 담았어요~ 하는 식으로. 너도 너의 가치를 다른 물건에 한번 담아 보는 건 어떠냐?"

가치는 바로 이와 같은 방식으로 자신을 표현합니다. 다른 물건에 기대어 자신을 드러낸다는 이야기입니다.

"푸히히, 내 활 1개는 활 1개의 가치가 있어~!"

이건 다른 물건에 기대어 자신을 드러내는 방식이 아닙니다. 같은 말 두 번 한 겁니다. 하나 마나 한 소리입니다. 이래서는 활 1개가 어떤 가치가 있는지 알 수 없습니다. 그 대신 이렇게 얘기하는 건 말이 됩니다.

"푸히히, 내 활 1개는 당신 사과 10개만큼의 가치가 있어~."

이것이 바로 자신의 가치를 다른 물건에 기대어 표현하는 방식입니다. 활 주인은 자기 활의 가치를 상대방 사과 10개로 표현했습니다. 그러니까 활의 가치 형태가 사과입니다. 활의 교환가치가 사과 10개로 표현된 겁니다.

이런 식으로 가치를 표현하는 것은 아주 쉽고 단순해서, 이런 걸 '단순한 가치 형태'라고 이야기합니다. 뭐 이런 것에까지 꼭 이렇게 그럴듯한 말 붙이기를 해야 하나 싶긴 한데, 아무튼 단순한 가치 형태라고 말합니다. 두 사람이 사과와 활을 교환할 때는 이렇게 가치 형태를 찾기가 매우 쉽습니다.

그런데 활 주인 입장에서는 사과만 구하면 만사 오케이가 아닙니다. 사과 말고도 다른 많은 물건을 구해야 먹고 삽니다.

"활 1개에 닭은 반 마리, 활 1개에 고무신 2짝, 활 1개에 금 1그램……."

이런 식으로, 구해야 하는 물건마다 일일이 사람 찾아서 활과 비교를 해야 합니다. 활의 가치는 어떤 경우에는 닭으로 표현되고, 어떤 때는 고무신으로 표현되고, 어떤 때는 금으로 표현됩니다. 가치 형태가 매번 바뀌는 겁니다. 아까 사과하고만 바꿨을 때는 가치 형태가 단순했는데, 이번에는 무슨 가치 형태가 닭, 고무신, 금 등등으로 여러 개입니다. 이렇게 가치 형태가 이것저것으로 표현될 때, 이걸 전개된 가치 형태라고 이야기합니다. 가치 형태가 여러 개로 전개됐다, 즉 늘어났다 그런 말입니다. '늘어난 가치 형태'라고 했으면 더 좋을 뻔했습니다.

그런데 사실 활 주인 입장에서 필요한 물건을 일일이 교환하는 게 보통 어려운 일이 아닙니다.

"아저씨, 반갑네, 반가워. 그 닭이랑 내 활 2개랑 안 바꿀래요? 네? 활이 필요 없다고요? 에이 씨, 닭 가진 사람 겨우 찾았더니 안 바꾼다네."

이렇게 물건을 일일이 교환하는 건 쉬운 일이 아닙니다.

노동을 표현한 화폐

"그러지 말고, 뭐 하나 딱 정해서, 그걸 기준으로 교환하면 되겠네. 허구한 날 이 물건 저 물건 찾으러 안 다녀도 되고. 뭘로 정할까? 금으로 정하자, 금. 그래, 금 좋네. 지금부터는 뭐든 필요한 게 있으면 금으로 바꾼 다음에 그걸 가지고 다른 걸 구하면 되겠구먼."

이렇게 해서 활 주인, 닭 주인, 고무신 주인이 자기 물건의 가치를 금으로 표현하기로 했다고 칩시다. 그러면 금은 그 모든 물건의 가치를 일반적으로 죄다 표현해 주는 가치 형태가 되는 겁니다. 이걸 '일반적 가치 형태'라고 이야기합니다. 여기서 금은 일반적 가치 형태입니다. 금 하나면 다른 모든 물건의 가치를 표현해 줄 수 있습니다.

어떤 물건을 일반적 가치 형태로 정할 것인가는 결정하기 나름입니다. 어느 동네에 갔더니 닭이 일반적 가치 형태이고, 그 옆 동네는 고무신이 일반적 가치 형태일 수도 있습니다. 그런데 이 동네 저 동네 할 것

없이 사회 전체가 습관적으로 딱 한 가지 물건을 정해서 그것만을 일반적 가치 형태로 하고, 다른 건 절대 못하게 해 버리면 그럴 경우 그 물건을 화폐라고 합니다.

드디어 사람들이 좋아하는 화폐 즉, 돈이 등장했습니다. 그런데 여기까지 오면서 우리가 확인한 것은 화폐는 그냥 돈이 아니라, 가치를 표현하는 형태라는 점입니다. 또 한 가지 잊지 말아야 할 게 있습니다. 가치의 본질은 노동이라는 것입니다. 결국 여기서 화폐는 다른 어떤 것도 아닌 바로 '노동'을 표현하고 있다는 사실이 분명해집니다.

단순한 가치 형태, 전개된 가치 형태, 일반적 가치 형태. 이런 말들은 기억하지 않아도 전혀 문제없습니다. 오히려 자꾸 이런 용어들을 만드는 바람에 일일이 외워야 하는 게 피곤합니다. 잊어버리셔도 좋습니다. 다만, 가치의 본질이 노동이라는 것과 그 노동이 겉으로 드러나는 형태, 곧 가치 형태가 화폐라는 점만 기억하시면 됩니다. 화폐는 그냥 돈이 아니라, 노동이라는 가치를 표현하고 있습니다. 더 단순히 표현하자면 화폐는 사람들이 흘린 피땀의 결과물일 뿐이라는 이야기입니다.

가치 형태가 화폐여서 사람들은 상품의 가치가 얼마나 되는지를 화폐로 표현합니다. 가치를 그대로 가치로 표현하는 사람은 없습니다. '잠바 한 벌의 가치 : 20노동 시간' 이런 식으로 표시하는 사람은 아무도 없습니다. 그 대신 가치 형태인 화폐를 사용해서, '잠바 한 벌 가격 : 2만 원' 이런 식으로 표시합니다. 이렇게 화폐를 사용해서 가치를 표현하는 걸 가격이라고 합니다. 그러니까 가격은 곧 그 물건의 가치입니다.

실컷 길게 설명했는데 결국은 또 누구나 다 아는 얘기가 나왔습니다. 가격은 그 물건의 가치입니다. 비싼 물건은 가치가 크니까 가격이 비싼 것이고, 싼 물건은 가치가 좀 작으니까 가격도 싼 겁니다. 가격이 가치를 표시하는 건 다 아는 이야기이지만, 사실은 그 뒤에 지금까지 설명드렸던 복잡한 과정이 들어가 있습니다. 그 복잡한 과정의 핵심은 가격이 노동을 표현하고 있다는 점, 그러니까 가격표가 붙어 있는 상품이 나타내는 것은 그 물건을 만들기 위해서 노동자가 얼마나 고생해 가면서 일했는가 하는 점입니다.

자본주의보다 오래된 화폐의 역사

가치의 본질은 노동입니다. 가격표에 적힌 가격은 노동자가 얼마나 고생해 가면서 일했는가를 나타냅니다. 그런데 이렇게 설명하면 화폐가 마치 노동자가 생겨난 자본주의 시대에 처음 등장한 것으로 이해될 수도 있습니다. 하지만 화폐는 아주 오랜 옛날부터 있었습니다. 노예제 사회였던 고대 그리스나 로마 시절에 이미 다양한 화폐가 있었습니다. 중세 시대에도 화폐는 있었습니다. 다만, 이 화폐가 쓰이는 게 자본주의 사회와는 좀 달랐을 뿐입니다. 자본주의 사회에서는 화폐가 경제를 움직이는 데 가장 중요한 요소이지만 고대 사회나 중세 사회에서는 안 그랬습니다. 자본주의 사회에서는 화폐를 모으는 것, 즉 돈을 버는 것이 최대의 목표이지만 이때는 달랐습니다.

고대 사회에서 생산은 주로 노예가 했습니다. 귀족이나 시민들은 그냥 놀고먹었죠. 경제는 농업이 중심이었고, 노예가 노동해서 생산한 생산물은 노예를 소유하고 있는 사람들이 가져갔습니다. 돈은 농사를 짓지 않는 군인들에게 급여를 주기 위해서 쓰이는 정도였습니다. 또 로마가 한창 번성할 때 상업이 발달하면서 화폐를 사용하는 사람들이 좀 늘어나긴 했지만 그때도 역시 화폐가 자본주의만큼 경제를 이끌어 가는 중심은 아니었습니다.

중세 때는 더 심했습니다. 중세를 지배했던 영주는, 시장과 지방법원장과 경찰청장과 지역의 자본가를 합한 것과 같은 사람이었습니다. 대다수 사람들은 영주가 가지고 있는 넓은 땅인 장원 안에서 살았습니다. 장원 안에서 사람들은 농사를 지으며 살았고, 자급자족했습니다. 사람들은 '돈을 모으는 것'에는 전혀 관심이 없었습니다. 또한 돈으로 돈을 불리는 일은 상상도 할 수 없었습니다. 그래서 그런지 교회도 혹시 누군가가 다른 사람에게 돈을 빌려 주고 이자를 받으면 그걸 죄로 취급했습니다. 돈을 빌리는 것은, 돈을 빌리는 사람이 그 돈이 아니면 도저히 살 수가 없는 어려운 처지에 있기 때문인데, 그런 사람한테서 이자를 받아먹는 것은 아주 나쁜 짓이라는 이유에서였습니다. 요즘에도 친한 사람끼리는 개인적으로 돈 빌려 주고 "이자는 무슨, 원금만 줘!"라고 할 때가 있는데 아마도 이와 비슷한 생각이었던 모양입니다. 중세 시대 사람들은 가난한 사람들한테 돈을 빌려 주고 이자를 꼬박꼬박 받아먹는 요즘 신용카드 회사나 대부업체들과 많이 달랐습니다. 물론 점차 상인들이 생기고 이 상인들이 큰 규모로 돈을 굴리자, 일찍부터 이 상인들에게 돈을 빌려 주고 이자 받아먹는 것을 시작한 곳이 교회지만 말입니다.

어쨌거나 결국 화폐는 자본주의 시대로 들어서면서 모든 사람이 사용하기 시작합니다. 영국은 노동자들을 공장에서 일 시켜서 이윤을 남기는 방식으로 본격적인 자본주의 체제를 엽니다. 이러면서 돈은 노동자가 얼마나 고생해서 일했는지를 나타내는 지표가 됩니다. 그리고 이때부터는 요즘처럼, 돈을 모으는 것이 개개인에게 아주 중요한 일이 됩니다.

논리주의적 혹은 역사주의적 설명 방식

그런데 여기까지 설명하고 나면 좀 이상한 게 있습니다. 3장부터는 '상품의 가치와 화폐'에 대해서 설명하기 위해 물물교환 얘기가 나오는데 이 내용을 읽다 보면 마치 '과거 물물교환 시대'에는 화폐가 없었다가 나중에 점점 화폐가 나오게 되었다는 식으로 설명한 것처럼 보입니다. 활과 사과의 예가 나오는 것을 보더라도 화폐가 없던 것은 아주 오래전 이야기이고, 점차 교환이 많아지면서 화폐가 생겼다고 설명하는 것처럼 보입니다. 그런데 이런 설명을 따라가다 보면 고대에 있던 화폐도 결국은 물물교환 이후에 나온 것이니까 자본주의에서의 화폐와 그 의미가 다를 바 없는 것 아닌가 싶습니다. 방금까지 고대나 중세의 화폐는 자본주의에서의 화폐와 의미가 다르다고 해 놓고는 말입니다.

그런데 자세히 보면 3장에서 얘기하고 있는 것은 '과거의 물물교환 시대'가 아니라 상품이 존재하는 사회를 순수하게 '가정'한 것입니다. 마르크스도 이런 식으로 설명했는데요, 현실의 자본주의처럼 이 것저것이 잔뜩 얽혀 있는 것을 그대로 설명하려면 너무 복잡하고 정 신없으니까 상품과 화폐에 대해서만 좀 제대로 관찰하기 위해 다른 복잡한 것들은 없는 아주 단순한 사회를 가정해 본 것입니다. 이것을 '단순 상품 생산 사회'라고 합니다. 《자본론》을 번역한 김수행 교수 는 《자본론의 현대적 해석》(서울대학교출판부)이라는 책 39쪽에서 이 점을 이렇게 설명하고 있습니다. 좀 어렵지만 인용해 보겠습니다.

> 마르크스는 상품과 화폐가 '가장 명확한 형태로 나타나며 교란적 인 영향을 가장 적게 받는 곳', 즉 단순 상품 생산 사회에서 상품과 화폐를 관찰하고 있다. 단순 상품 생산 사회란 자본주의적 상품 생산과는 달리 개별 생산자가 스스로 생산 수단을 소유하면서 자 기의 판단 아래 생산물을 생산하고 그것을 시장에 판매해 사회의 신진대사를 유지하는 사회다. 예컨대 자기의 노동에 의거한 사회 적 소유가 지배하는 사회인데, 이러한 단계(또는 화폐)의 사회가 역 사적으로 존재했는지는 알 수 없다. 오히려 상품과 화폐의 기본적 인 속성을 파악하기 위해 자본주의적 상품 생산으로부터 추상한 방법론적 구성이라고 보면 더욱 좋을 것이다.

3장에서도 '아주 오랜 옛날, 화폐가 없던 시절에'라고 설명하지 않 고, "화폐가 없어서 물건과 물건을 교환하는(물물교환) 사회가 있다 고 가정해 보겠습니다."라고 표현하면서 설명했던 것은 바로 이런 이유 때문입니다. 이런 설명 방식은, 머릿속에서 '논리'를 열심히 동원해서 자본주의를 설명하는 것인데 이런 걸 학자들은 논리주의적 방식이라고 얘기합니다. 반면 실제 역사를 따져 가면서 설명하는 것을 역사주의적 방식이라고 합니다. 마르크스는 《자본론》을 순전히 논리주의적으로, 역사주의적으로도 쓰지 않아서 학자들에 따라 마르크스가 어떤 방법으로 《자본론》을 썼는지 해석이 다 다릅니다.

5

신이 된 돈

– 화폐와 자본

4장에서는 노동이 상품에 들어 있는 가치의 본질이고, 가치의 형태는 화폐라는 점을 말씀드렸습니다. 따라서 2만 원짜리 잠바 한 벌 만드는 데 1시간이 걸린다면, 이 잠바의 가치는 '1시간 동안의 노동'인데, 현실에서는 '2만 원'이라고 가격을 매기는 것입니다. 어쨌거나 중요한 것은 가격이 그냥 10,000원, 20,000원 하는 식의 단순한 숫자가 아니라 '노동'을 표현하고 있다는 점입니다.

노동은 항상 상품 안에서 이렇게 투덜거릴 겁니다.

"내가 네 눈에는 그냥 가격으로 보이냐? 그러면 안 되지. 내가 누구냐? 난 노동이야, 노동! 날 표현할 방법이 없어서 숫자로 표현했을 뿐이니까, 그걸 알아 줘~."

이렇게 상품의 가치는 화폐라는 형태로 드러나는데, 역사적으로 보면 금이나 은이 화폐로 잘 사용됐습니다. 그렇게 된 데는 이유가 있습니다. 처음에는 그 사회에서 가장 흔한 물건이 화폐로 쓰였습니다. 그래서 가축을 몰고 떠돌아다니면서 생활하는 부족 마을에서는 예를 들면 소를 화폐로 썼고, 농사짓는 마을에서는 쌀 같은 것들을 화폐로 썼습니다. 그런데 이런 것들은 화폐로 계속 쓰기에는 많이 불편했습니다. 화폐로 사용하려면 일단 가지고 다니기 쉬워야 하고, 때로는 화폐 하나를 여러 개의 작은 단위로 나눌 수 있어야 합니다. 보관하기 쉬워야 하고, 상하지 않고 오랫동안 잘 보관되어 있어야 합니다.

그런데 만약에 소를 화폐로 사용한다면 어떤 일이 벌어질까요. 뭐 하나 살 때마다 만날 소를 끌고 다녀야 합니다. 거창한 물건을 사려면 소를 몇 마리씩 끌고 다녀야 합니다. 보관은 더 큰 문제입니다. 화폐를 보관하기 위해서 저금통이나 지갑이 아니라 소가 들어갈 우리를 구해야 합니다. 오랫동안 보관하면? 늙어 죽습니다. 화폐가 없어져 버리는 겁니다. 게다가 금을 두 개로 쪼개면 여전히 금이지만 소를 쪼개면 고기가 돼 버립니다. 잔돈을 만들 수가 없습니다.

이런 이유로 소는 화폐로 사용하기엔 좀 안 맞았습니다. 쌀은 소보다는 좀 낫지만 여전히 불편한 게 많습니다. 이런 불편한 점이 없는 물건을 찾다 보니 결국 금이나 은 같은 것들이 화폐 역할을 하게 된 겁니다. 금이나 은은 가지고 다니기도 편하고, 보관해도 안 죽습니다. 또 큰 덩어리를 작은 덩어리로 나눠도 괜찮습니다. 한번 금은 영원히 금입니다. 이런 점 때문에 사람들은 큰 금이나 은 덩어리를 녹여서 작은 동전으로 만들기 시작했고, 겉에다 그 동전이 얼마짜리인지 써넣기 시작했습니다. 그리고 세월이 흘러 흘러 화폐를 사용하는 습관이 완전히 굳어지면서는 굳이 금이 아니고 종이돈에다가 액수만 표시해서 사용해도 아무 문제가 없게 된 것입니다.

그런데 상황이 이렇게 변하면서 사람들 사이에 아주 거대한 착각이 생겨났습니다. 오직 '돈만이 가치 있는 것'이라는 생각이 널리 퍼지기 시작한 것입니다. 지금까지 살펴보았듯이 가치는 노동에서 나온 것이고, 그것이 상품의 본질이며, 돈(화폐)은 가치의 형태에 불과했지만, 이러한 사실은 점점 잊혀졌습니다. 돈만 있으면 어떤 상품도 살 수 있자, 가치의 본질은 노동이 아니라 돈이라는 생각이 확고해진 것입니다. 이런 현상을 화폐의 물신성이라고 합니다. 이에 대해서는 뒤에서 더 살펴보도록 하고 일단은 화폐의 역할을 좀 보겠습니다.

화폐의 역할

화폐의 역할은 크게 네 가지인데 첫째 가치의 척도, 둘째 유통 수단, 셋째 가치의 저장 수단 그리고 마지막으로 지불 수단입니다. 이 네 가지 역할은 서로 비슷비슷해 보여서 자주 헷갈립니다. 이번에 확실히 정리하면 좋을 것 같습니다.

첫 번째로, 앞에서 설명드렸던 것처럼 화폐로 상품의 가치가 얼마인지 잴 수 있습니다. 이런 경우 화폐는 '가치의 척도' 기능을 합니다. 척도는 뭔가를 재는 기구입니다. 초등학교 때 선생님들이 가끔씩 애들 때리는 용도로 사용했던 30센티미터 자 같은 것이 바로 척도입니다.

가게에서 '티셔츠 1장에 쌀 한 가마니' 또는 '코트 한 벌에 소 2마리' 이런 식으로 가격표를 붙여 놓지 않습니다. 쌀이나 소도 가치를 가지고 있긴 하지만, 이런 것들로 더는 가치를 재지 않습니다. 그것들은 가치 척도가 아니라는 말입니다. 가치 척도는 화폐가 유일합니다. 이 말은 화폐란 '가치가 얼마나 들어 있는지 재는 기구' 라는 뜻입니다.

두 번째, 화폐는 유통 수단으로 쓰입니다. 노동자들이 만드는 온갖 물건이 마구 유통되는 데 매개 역할, 그러니까 중간에서 연결해 주는 역할을 합니다. 물건과 물건이 세상을 막 돌아다니는데 중간에서 그것을 연결해 주는 것이 돈입니다.

직접 물물교환 하는 게 힘들어서 화폐가 등장했다는 사실은 다 아실 겁니다. 만약 요즘 같은 때에 상품 거래를 중간에서 연결해 주는 화폐가 없으면 아주 골치 아픕니다. 사과와 활처럼 손으로 만져지는 물건들 말고 흔히 접하는 서비스 상품을 교환할 때 이런 일도 벌어질 겁니다.

"기사 아저씨 버스 타려고 하는데요?"
"넌 뭐 해 줄 건데?"
"버스 유리창 닦아 드릴게요."

버스 승차라는 서비스 상품을 구하기 위해, 유리창 닦기라는 서비스 상품을 줘야 하는 것, 이런 게 직접 교환인데 화폐가 없으면 이런 식으로 해야 합니다. 매우 곤란하지요. 돈은 유통 수단으로서 상품과 상품을 연결시켜 줍니다. 사람들은 돈을 주고받으면서 각종 상품을 사고팝니다.

현대 사회에서 돈과 비슷하게 쓰이는 다른 것들, 예를 들어서 주식이나 어음 같은 것들과 비교하면 유통 수단의 의미를 좀 더 잘 이해할 수 있습니다. 옷 산 다음에 "여기요~" 하면서 주식을 주면 싸움 납니다. 주식은 유통 수단 역할은 하지 않습니다. 회사끼리 거래하면서 어음을 주고받기도 하는데 이 경우에 어음은 유통 수단의 역할을 합니다. 물론 이때 어음을 주고받는 건 나중에 때가 되면 현금으로 결제할 거라는 약속이 되어 있기 때문입니다.

세 번째, 화폐는 가치 저장 수단입니다. 앞에서 사람들이 돈만이 가치 있는 것인 양 착각하고 있다고 말씀드렸는데, 바로 이 때문에 화폐가 가치의 저장 수단이 됩니다. 사람들이 돈을 가치의 척도로서 상품의 가치를 재는 데 쓰거나 그 상품들을 교환하는 유통 수단으로 사용하지 않고, 그냥 단지 한쪽에 쌓아 놓는다는 것입니다. 이것은 곧 어떤 상품이라도 사고 싶을 때 살 수 있는 힘을 저장하는 행위입니다. 집에다 세탁기를 잔뜩 쌓아 놓은 사람한테는 미친 거 아니냐고 손가락질하지만, 돈을 잔뜩 쌓아 놓은 사람한테는 부자라면서 부러워합니다. '부자 되세요'란 말의 의미는 돈을 많이 벌라는 겁니다. 이렇게 돈을 많이 버는 것, 즉 가치를 쌓아 놓는 것은 말하자면, 노동을 저장하는 것입니다. 막대한 돈을 쌓은 사람은, 막대한 노동을 쌓은 사람입니다. 한 사람이 평생 노동해서 만들어 낼 가치보다도 많은 가치를 쌓아 놓은 사람, 다시 말해서 평생 노동해서 벌 만한 돈을 훨씬 능가하는 돈을 번 사람은 당연하게도 자기가 노동해서 그런 돈을 모은 게 아닙니다. 모두 다른 사람이 노동해서 만든 가치가 어찌어찌해서 그 사람 손 안에 들어간 것입니다.

네 번째, 화폐는 지불 수단입니다. 지불이란 값을 치른다는 뜻이니까 '지불 수단'은 값을 치르는 수단이란 뜻입니다. 앞에서 화폐의 두 번째

가치 척도

유통 수단

가치 저장 수단

지불 수단

기능이 유통 수단이라고 말씀드리면서 어음도 유통 수단 기능을 한다고 했습니다. 그런데 어음 만기일이 되면 결국 그 어음에 적혀 있는 액수만큼의 현금을 줘야 합니다. 약속한 날짜가 되면 물건 값을 치러야 한다는 겁니다. 이때 현금을 못 주면 정말 난리가 납니다. 오직 현금이 있어야 합니다. 화폐만이 '값을 치러 줄 수 있기 때문'입니다. 바로 이런 경우 화폐가 지불 수단의 역할을 하는 겁니다.

화폐가 지불 수단 역할을 하면서 사람들은 외상 거래를 할 수 있게 됐습니다.

"나중에 추수하면 쌀 팔아서 돈 만들어 줄 테니까 지금 외상 좀 합시다. 내 신용 괜찮은 거 알죠?"

이렇게 미래에 화폐로 값을 치를 것으로 믿고 서로 물건을 교환하는 걸 신용 거래라고 합니다. 여기서 신용은 일종의 유통 수단입니다. 신용 거래가 이뤄지면 나중에 화폐로 결제할 때 그 화폐는 유통 수단의 역할을 하진 않습니다. 다만 물건 값을 치름으로써 거래를 마지막으로 마무리하는 겁니다. 이걸 지불 수단으로서 화폐의 역할이라고 합니다.

신이 된 돈

앞에서도 말씀드렸던 것처럼 노동에서 상품이 나오고, 거기서 화폐가 생긴 건데, 인제는 거꾸로 세상이 바뀌었습니다. 화폐로 상품을 다 살 수 있으니까 사람들이 돈벌이에 혈안이 되고, 돈이라는 물질을 신처럼 떠받드는 '화폐의 물신성'이 나타났습니다. 그런데 진짜 결정적일 때는 화폐를 신처럼 떠받드는 게 다 헛일이라는 사실이 드러납니다.

한 가지 가정해 보겠습니다. 마누라한테 항상 구박만 받던 찔찔이가 어쩌다가 잘 나가는 회사 사장이 됐습니다. 이제는 해외 투자까지 하러 지구 곳곳을 날아다닙니다. 그러던 어느 날 중동 투자 건으로 비행기를 타고 가던 찔찔이가 비행기 추락으로 사막에 떨어졌습니다. 혼자 사막을 열흘째 헤매고 있습니다. 물도 다 떨어지고 몸도 엉망진창이라서 한 발짝도 더 못 걷겠습니다. 그런데 사막 한가운데에서 1천억 원을 발견했습니다. 비록 오아시스는 근처 5백 킬로미터 안에 없더라도 찔찔이한테는 사업 확장에 필요한 어마어마한 투자금이 생겼습니다.

자, 이런 경우 찔찔이한테 돈은 어떤 의미이겠습니까? 아무 의미도 없습니다. 찔찔이에게는 물 한 잔이 1천억 원보다 더 절실합니다. 이런 상황에서 그 돈은 한낱 종이 쪼가리일 뿐입니다. 이처럼 돈 그 자체는 아무 가치도 없는 것입니다. 돈은 스스로 뭔가를 만들어 내지 않습니다. 돈을 그냥 놔 두면 자기가 알아서 막 불어나는 일도 결코 없습니다. 세상에서 뭔가를 자꾸 만들어 내는 것은 노동밖에 없습니다. 사람이 노동을 하면 없던 것이 만들어집니다. 1개 있던 것이 2개가 되고 10개가 될 수 있습니다. 사람들이 노동하면 할수록 그 전에는 존재하지 않았던 것들이 막 생깁니다. 따라서 뭔가를 만들어 내는 힘, 창조하는 힘은 인간의 노동입니다.

무인도에 혼자 살게 된 사람은 아무리 돈이 많아도 굶어 죽지 않으려면 스스로 먹을 것을 구하거나 곡물을 재배하는 노동을 해야 합니다. 밤에 비 맞지 않고 자려면 노동을 해서 집을 지어야 합니다. 돈은 아무것도 만들어 내지 않지만, 노동은 뭔가를 계속 만들어 냅니다.

그런데 여기서 한 가지 가정을 더 해 보겠습니다. 만약에 찔찔이가 사막에서 극적으로 구조됐다면? 아까 그 1천억 원은 다시 엄청난 가치를

갖습니다. 돈을 주면 물건으로 바꿀 수 있도록 하자고 약속한 어떤 공간, 즉 자본주의 사회 안으로 돌아왔기 때문입니다. 지금부터는 다시 돈이 노동의 역할을 대신합니다. 이제 돈은 자기 스스로 뭔가를 만들어 내고, 자기가 알아서 막 불어납니다. 노동이 하던 일을 이제 돈이 대신합니다. 창조하는 힘은 인간의 노동이 아니라 돈이 가집니다.

이렇게 화폐는 가치 형태에 불과하면서도 자본주의 사회에서는 신처럼 대우 받습니다. 사람이 사막이나 무인도에 갇혔을 때처럼 화폐가 사실은 별거 아니라는 게 드러나는 경우는 많습니다. 공황이 발생했을 때가 대표적인 예입니다. 하지만 평소에는 여전히 돈이 최고입니다. 돈은 노동을 대신해서 물건을 만들고 알아서 불어나기도 합니다.

그런데 이렇게 알아서 불어나는 돈을 우리는 특별히 '자본'이라고 부릅니다. 다음 장에서는 자본이 어떻게 알아서 불어나는지에 대해서 살펴보고, 아울러 자기가 알아서 불어나는 자본도 사실은 그 원천이 노동자의 노동이라는 점에 대해서도 살펴보도록 하겠습니다.

약탈과 폭력으로 탄생한 자본주의

서울대 주경철 교수가 〈한겨레 신문〉에 연재하고 나중에 책으로도 낸 《문명과 바다》(산처럼)에는 유럽 사람들이 아메리카 대륙을 발견하고 나서 자행한 만행이 이렇게 적혀 있습니다.

아메리카 대륙에서 에스파냐인들이 벌인 사업은 탐험, 정복, 상업이 혼재된 양상을 보였으며, 무엇보다도 대단히 폭력적이었다. … (중간 생략)… 이 당시의 사정이 얼마나 참혹한지는 이 일들을 직접 경험하고 기록을 남긴 라스카사스 신부의 증언에서 알 수 있다. 예컨대 그는 이스파뇰라 섬에서 있었던 사건들을 이렇게 적고 있다.

"기독교도들은 말과 칼, 창을 사용해 학살을 시작했고 원주민들에 대해 이상할 정도의 잔혹성을 보였다. 마을을 공격하면서 어린이, 노인, 임산부, 혹은 출산 중인 여인까지 한 명도 살려두지 않았다. 그들은 칼로 찌르거나 팔다리를 자르는 정도에 그치지 않고 마치 도살장에서 양을 잡는 것처럼 갈가리 찢었다. 그들은 한칼에 사람을 벨 수 있는가, 머리를 단번에 잘라낼 수 있는가, 혹은 칼이나 창을 한번 휘둘러서 내장을 쏟아낼 수 있는가에 대해 서로 내기를 걸었다."

이렇게 해서 아메리카 대륙에서 죽은 사람은 약 1천5백만 명이라고 합니다. 유럽 사람들은 닥치는 대로 금과 은을 약탈하고, 원주민들에게 강제로 사금 채취 작업을 시키고, 광산에서 금은도 캐게 했습니다. 볼리비아의 포토 시에서는 이 과정에서 300년 동안 약 8백만 명이 죽었다고 합니다. 참고로 현재 볼리비아 인구가 약 8백만 명입니다.

약탈된 금과 은은 유럽으로 흘러들어 가서 매뉴팩처업자들에게 대출되고 무역에 사용되었습니다. 이렇게 아메리카 원주민들의 희생으로 자본주의가 형성되어 갔습니다. 아끼고 절약하면서 열심히 일한 사람이 돈을 모아 자본가가 되고, 그렇지 못한 사람은 그냥 노동자로 사는 것 아니냐고 생각하는 사람들이 많습니다. 자본주의도 그러면서 생겼다는 것이 많은 사람의 주장이었습니다. 하지만 우리는 이런 역사적 사실에서 마르크스가 '자본은 머리끝에서 발끝까지 피와 오물을 뒤집어쓰고 태어난다.'고 했던 말이 사실임을 알 수 있습니다.

6

자본의 원천은 노동

- 자본과 잉여가치

이제부터는 '자본'에 대해 살펴보겠습니다. 자본주의는 자본이 주인인 사회라서 사람들이 이름도 그렇게 지었습니다. 따라서 자본이 무엇인지 아는 것은 매우 중요합니다.

지난 장에서는, 무인도에서 혼자 살게 된 사람은 아무리 돈이 많아도 스스로 노동하지 않으면 굶어 죽는다는 말씀을 드렸습니다. 돈 많다고 무인도에서 혼자 '투자' 해 봐야 생활에 필요한 물건들이 그냥 만들어지지 않습니다. 오직 노동해야 먹을 것도, 잘 곳도 생깁니다. 그런데 자본주의에서는 노동이 하던 일을 돈이 대신합니다. 직접 노동하지 않아도 돈을 투자하면 물건이 만들어지고, 돈이 자기가 알아서 막 불어납니다. 이렇게 알아서 불어나는 돈을 자본이라고 합니다.

자본가는 '화폐'를 가지고 투자합니다. 회사를 만들려면 일단 주식을 발행하든지, 대출을 받든지 해서 돈을 끌어모아야 합니다.

"우리 회사는 이번에 신규 사업 부문에 투자할 계획이 있어."
"자금 조달은 어떻게 하고?"
"뭐, 돈은 없고 그냥 세탁기 1,000대를 투자하기로 했어."

아무도 이런 식으로 말하지는 않습니다. 투자는 오직 화폐, 즉 돈으로 합니다. 왜 사람들은 투자할 때 다른 게 아닌 화폐로만 할까요? 뭔가 그 안에 숨겨진 비밀은 없을까요. 바로 이 점이 고민입니다. 그리고 이런 고민 때문에 자본을 분석하는 게 목적이면서도 처음부터 자본을 분석하지 않고 상품과 화폐를 먼저 분석한 것입니다.

상품과 화폐를 먼저 분석한 결과 상품에는 가치가 들어 있고, 그 가치의 본질이 노동이며, 가치는 오직 화폐라는 형태로만 드러난다는 점을 확인했습니다. 따라서 화폐를 가지고 투자한다는 것은 결국 노동이라는 가치를 투입한다는 것과 뜻이 같습니다. 또한 앞에서 자본은 스스로 불어나는 돈이라고 말씀드렸습니다. 따라서 자본은 스스로 불어나는 가치라고 할 수 있습니다. 이건 다시 말해서, 처음에 집어넣은 가치보다 더 많은 가치가 어디선가 생긴다는 이야기입니다. 처음에 집어넣은 노동보다 더 큰 노동이 생긴다는 것입니다. 바로 이런 이유에서, 자본을 유식하게 '자기 증식하는 가치'라고도 말합니다.

정리해 보겠습니다. 사람들은 돈으로 투자합니다. 투자된 돈은 웬일인지 자꾸 불어납니다. 이때 이렇게 불어나는 돈을 자본이라고 합니다. 그런데 돈은 노동이라는 가치를 표현한 것입니다. 따라서 돈이 불어난다는 것은 그 안에 있는 노동이라는 가치가 불어난다는 뜻입니다.

자본의 정체는 잉여가치

그렇다면 자본은 어떻게 스스로 불어나는가? 자본주의 사회와 그렇지 않은 사회를 비교해 보겠습니다.

인간들이 자유롭게 공동체를 이뤄 가면서 사는 사회가 있다고 해 봅시다. 이 사회에서 노동자 10명이, 공동 소유인 기계를 가지고 빵 30개를 만들어 팔았다면, 한 사람이 몇 개만큼의 돈을 가져갈 수 있을까요? 빵 30개를 만들면서 기계가 어느 정도 닳았을 텐데 나중에 기계를 폐기하면 또 사야 하니까 닳은 만큼의 값어치는 따로 모아 놔야 할 겁니다. 이런 걸 흔히 감가상각비라고 그러죠. 그 돈 빼고, 밀가루 등 원재료 값 빼고, 기계 돌리는 전기 등 연료 값 등을 빼면 30개 중에서 빵 20개 값이 남는다고 쳐 봅시다.

자, 여기서 노동자 한 사람은 빵 몇 개 값어치의 돈을 가져갈 수 있을까요? 당연히 한 사람당 빵 2개씩에 해당하는 돈을 가져갈 수 있습니다. 이건 뭐 너무 당연한 얘기입니다. 노동자 10명이 노동해서 만든 빵이 30개인데 이것저것 들어가는 것 빼고 20개가 남으면, 한 사람당 2개씩 돌아가는 건 애들도 할 수 있는 계산입니다.

이제 자본주의 사회를 생각해 봅시다. 기계, 원재료, 연료를 모두 자본가가 투자했습니다. 따라서 아까 공동 소유였던 기계가 이번엔 자본가 소유입니다. 노동자 10명은 자본가 소유의 공장에서 역시 열심히 일하고 자본가는 따로 빵 만드는 노동을 하진 않습니다. 빵 30개가 만들어졌습니다. 이 경우엔 일단 감가상각비, 원재료, 연료비 등에 해당되는 빵 10개 값을 자본가가 가져갈 겁니다. 투자한 돈을 회수하는 것입니다. 이번에도 똑같이 빵 20개 값이 남습니다. 자, 이때 노동자 한 사람은 앞에서 예로 들었던 사회처럼 빵 2개만큼의 돈을 가져갈 수 있을까요? 물론 그럴 수 없습니다. 왜냐하면 자본가가 이윤으로 가져가야 할 게 있어야 하기 때문입니다. 회사에 투자했던 주주한테 배당금도 줘야 하고, 은행에 이자도 내야 합니다. 또 회사를 더 확장하기 위해 얼마쯤 따로 떼어놔야 합니다. 따라서 자본가는 노동자 각자에게 예를 들어 빵 1개 값만 주고 남은 10개 값은 자기가 챙길 겁니다. 노동자들은 모두 빵 2개 만드는 노동을 했지만, 정작 월급으로 가져가는 것은 빵 1개에 해당되는 돈입니다.

노동자 10명이 빵 2개 값만큼을 가져갔다면 그건 자기가 만든 가치를 그대로 가져간 겁니다. 하지만 자본주의 사회에서처럼 노동자 한 사람이 빵 1개 값만큼을 가져갔다면, 나머지 10개 값은 노동자가 만들기만 하고 가져가지는 못해서 남는 가치가 됩니다. 이렇게 남는 가치를 잉여가치라고 합니다. 이 잉여가치는 자본가가 가져갑니다. 잉여가치를 자본가가 가져가는 이유는 '자기가 사장이기 때문'입니다. 그러니까 자본은 단지 생산 수단을 소유하고 노동자를 채용했다는 이유로, 노동자가 만든 잉여가치를 부당하게 가져가 버리는 것입니다. 우리는 이런 걸 착취라고 합니다.

자본가는 처음에 투자했던 돈에다가 물건을 생산할 때마다 노동자한테서 착취한 잉여가치를 차곡차곡 모읍니다. 그 결과 처음에 투자했던 돈이 불어나게 됩니다. 처음에 넣었던 가치에 새로운 가치가 보태지는 것입니다. '노동이 창조한 것을 계속 가져가서 불어나게 하기', 이것이 바로 자본이 자기 증식하는 방법입니다.

흔히 자본가가 자기 몫을 가져가는 이유는 자본가도 노동자들을 감독하고 지휘하는 노동을 하니까 그 대가로 그런 것이라고 주장하는 사람

들이 있습니다. 그런데 현대 자본주의 사회에서 회사는 대부분 주식회사입니다. 회사의 주인은 주식을 가지고 있는 사람들이고, 이 중에서도 특히 대주주가 회사 운영을 마음대로 합니다. 경영주는 자기 노동에 대해서 임금을 받고 일합니다. 자신이 비록 사장이고 머릿속 생각은 자본가이지만, 지휘·감독하는 노동을 하고 회사의 소유주에게서, 즉 자본을 가지고 있는 사람들인 자본가에게서 임금을 받는다는 점에서 노동자 처지입니다. 따라서 단지 임금을 받고 고용된 사람이라는 점, 처지 자체는 자본가가 아니라는 것을 분명히 해야 합니다. 다만, 경영주의 경우 보통 노동자들보다 임금을 굉장히 많이 받는 경우가 대부분인데 이는 그 사람들이 '사장'의 위치에 있기 때문입니다. 사장이라고 해서 일반 노동자보다 특별히 일을 더 많이 한다고 볼 수는 없는데, 이 사람들이 월급을 훨씬 많이 받는 것은 분명히 잘못된 것입니다. 뒤에서 살펴보겠지만 임금은 노동력을 재생산하는 비용인데, 사장이라고 특별히 자기 노동력을 재생산하는 데 돈이 더 많이 들어가는 것은 아니기 때문입니다.

또 어떤 사람들은 자본가가 자기 놀고먹는 데 안 쓰고 참아서 '투자'를 했으니까 당연히 그에 대한 보상으로 잉여가치를 가져가야 하는 것 아니냐고 합니다. 그런데 이것도 잘못된 생각입니다. 자기 돈을 놀고먹는 데 안 쓰고 그냥 자기 집 금고에 넣어 놓은 자본가가 있다고 칩시다.

"어? 이게 뭐야? 금고에 돈 넣어 놓은 지 한 달이 넘었는데 하나도 안 불어났잖아."

"어이, 자본가! '절제'한다고 해서 자동으로 가치가 늘어나는 것은 아니야."

"그래도 내가 다른 부자들 좋은 것 먹을 때 안 먹고, 좋은 옷 입을 때

안 사 입고, 비싼 술 먹을 때 그냥 물 마셔 가면서 돈 안 쓰고 참은 건데, 전혀 불어난 게 없으니까 너무 슬프다. 흑흑흑. 열심히 참았는데 누가 기특하다고 상이라도 주면 안 되나?"

돈을 안 쓰고 참는 일 자체만으로는 아무것도 생기지 않습니다. 다만 돈이 더 줄어들지 않을 뿐입니다. 돈을 안 쓰고 참은 다음에 그 돈을 투자하면, 그 이후에 그 돈이 불어나는 것은 앞에서 누누이 설명드렸던 것처럼 노동자들의 노동 덕분입니다. 방금 자본가가 말한 것처럼, 잘 참고 절제한 대가로 다른 사람들이 혹시 돈을 챙겨 줄 수는 있습니다. 그러나 이것이 자본가의 투자가 그 자체로 새로운 가치를 창조하기 때문은 아닙니다.

정리하겠습니다. 자본주의 사회에서는 돈이 스스로 불어납니다. 스스로 가치를 창조한다는 것입니다. 하지만 자본이 스스로 가치를 창조할 수 있었던 것은 사실은 자본이 고용한 노동자가 가치를 만들고 그중에서 잉여가치를 자본가가 가져가기 때문이라는 것이 진실입니다. 결국 자본주의에서도 세상에 없던 부를 창조하는 유일한 힘은 노동력이라는 사실이 확인됐습니다. 다만, 자본이 노동자를 고용하고 있기 때문에 그 점이 감춰지고 마치 자본이 스스로 불어나는 것처럼 보일 뿐입니다.

잉여가치를 만드는 노동

돈을 들여서 새로 사업한다면, 제조업의 경우에 공장 부지를 사고, 건물을 짓고, 생산 설비를 들여놓고, 원료와 연료를 구입하고, 마지막으로 노동자를 고용해서 제품을 만듭니다. 이때 공장 부지나 건물, 생산 설비, 원료, 연료 그리고 노동자가 모두 제품을 만드는 데 일정한 역할을 한다고 흔히 알고 있습니다.

잠시 주류경제학의 설명을 보겠습니다. 요즘 대학생들 사이에서 인기인 《맨큐의 경제학》(교보문고)이라는 책을 보면 이렇게 나와 있습니다.

"기업은 노동, 토지, 자본(건물과 생산 설비)과 같은 생산 요소를 투입하여 재화와 서비스를 생산한다."

일단 주류경제학에서는 '자본'의 뜻을 좀 다르게 사용합니다. 뭔가 사업을 하기 위해 밑천으로 쓰려고 준비해 놓은 목돈을 자본이라고 합니다. 물론 이 돈으로 사 놓은 기계, 공장 건물 같은 것도 자본이라고 합니다. 사실 우리는 자본을 '스스로 증식하는 가치'라고 알고 있기보다는 이런 뜻으로 더 잘 알고 있습니다.

어쨌거나 위의 논리는 다음의 논리로 이어집니다.

"노동, 토지, 자본'이라는 생산의 3요소는 각자가 생산에 기여하며, 각 생산 요소가 기여한 만큼 노동은 임금을 가져가고, 토지는 지대(땅 임대료)를 가져가며, 자본은 이윤을 가져간다."

그런데 이런 식으로 생각해 버리면 앞에서 설명한 '잉여가치의 착취'는 있을 수 없는 일이 됩니다. 노동자가 노동력을 제공하고 임금을 가져간 것처럼, 자본가는 자본을 제공하고 이윤을 가져간 것뿐이기 때문입니다. 땅을 임대해 준 사람은 땅을 제공하고 지대를 가져가는 것이고요. 따라서 노동만 새로운 가치를 창조하는 것이 아니라 토지도 새로운 가치를 창조하고 자본가가 투자하는 목돈(자본)도 새로운 가치를 창조한다는 것이 이들의 주장입니다.

그러나 공장 부지, 생산 설비, 원료, 연료 같은 것들은 새로운 가치를 창조하지 않습니다. 가치의 양이 늘어나지 않는다는 것입니다. 그 대신 이들은 원래 자기가 갖고 있던 가치를 새로운 상품에 그대로 옮겨 놓기만 합니다.

"아니? 새로운 가치를 창조 안 한다고? 없던 걸 안 만들어 낸다고? 만들어 내잖아. 생산 설비로 원자재 가공해서 자동차 한 대를 새로 만들어 내는 거 아냐? 없던 거 만들어 내는 거 맞잖아."

맞습니다. 기계나 원자재, 연료 등은 새로운 물건을 만드는 데 분명히 역할을 합니다. 그런데 이때 새롭게 만들어지는 것은 가치가 아니라 사용가치입니다. 3장에서 가치와 사용가치에 대해 구분할 필요가 있다는 말씀을 드렸는데요, 사용가치는 '물건의 쓸모'이고, 가치는 '노동'이라고 했습니다. 그리고 우리는 이 두 가지 용어를 만날 헷갈린다는 말씀도 드렸습니다. 기계가 새로운 물건을 만들어 내는 건 새로운 사용가치를 창조하는 것입니다. 이건 분명히 세상에 없던 물건을 만들어 내는 일입니다. 그러나 새로운 사용가치를 창조해 낸다고 해서 가치의 양이 늘어나는 것은 아닙니다.

딱 한 번 쓰고는 버려야 하는 빵 만드는 기계가 있다고 해 봅시다. 이 기계는 2만 원짜리입니다. 이 기계로 만든 빵의 원가를 계산할 때 당연히 기계 값 2만 원도 포함시킬 것입니다. 원가를 계산하면서 기계가 2만 원인데, 4만 원으로 치지는 않습니다. 기계의 가치가 늘어나지도 줄어들지도 않고 그대로 빵 속으로 들어갔다고 생각하고 원가를 계산하는 것입니다. 다시 말해서 기계의 가치 2만 원은 이제 빵 속으로 옮겨져서 2만 원 가치 그대로 살아 있습니다. 가치가 여기서 저기로, 기계에서 빵으로 옮겨진 것입니다.

이런 계산법은 실제로 경영학에서도 사용됩니다. 경영학에서는 재료나 건물이나 기계가 닳아 없어진 것 등은 그냥 없어진 것이 아니라 제품을 만들기 위해서 사용되면서 완성되는 제품으로 옮겨졌다고 봅니다. 정확히 같은 설명입니다.

좀 옛날 영화이긴 하지만, 영화 〈터미네이터 2〉를 보신 분들은 주인공 로봇(아놀드 슈왈츠제네거)을 뒤쫓아 다니는, 마음대로 변신하는 최신형 로봇을 기억하실 겁니다. 이 최신형 로봇은 인조 합금으로 이뤄져 있는 액체 금속 인간 모델 로봇이고 이름은 T-1000인데, 처음엔 경찰 모습이었지만 어떤 때는 성인 여성으로 변하기도 하고, 타일 바닥으로도 변합니다. 하지만 아무리 이 로봇이 여러 가지로 변해도 액체 금속의 양은 변할 리가 없습니다. 아무리 자기가 모양을 바꿔 봐야 본질은 변하지 않는다는 것입니다. 사용가치를 여성, 타일 바닥 등으로 새롭게 만들어 내도 액체 금속의 양 즉, 가치의 양은 변하지 않습니다.

이렇게 가치를 옮기기만 하는 자본을 불변자본이라고 합니다. 불변, 그러니까 변하지 않는다는 겁니다. 뭐가 변하지 않느냐면, 가치가 변하지 않는다는 것입니다. 그러므로 주류경제학처럼 토지가 지대를 가져가고, 자본(생산 설비, 건물 등)이 이윤을 가져가는 것이 당연하다고 얘기하면 안 됩니다. "에이, 아무리 그래도 투자했으니까 당연히 남는 게 있어야 하는 거 아냐?" 이렇게 생각하실 분이 많을 텐데요, 이것이 바로 전형적인 자본주의적 사고입니다. 자기가 기여한 것보다 더 많이 가져가겠다는 발상인 것입니다. 그런데 이런 사고방식은 노동이 어떻게 취급받고 있는지와 비교하면 얼마나 부당한 것인지 쉽게 알 수 있습니다.

노동력 얘기를 좀 하겠습니다. 아까 기계, 건물, 원자재 같은 것들은 불변자본이라고 했는데, 노동력은 불변자본이 아니라 가변자본이라고 합니다. 왜냐하면 자기 가치보다 훨씬 많은 새로운 가치를 노동력이 창조하기 때문입니다. 앞서 든 예에서 자본가는 빵 2개씩을 만들어 낸 노동자한테 빵 1개 값밖에 주지 않는다고 했습니다. 노동자가 노동해서 만든 가치는 빵 2개 값인데, 노동력은 빵 1개 가치로만 인정된다는 뜻입니다. 이걸 뒤집어서 말하면 빵 1개 가치의 노동력이 자기 가치보다 큰, 빵 2개의 가치를 만들어 냈다는 이야기가 됩니다. 이렇게 노동력은 원래 자기의 가치보다 큰 가치를 만들어 낸다고 해서 가변자본이라고 합니다. 가치가 변한다는 뜻입니다.

결국, 불변자본은 딱 자기 가치만큼만 역할을 하고, 가변자본은 자기 가치보다 더 큰 역할을 합니다. 누구나 자기가 기여한 만큼 가져가는 것이 올바른 것이라면, 불변자본은 딱 자기 가치만큼만 가져가면 되고, 노동력은 자기 가치보다 가치를 불려 놓았으니까 불린 만큼을 모두 가져가는 것이 맞습니다.

그런데 현실은 거꾸로 되어 있습니다. 노동력은 자기보다 큰 가치를 만들고도 만든 걸 다 가져가지 못하고, 불

변자본은 딱 자기 가치만큼만 역할을 해 놓고도 이윤이나 지대라고 해서 더 가져갑니다. 가치를 늘린 건 노동인데, 가치를 늘리는 역할을 하지 않은 토지 소유자와 자본 투자자가 부당하게 이득을 취한다는 것입니다. 그래 놓고 말은 '노동, 토지, 자본이 임금, 지대, 이윤을 공평하게 나눠 가진다'고 합니다.

요약하겠습니다. 건물, 기계, 원자재 같은 불변자본은 자기 안에 들어 있는 가치가, 만들어지는 물건 속으로 그대로 옮겨집니다. 따라서 없던 가치가 새로 창조되는 건 아니고 가치가 이전될 뿐입니다. 불변자본은 가치를 불리지 못하고 이사만 시킨다는 겁니다. 그러나 가변자본인 노동력은 자기 가치보다 큰 가치를 창조해 냅니다. 오직 노동력만이 가치를 불립니다.

노동자 괄시의 철학적 배경

보통 '경제학'을 배운다고 하면 흔히 미시경제학이나 거시경제학 같은 걸 떠올리는데요, 이런 경제학을 이 사회를 지배하는 주된 경제학이라는 의미로 주류경제학이라고 합니다. 여기서는 이 주류경제학이 주장하는 논리들을 염두에 두면서 몇 가지 사실을 확인하고 넘어가야겠습니다.

첫째, 주류경제학은 토지든 자본이든 노동이든 자기가 생산에 기여한 만큼씩 이득을 가져간다고 주장하지만, 사실은 노동자가 창조한 새로운 가치를 토지를 가진 사람은 지대라는 핑계로 뺏어 가고, 생산 설비나 건물을 소유한 사람은 이윤이라는 핑계로 뺏어 간다는 것이 진실입니다. 이런 걸 착취라고 부른다고 말씀드렸습니다. 흔히 우리는 완전히 말도 안 되게 일 시키면서 대우는 아주 형편없이 해 줄 때만 '노동자를 착취한다.'고 말하는데요, 꼭 이럴 때가 아니더라도 잉여가치를 빼앗아 가는 모든 경우를 착취라고 한다는 것입니다. 자본주의 사회의 모든 노동자는 잉여가치를 뺏기고 있다는 측면에서 모두 착취당하고 있다고 말할 수 있습니다. 월급 좀 더 받고 대우가 상대적으로 괜찮다고 해서 착취를 안 당하는 건 아닙니다.

둘째, 주류경제학은 토지, 자본, 노동이 각자 생산에 기여한 만큼씩 이득을 가져간다고 주장하면서 노동력만이 가치를 새롭게 창조한다는 사실을 숨긴다고 말씀드렸는데요, 한국 대학이나 미국 같은 외국 대학에서 가르치는 경제학은 대부분 바로 이 주류경제학입니다. 사람은, "나는 바보다!!"를 방에 앉아서 천 번쯤 외치면 정말 자기는 바보일지도 모른다고 생각합니다. 이런 것처럼, 주류경제학을 몇 년에 걸쳐서 집중적으로 고민하면 그 논리에 완전히 빠져들고, '노동만이 가치를 창조한다.'는 점을 받아들일 수 없게 됩니다. 주류경제학을 공부한 사람들이 기업가, 정부 관료 등 사회 고위층이 되고 나서 노동자 귀한 줄을 모르는 이유도 혹시 여기에 있지 않을까 싶습니다.

셋째, 주류경제학은 노동자가 임금을 가져가고, 자본이 이윤을 가져가고, 토지 소유자가 지대를 가져가는 것이 너무나 당연하기 때문에, 임금을 받는 노동자가 자꾸 뭘 더 달라고 투쟁하고 파업하는 것은 자본주의에서 전혀 자연스럽지도 않고 바람직하지도 않은 현상이라고 주장합니다. 자본주의는 자연스럽게 잘 굴러가는데 노동조합이 시장의 질서를 흐린다고 봅니다. 주류경제학 공부한 사람들이 파업을 적대시하는 이유가 바로 이런 것 때문입니다. 그러나 자본주의에서는 노동자의 투쟁이 항상 일어날 수밖에 없습니다. 이에 대해서는 뒤에서 더 설명드리겠습니다.

넷째, 흔히 노동자들은 사장이 자기한테 월급을 준다고 생각하고 고마워하는 데 그럴 필요가 전혀 없습니다. 실제로는 노동자가 일해서 만들어 낸 가치 중에 일부를 선심 쓰듯이 주고, 나머지 잉여가치는 자본가가 가져가는 것뿐입니다. 따라서 고마워해야 할 게 아니라, 내가 일한 것 중에 빼앗기는 부분에 대해 억울해 해야 합니다. 흔히 회사가 있어야 노동자도 있다고 얘기하는데, 개별 회사 하나만 봐서는 경우에 따라서 그럴 수도 있습니다. 하지만 회사는 노동자의 잉여가치를 먹고 사는 존재이므로 전체 자본주의 사회를 놓고 보면 노동자가 있어야 회사가 있다는 것이 진실에 맞는 이야기입니다.

7

전쟁 중인 두 개의 공식

– 서로 다른 생산물 가치 공식

지난 장에서는 자본이 스스로 불어나는 이유가 노동자가 잉여가치를 만들고, 그 걸 자본가가 가져가기 때문이라고 말씀드렸습니다. 이와 관련해서 좀 더 알아보 겠습니다.

생산 설비, 원료, 연료 같은 것들은 딱 자기 가치만큼만 역할을 할 뿐이지, 가치를 더 크게 불리지는 못합니다. 그래서 여기에 들어간 자본을 불변자본이라고 합니다. 사람의 노동력은 가치를 불어나게 하므로 노동력을 사는 데 들어간 돈은 가변자본이라고 하지요. 그리고 노동자가 만들었지만 자본가가 가져가 버리는 걸 잉여가치라고 했습니다.

결국 공장에서 만들어지는 물건들의 가치는 이런 식으로 쓸 수 있습니다.

생산물의 가치＝불변자본의 가치＋가변자본의 가치＋잉여가치

이와 더불어 몇 가지 용어를 더 알아 놓으면 좋을 것 같습니다. '산 노동', '죽은 노동'이란 말이 있습니다. 노동자가 회사에서 하는 노동은 살아 있는 사람이 현재 진행하고 있는 노동이라서 '산 노동'입니다. 그 대신에 생산 설비, 원료, 연료 같은 것들은 '죽은 노동'입니다. 왜냐하면 이것들도 모두 과거에 노동자들이 노동한 결과이기 때문입니다. 기반 시

설을 갖춘 공장 부지는 그냥 땅이 아니라 노동자들이 일한 결과이고, 생산 설비도 그걸 만드는 공장의 노동자들이 노동해서 생산한 것들입니다. 원료, 연료 같은 것도 자연에 있는 걸 캐내고, 가공하고, 운송하는 노동자들이 노동한 결과입니다. 따라서 생산 설비, 원료, 연료 등은 노동이 그 안에 죽어서 들어가 있다는 뜻으로 '죽은 노동'이라고 합니다.

필요노동과 잉여노동이라는 말도 있습니다. 노동자가 하는 노동 전부 중에서 잉여가치를 만드는 노동을 잉여노동이라고 하고, 나머지를 필요노동이라고 합니다. 노동자는 필요노동을 한 만큼만 자본가에게서 돈을 받죠. 이 노동으로 노동자는 먹고사는 데 필요한 돈을 마련합니다. 필요노동이라는 말 자체가 사는 데 필요한 돈을 구하는 노동이라는 뜻으로 만들어진 말입니다. 자본가는 노동력을 사느라고 가변자본을 쓰는데요, 딱 그만큼에 해당하는 노동을 필요노동이라고 합니다. 가변자본만큼보다 더 일하기 시작하면 그때부터 노동자는 잉여노동을 하게 되는 겁니다.

"직원 여러분, 반갑습니다. 사장입니다. 오늘 오전 8시부터 12시까지는 여러분이 필요노동을 하는 시간이 되겠습니다. 이 시간 동안 여러분이 일해서 만드신 것은 팔아서 전부 여러분 먹고사는 데 쓰시라고 드리겠습니다.

그리고 점심 먹고 1시부터 6시까지는 잉여노동 시간이 되겠습니다. 이 시간은 저를 위해서 그리고 회사를 위해서 일하시는 시간입니다. 이때는 약간 짜증이 나시겠지만 힘들어도 참고 열심히 일해 주십시오."

이런 곳은 한 군데도 없습니다. 자본주의에서는 필요노동을 하는 시간, 잉여노동을 하는 시간이 따로 구분되어 있지 않다는 것입니다. 예전에 유럽의 봉건 시대에는 이런 게 구분이 됐었습니다. 일주일에 3일은 자기 땅에서 농사짓고 나머지 3일은 지주 땅에서 농사지었으니까, 자기를 위해서 하는 일과 지주에게 착취당해서 할 수 없이 하는 일이 확실히 달랐습니다.

자본주의에서는 그런 구분 없이 일단 일하고 나서 그 대가를 그냥 돈으로 받으니까 노동자는 자기가 착취당하는지 어떤지 헷갈립니다. 하지만 노동자가 잉여노동을 하는 건 분명하고, 잉여노동에 대해서는 자본가가 돈을 주지 않습니다. 이런 의미에서 일은 하는데 돈은 못 받는다는 뜻으로 잉여노동을 부불(不拂) 노동(지불하지 않는 노동)이라고도 합니다. 반면 필요노동은 자본가가 노동자에게 돈을 지불하니까 지불 노동이라고 합니다.

자본주의의 대표 수식

지금까지 생산물의 가치는 '불변자본＋가변자본＋잉여가치'라는 점을 살펴봤습니다. 그런데 이렇게 보는 건 노동자의 관점이고, 자본가는 전혀 다르게 봅니다. 자본주의의 주인공이자 이 책에 가끔씩 등장하는 '보이지 않는 손'과 자본가 사이의 대화를 들어 보겠습니다.

"어이, 자본가! 자꾸 당신한테 노동자가 만든 잉여가치를 가져간다고 하는데, 난 좀체 이해가 안 가."
"너도 그러냐? 나도 그래!!"
"너 원가 계산할 줄 알지?"
"응, 알지."

"그럼 원가 계산하고 나서 그냥 원가대로 시장에 내다 파냐?"

"아니지, 원가에다가 적당히 이윤을 붙여서 팔지. 원가가 1,000원이면 거기다 100원 이윤 붙여서 1,100원에 파는 식이잖아."

"그렇지? 그러면, 그 원가 안에 인건비도 들어가잖아. 노무비라고 하든가? 아무튼 일한 애들한테 돈 주는 거. 그거 원가에 들어가고, 기계 값, 재료비, 연료비도 원가에 들어가고. 그리고 나서 이윤 붙인 거 100원, 그걸 너희들이 먹는 거 아냐?"

"그렇지, 그렇지!!"

"그럼 너희들이 먹는 건 소비자들한테 받은 돈이지 노동자들이 만든 게 아니네. 근데 왜 자꾸 노동자들이 만든 걸 너희들이 가져갔다고 우기지?"

"오호, 보이지 않는 손! 내 말이 그 말이야. 그리고 말이지, 자기들이 만든 것보다 적게 가져간다고 고집 피우는 것도 웃겨. 인건비 딱딱 챙겨 주잖아. 근데 착취래, 제기랄."

자본가가 볼 때 생산물의 가치는 '불변자본+가변자본+잉여가치'가 아닙니다. 이 대화에서 알 수 있는 것처럼 자본가들은 물건을 원가에다가 이윤을 붙여서 내다 팔고 있습니다. 원가는 원래 가치란 뜻인데, 여기서는 '그 물건을 생산할 때 얼마가 들었나.' 하는 뜻이니까 원가는 생산 비용이랑 같은 뜻입니다. 노동자식으로 말하면 불변자본+가변자본을 자본가는 '생산 비용'이라고 부르는 것입니다. 여기다가 이윤을 붙이면 그것이 바로 '시장에 내다 파는 생산물의 가치'가 됩니다.

우리는 자본주의에서 살고 있고, 워낙 자본가가 주도하는 사회에서 자본가가 만들어 놓은 규칙에 적응해서 살다 보니까 '불변자본+가변자본+잉여가치'보다는 '생산 비용(원가)+이윤'이라는 공식에 한 천 배는 더 익숙합니다. 자본주의에서 노동자는 자기 눈이 아니라 자본가 눈으로 세상을 볼 때가 많습니다. 보이지 않는 손과 자본가가 대화한 것도 다 맞는 말 같습니다. 또 실제로 생산 비용(원가)+이윤이라는 공식이 현실하고도 잘 어울립니다. 물건 만들 때 들어간 원가에다가 적당히 마진 붙여서 파는 것, 이것은 회사에서 매일매일 벌어지는 일입니다.

노동자 관점에서 잉여가치에 관심이 가는 건 당연합니다. 일했지만 못 가져가는 게 있기 때문입니다. 일했는데 못 가져가는 걸 알려면 노동자는 자신이 어느 정도나 일하고, 그중에서 돈으로 받는 것과 못 받는 것은 어느 정도인지를 알아야 합니다. 이런 이유에서 자본가가 쓰는 돈을 가변자본, 불변자본 등으로 구분하는 것입니다. 가변자본, 불변자본을 구분하면 앞에서 설명한 것처럼 노동자가 일한 것 중에서 얼마만큼이 필요노동이고, 얼마만큼이 잉여노동인지 알 수 있습니다. 그래서 돈을 받고 일한 부분과 못 받고 일한 부분이 어느 정도인지 알 수 있기 때문입니다.

노동자가 잉여가치, 가변자본 등에 관심이 있다면 자본가는 무엇에 관심이 있을까요. 생산 설비, 연료, 원료 같은 불변자본에도 자기 돈이 들어가고, 노동자 고용하는 데에도 자기 돈 들어가는 건 마찬가지라서 그냥 전체적으로 돈이 얼마나 들어가는가를 따집니다. 불변자본, 가변자본 같은 걸 굳이 따질 필요가 없습니다. 더욱이 자본가는 자신이 착취한다고 생각하지 않기 때문에 노동자에게 돈을 준 건 몇 시간이고 안 준 건 몇 시간인지 구분할 이유도 없습니다. 자본가는 그냥 불변자본과 가변자본을 합쳐서 전체적으로 생산 비용이 얼마나 들었는데, 그렇게 해서 새롭게 번 돈이 얼마인가만 보면 됩니다.

새롭게 번 돈을 자본가는 이윤이라고 합니다. 자본가는 잉여가치 같은 건 없다고 생각합니다. 따라서 당연히 잉여가치라는 말을 안 씁니다. 자본가는 원가에다가 적당히 이윤을 붙여서 남겨 먹을 뿐입니다. 따라서 그건 자기가 마땅히 가져가야 할 것이라고 생각하고, 명칭도 잉여가치가 아니라 그냥 이윤이라고 부르는 것입니다.

노동자와 자본가의 주장을 정리하면 이렇습니다.

노동자가 보는 생산물의 원래 가치=불변자본 가치+가변자본 가치+잉여가치

➡ 이 생산물이 시장에 내다 팔림

자본가가 보는 생산물의 원래 가치=생산 비용(불변자본 가치+가변자본 가치)

➡ 이 생산물에 이윤이 붙어 팔림

자본가는 불변자본과 가변자본을 생산 비용이라고 하고, 그것이 생산물의 원래 가치라고 부른 다음에, 거기다가 이윤을 붙여서 팝니다. 자본가는 노동자 몫은 가변자본 지출할 때 다 줬다고 하고, 자기들의 이윤은 잉여가치와는 아무 관계도 없다고 주장합니다.

노동자는 자본가의 생산 비용이 불변자본과 가변자본으로 나뉜다는 점을 강조합니다. 또, 자본가의 이윤이 되는 몫은 원래 노동자 것인데 자본가가 가져가서 이윤으로 삼았다고 주장합니다. 그래서 그걸 노동자가 못 받는다는 의미에서 잉여가치라고 합니다. 잉여가치는 원래부터 생산물에 포함된 것이고 그걸 노동자들이 만들었는데, 자본가는 물건을 팔아서 잉여가치를 돈으로 바꾼 다음 이윤이라면서 가져간다는 것이죠.

도대체 누가 옳은가? 원래 좋은 약은 맛이 쓰고, 진실은 이해하려면

약간 골치가 아픈 법입니다.

가치는 시장이 아니라 공장에서

자본가들의 주장대로 현실에서는 생산 비용에 이윤을 붙여서 판매합니다. 그런데 조금 깊게 생각해 보면 한층 더 이야기가 복잡합니다. 핵폭발로 사람들이 다 죽고 지구상에 딱 두 명이 산다고 가정해 보겠습니다. 한 사람은 휴지 공장 사장인데 마지막 남은 휴지 한 두루마리를 팔려고 시장에 내놨습니다. 또 한 사람은 휴지가 필요한 사람인데 이 사람 전 재산은 1,100원입니다.

"휴지 한 두루마리에 얼마예요?"
"1,100원이요."
"아저씨 궁금해서 그러는데 솔직히 말씀해 보세요. 이 휴지 원가 얼마예요?"
"이거 생산하는 데는 1,000원 들었죠."
"그렇구나. 알겠습니다. 하나 주세요."
"네, 여기 있습니다."

방금 두 사람 간에 교환이 이루어졌습니다. 만들어지는 물건이 교환되는 이런 과정을 유통 과정이라고 합니다. 휴지 하나가 휴지를 파는 사람에게서 휴지를 사는 사람에게로 옮겨졌습니다. 여기서 질문 하나! 휴지가 옮겨지는 유통 과정에서 새로운 가치가 창조되었나요?

자본가 말대로라면 1,000원에 만든 휴지를 1,100원에 팔았으니까 100원이 새로 창조된 겁니다. 그러나 이것은 휴지를 파는 사람 입장에서 볼 때 100원이 새로 창조된 것일 뿐 사는 사람 입장에서는 100원을 손해 본 것입니다. 원래 가치가 1,000원인 휴지를 100원 더 주고 샀으니까요.

게다가 사회 전체적으로 보면 둘 사이에 거래가 있었지만 창조된 건 아무것도 없습니다. 지구상에는 딱 두 사람이 살고 있는데 한 사람은 휴지 두루마리 하나를, 또 한 사람은 1,100원을 가지고 있었습니다. 그런데 휴지와 돈을 교환하는 유통 과정을 거친 후 결과는 역시 한 사람은 휴지 두루마리 하나를, 또 한 사람은 1,100원을 가지고 있을 뿐입니다. 유통 과정으로 세상에 새롭게 창조된 것은 아무것도 없습니다. 다만, 이 사람 손에 있던 휴지 한 두루마리가 저 사람 손으로 그냥 옮겨지고, 저 사람 손에 있던 돈이 이 사람에게 건너온 것뿐입니다.

"자, 휴지 하나 주세요."
"네, 여기 있습니다. 받으세요."
"으악!! 이럴 수가!!! 아저씨가 휴지를 저에게 주는 바로 그 순간에 휴지가 두 개가 됐어요!! 우와 대단하다!!! 아저씨 마술가세요?"

교환 과정에서 새로운 가치가 창조되는 건 이런 경우뿐입니다. 바로 이럴 때에만 유통 과정에서 새로운 가치가 창조되지만, 세상에 이런 일은 없습니다. 그리고 만약 유통 과정에서 새로운 가치가 창조된다면 세상에 공장은 죄다 필요 없게 됩니다. 공장에서 물건 만들 필요 없이 서로 '교환'만 계속하면 집도 만들어지고 밥도 지어지고 옷도 만들어질 테니까 말입니다.

결국 자본가 주장처럼 현실에서는 생산물의 원래 가치에 이윤을 붙여서 내다 파는 것이 사실이지만, 그렇다고 그 과정에서 새로운 가치가 생기는 것은 전혀 아니라는 이야기입니다. 새로운 가치는 앞에서 설명했던 것처럼 오직 노동자의 노동으로만 만들어집니다. 진실이 이런데도 왜 현실에서 물건 가격은 자본가의 말처럼 생산 비용에 이윤을 붙이는 식으로 결정되는 걸까요. 이에 대해서는 14장 〈자본은 흘러 흘러 '공황'의 바다로〉 부분을 참고해 주십시오.

알아야 할 점을 한 가지 더 말씀드리겠습니다. 사실 자본가는 중대한 잘못을 저지르고 있습니다. 생산물의 원래 가치를 그 생산물을 '만드는

데 들어간 가치'로 보는 것입니다. 하지만 생산물의 원래 가치는 '만들어져 나온 생산물의 가치'로 봐야 합니다. 1,100원짜리를 만들었는데 자꾸 자기가 쓴 돈 1,000원만 생각하니까 빵 가치가 1,000원이라고 우기는 겁니다.

"아니, 대체 생산물을 만드는 데 들어간 가치랑, 생산물이 다 만들어져 나오고 나서의 가치랑 다르다는 거요?"

이렇게 질문할 분들이 계실 겁니다. 생산물을 만드는 데 들어간 가치와 다 만들어져 나온 생산물의 가치는 다릅니다. 이 문제는 노동과 노동력에 대한 아주 심각한 혼동과 관련이 있습니다. 주류경제학자들과 자본가들은 노동과 노동력이라는 말을 구분 안 하고 막 섞어서 쓰는데 우리는 그러면 안 됩니다. 노동력은 노동자가 일하는 능력이고, 그 노동력을 갖고 일하면 그게 노동입니다. 노동자들이 받는 월급은 노동에 대한 대가가 아니라 노동력에 대한 대가입니다. 노동, 즉 일한 결과에 대한 대가가 아니라 노동력, 즉 일하는 능력에 대한 대가인 것입니다.

마르크스 생애와 《자본론》

마르크스가 《자본론》을 썼던 1800년대에 노동자들은 정말 비참하게 살았습니다. 공장에서는 여성, 남성, 아이, 어른 할 것 없이 모든 사람이 하루에 14시간 이상 일했습니다. 아이들은 하루 종일 20분밖에 쉬지 못하는 경우가 다반사였고, 너무 힘들어서 조심성이 떨어진 탓에 기계에 손이 말려들어 가 잘리는 일도 늘 벌어졌습니다. 공장 밖의 도시 역시 공장 못지않게 사람 살 곳이 못되었습니다. 거리에는 쓰레기가 넘치고, 깨끗한 마실 물 같은 건 제대로 공급되지 않았으며, 매연 때문에 맑은 공기도 마시기 힘들었습니다. 콜레라 같은 전염병은 잊어버릴 만하면 한번씩 찾아왔습니다.

1818년 독일에서 태어난 마르크스는 대학 시절까지 계속 독일에서 지냈습니다. 처음엔 본 대학에 들어갔다가 베를린 대학으로 옮겼습니다. 베를린 대학에서 마르크스는 전공인 법 공부는 별로 안 하고 철학 공부, 특히 그중에서도 그때 가장 유명한 철학자였던 헤겔

의 철학을 공부하고 토론하는 데 많은 시간을 보냈습니다. 1980년
대 한국의 운동권 학생들이 전공 수업은 안 들어가는 대신 철학이나
역사 같은 세미나는 많이 했던 것과 비슷했습니다. 마르크스가 살던
당시 정부는 과거 박정희, 전두환이나 현재 이명박 정부처럼 정말
못 말릴 지경이었는데, 이 때문에 마르크스는 상당히 급진적인 생각
을 갖게 됩니다.

대학을 졸업한 마르크스는 반정부 신문이었던 〈라인 신문〉에서

기자로 몇 달 일하다가 편집장이 되었습니다. 마르크스의 글솜씨가 워낙 신랄하고 예리한지라 경찰은 마르크스와 〈라인 신문〉을 더욱 눈여겨보게 되는데요, 몇 년 있다가 이 신문은 폐간됩니다. 그러자 마르크스는 프랑스로 도망을 칩니다. 그 후 우여곡절을 겪으면서 벨기에 브뤼셀로 사는 곳을 옮기는데, 이 과정에서 《신성가족》, 《독일 이데올로기》, 《포이어바흐에 관한 테제》, 《철학의 빈곤》 같은 책을 쓰기도 했습니다.

1840년대는 유럽 곳곳에서 노동자들이 파업을 하던 시기입니다. 1847년에 런던에서는 '공산주의자 동맹'이 조직되기도 하는데, 이때 마르크스가 공산주의자 동맹의 강령으로 《성경》 다음으로 가장 많이 팔렸다는 그 유명한 스테디셀러 《공산당 선언》을 씁니다. 《공산당 선언》은 마르크스가 겨우 서른 살이 되던 해인 1848년 2월에 출판되는데, 바로 그 2월에 파리에서는 커다란 혁명이 시작됩니다. 그리고 그 혁명은 유럽 전체로 퍼져 나갑니다. 앞서 1800년대 유럽 사람들의 생활을 짧게 말씀드렸는데, 그런 상태를 더는 견디지 못한 노동자 민중들이 결국 들고일어난 것입니다. 마르크스는 브뤼셀에서, 파리에서 그리고 다시 독일로 돌아와서 혁명에 참여합니다. 독일에서 마르크스는 〈라인 신문〉의 뒤를 잇는 〈신라인 신문〉을 창간해서 다시 권력과 자본을 비판합니다. 그러나 결국 모든 혁명은 다 실패로 돌아가고, 마르크스는 1849년에 다시 독일을 떠나 이번에는 런던으로 망명합니다.

그 이후 마르크스는 나중에 고향에서 유산이 좀 오기 전까지 7년 동안 아주 지긋지긋한 가난 속에서 살았습니다. 그 와중에도 대영박물관 도서관에 매일 출근하다시피 하면서 《자본론》을 썼습니다. 부인과 큰딸은 병에 걸리고, 아이들 여섯 중 세 명이 죽었는데도 자본론 연구를 멈추지 않았습니다. 가족들이 말할 수 없이 비참하게 생활하는데도 돈 벌 생각은 안 하고 연구만 한 것은 욕 얻어먹어도 쌉니다. 어쨌거나 이런 과정 속에서 약 15년간의 연구 끝에 《자본론》은 1867년에 출판됩니다. 그 사이에 마르크스가 자본론만 연구하고 있었던 것은 아닙니다. 1859년에 《정치경제학 비판을 위하여》라는 책도 내고, 1864년에는 보통 제1인터내셔널이라고 부르는 '국제노동자협회'에서 일하기도 했습니다. 1867년에 《자본론》 1권을 출간한 뒤 마르크스는 계속 작업을 잇지 못한 채 1883년에 죽습니다. 마르크스의 절친한 동료이자 철학자였던 엥겔스가, 마르크스가 잔뜩 써놓은 원고를 모으고 편집해서 나중에 《자본론》 2권과 3권을 출판합니다.

8

더 착취하려면

– 잉여가치율과 절대적 잉여가치 생산

자본가가 원가를 잘못 계산하는 이유는 물건을 만들 때 들어간 가치와 만들어져 나온 물건의 가치가 다른데 그걸 구분 안 하기 때문입니다. 하지만 가변자본인 노동력은 자기 가치보다 큰 가치를 창조해 냅니다. 생산에 투입된 가치와 만들어져 나온 생산물의 가치는 분명 크게 다릅니다. 자본가들은 이런 차이를 구분하지 못합니다. 왜냐하면 '노동력'과 '노동'을 구분하지 않기 때문입니다.

'노동력과 노동', 이 두 가지는 참 구분하기 어렵습니다. 노동력은 노동자가 일하는 능력이고, 그 노동력을 갖고 일하면 그게 노동입니다. 써 놓고 보면 그렇게 어려워 보이지도 않지만, 평소에 잘 구분 안 하고 쓰다가 구분하려고 하면 정신만 없고 더 헷갈립니다.

노동과 노동력의 차이

운전면허증을 가진 사람은 운전하는 능력이 있습니다. 이 운전하는 능력을 발휘해서 차를 몰 경우 '운전을 한다'고 이야기합니다. '운전 능력'과 '운전'은 확실히 구분이 가는 얘기입니다.

"지겨운 시험. 이 시험 때문에 내가 10시간이나 공부했다, 10시간! 날 밤 깠다니까!!"

사장이 되기 전에 찔찔이가 승진 시험 때문에 이렇게 공부해서 키운

건 '시험 보는 능력'입니다. 찔찔이는 10시간이나 들여서 만든 시험 보는 능력을 가지고 시험장에 가서 '시험'을 봤습니다.

노동력과 노동은 '운전하는 능력'과 '운전', '시험 보는 능력'과 '시험'처럼 분명히 구분되는 말입니다. 따라서 가만히 생각해 보면, 그 말 자체를 이해하는 건 역시 크게 어려운 일은 아닙니다. 노동자는 일할 수 있는 능력을 발휘해서 일합니다. 노동력을 가지고 노동을 한다는 것입니다. 애초부터 헷갈리지 않게, 노동력과 노동이라고 하지 말고 '일하는 능력'과 '실제로 일하기'라고 썼으면 훨씬 쉬웠을 겁니다.

노동력과 노동이 구분됐으면 다음 문장을 한번 같이 살펴보겠습니다.

"생산의 3요소는 토지, 자본, 노동이다!"

생산의 3요소에는 과연 '노동'이 들어가는 것일까요? 생산의 3요소를 토지, 자본, 노동이라고 보는 건 주류경제학자들입니다. 여기서 '노동'은 분명히 생산에 투입되는 요소를 말하는 겁니다. 그러나 방금 전에 노동과 노동력을 분명하게 구분했으니까 다시 생각해 보면, 생산에 투입되는 건 노동이 아니라 '노동력'입니다. 따라서 생산의 3요소는 토지, 자본 그리고 노동력이라고 하는 것이 맞습니다.

처음에 말씀드렸던 것처럼 이렇게 주류경제학자들은 노동과 노동력을 구분하지 않고 쓰고, 우리는 그들이 만든 경제학만 계속 보다 보니까 노동과 노동력을 잘 구분하지 않습니다. 하지만 노동과 노동력을 구분하지 않으면 가변자본이 가치를 창조한다는 사실이 자꾸 묻히게 되어 있습니다.

노동과 노동력을 구분하지 않고, 생산에 투입되는 요소를 노동력이 아니라 노동이라고 하는 이유는 이렇게 우기고 싶기 때문입니다.

"투입되는 것이나 그 결과로 나오는 것이나 어차피 가치는 똑같은 거 아냐?"

하지만 우리는 이미 6장에서 투입되는 것과 그 결과 생산되어 나오는 것은 다르며, 그 이유는 투입되는 가변자본이 생산 과정에서 가치를 불리기 때문이라는 사실을 확인했습니다. 따라서 투입되는 것과 그 결과로 나오는 것은 똑같지 않고 다릅니다. 투입되는 것보다 나오는 것이 가치가 더 큽니다. 주류경제학은 투입되는 것보다 나오는 것이 더 가치가 크다는 사실을 이야기하기 싫어해서 노동과 노동력을 구분 안하고 그냥 노동이라는 말만

써 버립니다. 그러나 우리는 이 두 가지를 분명히 구분해야 합니다.

노동과 노동력을 구분하고 나면 더 확실해지는 것이 있습니다. 지금까지 노동에 대한 대가로 알고 있던 월급이 사실은 노동에 대한 대가가 아니라 노동력에 대한 대가라는 점입니다. 자본가가 노동자에게 주는 돈이 가변자본인데, 노동과 노동력은 다르다고 했고, 가변자본은 생산에 투입되는 요소에게 주는 돈이므로 월급은 곧 노동력에 대한 대가인 것입니다.

지금까지 노동과 노동력을 구분해야 한다는 점을 살펴봤습니다. 자본가가 노동자에게 주는 돈은 노동력에 대한 대가입니다. 그런데 노동력에 대한 대가를 돈으로 주려고 하면 노동력이 어느 정도 가치가 있는지를 알아야 합니다. 이걸 어떻게 알 수 있는가. 지금부터는 이 점에 대해서 알아보겠습니다.

이상한 월급

어떤 물건이든 그 물건의 가치는 그 물건을 만드는 과정에 들어간 가치를 모두 합쳐 놓은 것입니다. 볼펜 한 자루의 가치는 그 볼펜을 만드는 데 기계가 고생한 시간, 원료와 연료가 고생한 시간, 노동자가 고생한 필요노동 시간과 잉여노동 시간을 합한 것입니다. 그렇다면 노동력의 가치는 어떻게 계산해야 할까요? 노동력의 가치 또한 다른 물건과 마찬가지로 노동력을 만드는 데 들어간 가치를 모두 합한 것입니다. 이걸 노동력 재생산 비용이라고 합니다.

"오늘의 데이트를 위해서 내가 노력 많이 했지."

찔찔이는 승진 시험을 마치고 홀가분한 마음에 평소에 마음에 뒀던 사람한테 데이트를 신청했습니다. 성공적인 데이트를 위해 찔찔이는 그 전날 목소리를 매력적으로 가꾸려고 날달걀도 몇 개 깨 먹고, 평소에 신경질 잘 내는 습관도 없애기 위해 명상도 한참 하고, 거울 보고 웃는 연습도 몇 번이나 했습니다. 첫인상에서 분위기를 확 휘어잡기 위해 인터넷을 뒤져 비장의 유모어 몇 개도 준비했습니다. 이러는 데 총 3시간이 들었고, 이걸 돈으로 따지면 3만 원 정도 한다고 칩시다. 찔찔이는 이런 과정을 통해서 '데이트 능력'을 생산했습니다.

드디어 데이트하는 날. 찔찔이는 전날 준비한 데이트 능력을 마음껏 발휘해 데이트를 했습니다. 결과는 대만족! 데이트 능력을 생산하는 데 3시간이 걸렸지만 실제로 이걸 발휘해서 데이트한 시간은 무려 8시간이었습니다. 엄청난 능력을 발휘한 것입니다. 찔찔이는 너무너무 만족스러웠습니다.

찔찔이는 내일 또 데이트를 하고 싶습니다. 하지만 그러기 위해서는 오늘 발휘했던 데이트 능력을 또 발휘해야 합니다. 다시 달걀 깨 먹고, 명상하고, 거울 보고 웃는 연습하고, 새로운 유모어를 찾기 위해 인터넷을 뒤집니다. 또 3시간이 걸립니다. 이때 찔찔이는 데이트 능력 '다시 만들기'를 하고 있는 겁니다. 유식하게 말해서 '데이트 능력 재생산'을 하는 것이지요. 이때 들어간 3시간을 돈으로 계산하면 아까 3만 원쯤 된다고 했는데, 이걸 또 유식하게 말하면 '데이트 능력 재생산 비용'이 됩니다.

찔찔이는 3시간만 노력하면 다음 날 8시간 데이트가 가능합니다. 데이트 8시간 중에서 3시간은 전날 준비하느라고 들어간 시간입니다. 그러니까 3시간 데이트하면 딱 본전입니다. 3시간을 넘기 시작하면 그때부터 찔찔이는 남는 장사를 하는 겁니다. 찔찔이는 데이트 능력보다 훨씬 큰 '데이트'를 창조해 냈습니다. 3시간을 투자해서 8시간의 결과를 낸 것입니다.

자본가 본성을 가진 찔찔이는 남는 장사 아니면 절대 안 하는데, 그 습관을 사장이 되고 나서도 그대로 발휘합니다.

노동자들은 노동력을 사용해서 노동을 합니다. 따라서 내일 노동하기 위해서는 오늘 노동할 에너지를 미리 갖춰 두어야 합니다. 노동하기 위해서는 노동력이 계속 만들어져야 한다는 것입니다. 데이트 능력이 재생산되듯이 노동력도 재생산되어야 합니다. 노동력이 재생산되면 노동은 계속될 수 있습니다. 데이트 능력 재생산을 위해 데이트 능력 재생산 비용이 들었듯이 노동력을 재생산하기 위해서는 노동력 재생산 비용이 들어갑니다. 자본가인 찔찔이는 생각합니다.

"그래. 그렇다면, 노동자들한테 노동을 시키기 위해서는 노동력 재생산 비용만 주면 되는 거구나. 그러면 노동자들이 회사 나와서 노동할 거고, 내가 노동력 재생산 비용 준 것보다 훨씬 더 많은 일을 하겠지. 데이트랑 똑같구면."

이런 논리로 찔찔이는 노동자에게 노동력 재생산 비용을 줍니다. 대부분 회사에서 주는 월급이 바로 이 노동력 재생산 비용입니다. 이 돈으로 노동자들은 다음 달에 나와서 발휘할 노동력을 새로 만들어 냅니다. 노동자는 이 돈으로 집에 가서 쉬고, 먹고 자고, 애들 키우고 하면서 다시 노동력을 비축한 다음 회사에 나와서 일한다는 것입니다. 다시 말해서 노동력 재생산 비용이란 그 사회에서 사람들이 평균적으로 먹고사는 비용이라고 이해하시면 됩니다. 보통 민주노총에서도 한 명이 사는 가구는 최소한 얼마가 있어야 생계를 유지한다, 2명은 얼마가 있어야 하고, 4인 가구는 얼마가 있어야 한다고 표준 생계비를 발표하는데, 이게 임금 인상을 요구할 때 참고 자료로 쓰이기도 합니다. 이런 것이 사실은 노동력 재생산 비용에 해당되는 것입니다.

어쨌거나 이렇게 해서 노동력을 새로 만들어 낸 노동자는 회사에 와서 막상 노동할 때에는 그보다 훨씬 많은 일을 합니다.

"역시 내 계산은 예리해. 노동력 재생산 비용으로 3시간 분량만큼 돈을 주니까 그거 받고 실제로 일은 8시간 하잖아! 좋아, 좋아."

찔찔이가 3시간에 해당하는 데이트 능력 재생산 비용을 들이고 8시간 데이트한 것처럼, 찔찔이네 회사 노동자들은 3시간에 해당하는 노동력 재생산 비용을 받고 8시간의 노동을 해냅니다. 찔찔이는 3시간 노동만큼에 해당하는 돈만 노동자한테 준 것이고, 노동자는 그 돈을 받고 5시간을 더 일해 준 것입니다.

7장에서 필요노동과 잉여노동의 뜻에 대해서 말씀드렸습니다. 찔찔이가 노동력 재생산 비용만큼에 해당하는 일을 하는 시간이 바로 필요노동 시간이고, 노동력 재생산 비용 이상 일하는 시간은 잉여노동 시간입니다. 잉여노동을 해서 만들어진 생산물의 가치는 모두 자본가가 가져가는 것이고요.

그런데 여기서 자본가와 노동자의 영원한 대립의 씨앗이 생깁니다. 자본가는 물건의 원가를 계산할 때 노동력 재생산 비용만 노동자에게 인건비 조로 주는데 이건 곧 '노동력의 가치'를 지급하는 것입니다. 정당하게 노동력의 가치를 지급하기만 하면 자본가는 스스로 매우 떳떳할 수밖에 없습니다. '일하는 능력'에 맞춰서 월급을 주는 거니 문제가 될 게 없습니다. 양심에 찔리지도 않습니다. 하지만 노동자의 눈으로 보면 문제는 달라집니다. 노동자는 일한 만큼 보상받길 바랍니다. '일한 결과'에 따라서 월급을 줘야 한다고 생각하는 것입니다.

이렇게 자본가와 노동자는 똑같은 사태를 전혀 다르게 바라봅니다. 한쪽은 노동력의 가치, 즉 일하는 능력의 가치에 맞는 월급을 주면 된다고 생각하고 한쪽은 노동의 가치, 즉 일한 결과의 가치에 맞는 월급을 줘야 한다고 생각합니다. 둘 다 맞는 말입니다. 그렇기에 대화와 타협이 불가능합니다. 따라서 노동자와 자본가는 필연적으로 서로 싸우게 되고, 결국 힘이 센 쪽이 이기게 되어 있습니다. 매년 노동자와 자본가가 임금이나 노동 조건 등의 문제를 가지고 협상하고, 그 과정에서 파업 등이 일

어나는 것도 이런 이유 때문입니다. 자본가와 노동자 사이에 벌어지는 계급 투쟁은 이처럼 자본주의 사회에서는 필연적인 것입니다.

또 한 가지. 자본가와 노동자 사이에서는 노동력 재생산 비용이 얼마 인지를 놓고도 갈등합니다. 자본가는 잉여가치를 최대한 많이 뽑아 가려고 하기 때문에 노동력 재생산 비용 자체를 적게 계산하려고 하고, 노동자는 많이 계산하려고 합니다. 때때로 양심적인 자본가가 노동자에게 충분히 먹고살 만큼 임금을 주는 경우도 있습니다. 잘 모르는 사람은 이 자본가만큼은 노동자를 착취하지 않는다고 생각합니다. 하지만 이 자본가는 단지 노동력 재생산 비용(노동력의 가치)을 제대로 쳐주는 것뿐입니다. 이런 경우에도 자본가가 노동의 가치대로 월급을 주는 건 아닙니다. 노동자는 이미 잉여노동을 착취당하고 있기 때문입니다.

더 착취할 방법

지금까지 노동력과 노동 가치가 어떻게 다른지 말씀드렸습니다. 자본가는 어떻게 해서든지 잉여가치를 많이 가져가야 합니다. 잉여가치가 존재해야만 자본은 스스로 불어나기를 계속할 수 있기 때문입니다. 따라서 자본가는 노동자에게 노동력 재생산 비용 이상 월급을 주려고 하지 않습니다. 도리어 노동력 재생산 비용을 줄이려고 시도합니다.

노동자 입장에서는 일은 실컷 했는데 못 받는 돈이 있다는 것이 억울합니다. 그래서 노동자가 돈으로 받은 부분하고 못 받은 부분의 비율이 어느 정도인지 따져 보는 잉여가치율이라는 것이 필요합니다. 손해 보는 것일수록 계산을 확실히 해야 합니다.

"일주일 동안 술로 때운 날 3일, 저녁밥 먹은 날 2일. 하여튼 이러니 내가 잔소리를 하지! 술이 3일, 밥이 2일. 술하고 밥 비율이 3 대 2야, 3 대 2! 술이 도대체 밥의 몇 퍼센트야? 양심이 있으면 계산 좀 해 봐, 계산 좀! 몇 퍼센트냐고?!!"

매일 술을 달고 사는 찔찔이가 결국 부인에게 구박을 당합니다. 찔찔이 부인은 지금 찔찔이에게 밥 먹은 날에 대한 술 먹은 날의 비율을 퍼센트로 계산하라고 요구하고 있습니다. 이런 것처럼, 잉여가치율은 필요노동을 한 시간에 대한 잉여노동을 한 시간의 비율을 계산하는 것입니다. 이 말이 왠지 어려우면, 돈으로 받는 시간에 대한 돈으로 못 받는 시간의 비율이라고 생각하시면 됩니다. 예를 들어서 시간으로 따져 봤더니 하루에 4시간은 잉여노동 시간(돈을 못 받고 그냥 일해 준 시간)이고, 5시간은 필요노동 시간(돈 받은 시간)이면 그 비율은 4 대 5이고, 돈 못 받은 시간은 받은 시간의 80퍼센트에 해당됩니다. 그러니까 잉여가치율은 80퍼센트인 겁니다. 참고로, 잉여가치율은 얼마나 자본가가 노동자를 착취하는가를 뜻하는 것이기도 하니까 착취율이라고도 합니다.

자본가는 이 착취율을 최대한 높이려고 고민합니다. 어떻게든 잉여가치를 많이 뽑아내려는 것입니다. 밥만 먹으면 잉여가치 뽑아내기에 골몰하는 자본가는 결국 절대적 잉여가치 생산과 상대적 잉여가치 생산이라는 방법을 생각해 냅니다.

무조건 시켜!

절대적 잉여가치 생산은 무엇이고, 상대적 잉여가치 생산은 또 무엇일까요? 평소에는 잘 안 쓰는 이런 말만 외우지 말라고 해도 공부가 한결 부드러워질 텐데, 또 새로운 말을 설명하게 되어서 슬픕니다.

'절대적'이라는 말은 평소에 쓰긴 하지만 의외로 그 뜻이 잘 안 와 닿는 말인데요, 이럴 때는 절대적이라는 말을 '무조건'이라고 바꾸면 됩니다. '상대적'이라는 말은 절대적이라는 말에 비하면 비교적 쉽습니다. 무엇 무엇과 '비교해서'라는 뜻이라는 걸 다들 아실 겁니다.

자, 그렇다면 절대적 잉여가치 생산과 상대적 잉여가치 생산이란 무엇일까요. 둘 다 잉여가치율을 높이는 방법이긴 한데, 그 방식이 다릅니다. 우선 절대적 잉여가치 생산의 뜻부터 알아보겠습니다.

앞에서 일주일 중에서 술로 저녁을 때운 날이 3일이고, 밥을 먹은 날이 2일인 찔찔이의 모습을 보았습니다. 그런데 찔찔이는 아직도 술이 부족합니다.

"일주일이 7일인데, 3일은 술 먹고, 2일은 밥 먹고, 나머지 2일은 왜 남겨 놓냐? 먹는 것도 주 5일제냐? 아예 나머지 2일도 술 먹지 그래?"
"응!"

이러면서 나머지 2일마저 술을 먹으면 술 먹는 날이 3일에서 5일로 늘어납니다. 이런 걸 술 먹는 날이 '절대적'으로 늘어났다고 표현합니다. 술 먹는 날을 '무조건' 늘려 버리는 겁니다. 날짜를 늘리는 방법 말고도 더 취할 수 있는 방법이 있습니다. 한번 먹을 때 아주 세게 먹는 겁니다. 술 먹는 강도를 좀 더 세게 한다는 것입니다. 같은 하루를 먹더라도 소주만 먹지 않고, 소주에 맥주를 섞어서 마신다거나 아니면 소주를 최대한 원샷으로 계속 쏟아붓는 겁니다. 이렇게 하면 비록 5일만 술을 먹었지만, 그 취하는 강도로 따지면 열흘 먹은 것과 비슷하게 될 수 있습니다. 이렇게 술 먹는 날을 늘리거나 한 번 먹을 때 세게 먹는 것을 '절대적 음주가치 생산'이라고 할 수 있습니다. 절대적 음주 가치 생산의 방법에는 음주 시간 연장, 음주 강도 강화가 있습니다.

이와 마찬가지로, 절대적 잉여가치 생산은 무조건 잉여노동 시간을 늘리는 것을 이야기합니다. 무조건 일을 많이 시키면 된다는 것입니다. 노동 시간 연장, 이것이 절대적 잉여가치 생산의 방법입니다. 또 한 가지, 노동 강도를 강화시키는 것도 절대적 잉여가치 생산이라고 부릅니다. 노동 강도를 강화한다는 것은 12시간 동안 일할 것을 8시간 만에 해치우게 아주 빡세게 일 시키는 경우를 말합니다. 이런 의미에서 노동 강도 강화는 결국 노동 시간 연장과 같은 것으로 이해할 수 있습니다.

절대적 잉여가치 생산이란 노동 시간 연장, 노동 강도 강화를 뜻합니다. 노동 시간 늘리기, 노동 강도 강화하기는 우리도 아는 것인데 여기다 뭐하러 절대적 잉여가치 생산이라고 이름 붙여서 더 복잡하게 하나 싶으신 분들도 계실 건데요, 저도 그렇게 생각합니다.

상대적 잉여가치의 생산에 대해서는 다음 장에서 계속해서 알아보겠습니다.

9

현실적으로 착취하기

– 상대적 잉여가치 생산과 특별잉여가치 생산

상대적 잉여가치 생산에 대해서 알아보겠습니다. 상대적이라는 말은 '비교해서' 라는 뜻이라고 말씀드렸습니다. 그러면 상대적 잉여가치 생산이란 무엇을 무엇과 비교해서 어쩌자는 것인가. 바로 잉여노동 시간을 필요노동 시간과 비교해서 더 늘려 보자는 것입니다. 여러 차례 말씀드렸던 것처럼 잉여노동 시간이란 노동자가 일해 주고 돈을 못 받는 시간이고, 필요노동 시간이란 일해 주고 돈을 받는 시간입니다. 자본가 입장에서는 돈 안 주고 일 시키는 잉여노동 시간이 좋은 시간이고, 필요노동 시간은 안 좋은 시간입니다. 따라서 잉여노동 시간을 필요노동 시간과 비교해서 더 늘려 보자는 얘기는 자본가가 노동자에게 돈 주고 일을 시키는 시간보다 돈 안 주고 일 시키는 시간을 늘려 보자는 얘기입니다.

찔찔이는 현재 일주일 중에서 술 먹는 날이 5일, 밥 먹는 날이 2일입니다. 원래 술 먹는 날이 3일, 밥 먹는 날이 2일이었는데 이제는 술 먹는 날을 5일로 늘린 겁니다. 이런 식으로 '무조건' 술 먹는 시간을 늘리는 걸 절대적 음주가치 생산이라고 부를 수 있습니다. 같은 방식으로, 절대적 잉여가치 생산이란 잉여노동 시간을 무조건 늘리는 것을 이야기합니다. 물론 이때 술 먹는 날은 잉여노동 시간이라 할 수 있고, 밥 먹는 날은 필요노동 시간이라 할 수 있는 것이고요. 여기까지는 지난 장에서 이야기한 것입니다.

그런데 찔찔이 입장에서는, 일주일이 7일밖에 안 되는 게 아주 미칠 지경입니다. 술 먹는 시간을 더 늘릴 수 없기 때문입니다.

"으악~~ 정말 미치겠다, 미치겠어. 도대체 일주일은 왜 7일인 거냐고!!!"
"당신 또 술 먹었지? 일주일이 7일이지, 그럼 10일이냐? 이제는 완전히 미쳤구먼. 몸에 알코올 쌓아 두는 게 그렇게 좋냐?"

"그렇지, 그렇지. 바로 그거야. 일주일이 10일이면 얼마나 좋을까?"

자본가가 자본 축적이 본성인 것처럼, 찔찔이는 알코올 축적이 본성인데 일주일이 7일인 건 정말 아쉬운 일입니다. 이미 술 먹는 날을 3일에서 5일로 '절대적'으로 늘렸지만 알코올 축적을 여기서 멈출 수는 없습니다. 찔찔이는 아주 분해 죽겠습니다. 일주일에 5일밖에 술을 못 먹는다는 생각만 하면 술이 확 깹니다.

뭐 좋은 방법이 없을까 생각하던 찔찔이는 어차피 일주일이 7일인 건 어쩔 수 없으니까 7일 그 자체 일정을 다시 조정하기로 마음먹었습니다. 밥 먹는 2일 중에서 하루를 빼서 밥을 안 먹고 술을 먹기로 결정한 것입니다. 이러면 취할 수 있는 날이 더 많아집니다. 일주일 중에서 술 먹는 날을 밥 먹는 날과 '비교해서 더' 늘린다는 겁니다. 처음에는 술 먹는 날과 밥 먹는 날의 비율이 5 대 2였습니다. 그런데 술 먹는 날을 하루 더 늘리고 밥 먹는 날을 상대적으로 줄여서 6 대 1로 만들어 버리는 겁니다. 알코올 중독 찔찔이가 새로 도입한 바로 이런 방법, 이것을 '상대적 음주가치 생산'이라고 할 수 있습니다.

절대적 음주가치 생산의 방법을 쓸 때는 밥 먹는 날은 처음에도 2일이었고, 나중에도 2일이었습니다. 다만 술 먹는 날 자체만 늘어납니다. 여기서 중요한 건, 남편이 술 먹는 시간을 절대적으로 늘리긴 했지만 목숨을 부지하는 데 필요한 밥을 먹는 시간 2일, 즉 '필요 식사 시간'인 2일은 안 건드린다는 사실입니다. 그런데 상대적 음주가치 생산의 경우에는 필요 식사 시간을 2일에서 1일로 줄여 버립니다. 이것이 절대적 음주가치 생산과 상대적 음주가치 생산의 다른 점입니다.

"아니, 당신 미쳤어? 일주일에 하루만 밥 먹는다고? 당신 그러다 죽어. 밥을 먹어야 술도 먹을 거 아냐? 그렇게 자꾸 밥 먹는 시간을 줄여서 어쩌자고?"

목숨을 부지하는 데 필요한 최소한의 식사는 해 줘야, 술도 먹을 수 있습니다. 밥을 적당히 먹어서 음주 능력 재생산을 해 줘야, 계속 술을 마실 수 있다는 겁니다.

"하루에 이틀치 먹으면 되지. 밥을 먹어야 술도 먹는다는 건 나도 알지. 내가 바본가? 그냥 아무 생각 없이 무턱대고 하루로 줄인 게 아니지.

그 하루에, 이틀 먹는 것만큼 먹으면 된다는 것이 훌륭하신 이 남편의 생각인 거야."

그렇습니다. 남편의 생각은 바로 이런 것이었습니다. 밥 먹는 날을 줄이되, 먹는 양은 똑같이 하자는 것입니다. 그러면 예전이나 지금이나 몸이 섭취하는 영양분은 같을 테니까, 비록 밥 먹는 날이 줄었어도 음주 능력 재생산에는 아무 지장이 없습니다. 하루 동안에 이틀치를 먹어서 술 먹을 힘을 예전하고 똑같이 보충하고, 그러고 나서 또 술을 먹으면 되는 것입니다. 이것이 바로 상대적 음주가치 생산을 실현하기 위한 남편의 계획이었습니다.

월급은 줄이고 일은 더 세게

자, 그렇다면 상대적 잉여가치 생산이란 무엇일까요? 맨 처음에 말씀드린 대로, 상대적 잉여가치 생산이란 전체적인 노동 시간은 그대로 둔 상태에서 필요노동 시간, 즉 돈 받는 시간은 줄이고 그만큼 상대적으로 돈 안 받는 시간인 잉여노동 시간은 늘리는 것을 말합니다. 쉽게 말하면 전보다 임금을 적게 준다는 소리입니다. 밥 먹는 날을 줄이고 술 먹는 날을 늘려서 전보다 끼니 수를 줄이는 것과 같습니다. 그 대신, 앞의 남편이 줄어든 끼니를 가지고도 음주 능력 재생산을 차질 없이 해내고 계속 술을 마셨던 것처럼, 줄어든 임금을 가지고도 노동력 재생산을 차질 없이 해내고 계속 노동하게 하면 되는 겁니다. 상대적 잉여가치 생산은 하루가 24시간으로 제한되어 있고, 노동자들이 하루에 8시간만 일하겠다고 투쟁하자 자본가들이 절대적으로 잉여가치를 늘리는 데 한계에 부딪히면서 나온 방법입니다.

　그렇다면 줄어든 임금 가지고도 노동자가 그 전과 똑같이 먹고, 자고, 입는 등의 일상생활을 하려면 어떻게 해야 할까요. 방법은 하나뿐입니다. 노동자가 노동력 재생산을 위해 구입하는 물건들 값이 전보다 싸지면 되는 것입니다. 물건 값이 싸진다는 것은 전보다 가치가 적어진다는 이야기입니다. 생산 과정에서 가치가 적은 물건을 만들기 위해서는 그 물건을 만드는 데 드는 시간이 전보다 짧아져야 합니다. 이를 위해서 자본가는 흔히 기계를 도입하거나 노동자들이 일하는 과정을 전과 다르게 바꿉니다. 있어 보이는 말로 하면, 노동 수단과 노동 방법에 변화를 꾀한다는 것입니다. 이를 통해 물건을 빨리 빨리 만들어 내면 물건 값이 싸질 수 있습니다. 이렇게 노동 수단과 노동 방법에 변화를 줘서 이전보다 물건을 훨씬 많이 만들어 낼 때 이것을 보통 '노동 생산성이 상승'했다고 이야기합니다. 답은 바로 이것입니다. 자본가는 노동 생산성 상승을 통해서 끊임없이 상대적 잉여가치 생산을 추구하는 것입니다.

　지금까지 좀 복잡하게 얘기가 이어졌는데요, 간단하게 정리해 보겠습니다. 노동 생산성의 상승을 통해 물건의 가치가 낮아지고 물건 가격이 낮아집니다. 낮아진 물건 가격은 노동자들이 이전보다 적은 임금을 가지고도 노동력을 다시 만들 수 있도록 해 줍니다. 자본가는 이 점을 근거로 이제 이전보다 돈을 적게 줘도 된다고 생각하고 실제로 그렇게 합니다. 하지만 일하는 시간은 이전과 같습니다. 돈을 받고 일하는 시간은 줄었지만 안 받고 일하는 시간은 '상대적으로' 길어져서 일하는 시간 합계는 이전이나 똑같습니다. 이런 상황을 필요노동 시간이 줄어들고 잉여노동 시간이 늘어났다고 표현할 수 있는데, 이렇게 길어진 잉여노동 시간 덕분에 자본가는 더욱 잉여가치를 많이 챙길 수 있게 됩니다. 상대적 잉여가치 생산은 바로 이런 상황을 말하는 것입니다.

앞선 놈이 더 번다

그런데 이렇게 자본가들이 노동 생산성을 높이는 것은 사실 상대적 잉여가치를 생산하기 위해서라기보다는, 특별잉여가치를 생산하기 위해서입니다. 정확히 말하면 특별잉여가치를 생산하기 위해서 노력하다 보니까 결국 상대적 잉여가치까지 높이는 결과를 낳은 것입니다. 이 점에 대해서는 지금부터 설명드리겠습니다.

찔찔이가 또 다른 자본가 친구와 술자리를 함께하게 됐습니다.

"요새 술 열심히 먹는다며?"

"그럼, 그럼, 나도 찔찔이 자네처럼 알코올 축적의 본성에 충실하고 있지."

"나도 요새 열심히 하고 있어. 요즘 우리 업계가 아주 경쟁이 심하잖나. 경쟁에서 지면 죽거든? 살아남으려면 어떻게 해야 하느냐, 자본가로서 본연의 역할에 충실해야 돼. 잉여가치를 열심히 챙겨야 한다는 거지."

"열심히 하잖아."

"열심히 하지. 노동자들 무조건 일 많이 시키고, 빡세게 시키면 돼. 근데 말이야, 아무리 일을 시켜도 하루에 25시간 시킬 수는 없잖아. 자꾸 데모해 대고, 8시간 노동제다 뭐다 그런 것 때문에 어차피 일 길게도 못 시켜요. 그래서 기계 좀 더 들이고, 애들 배치도 좀 다시 하고 그랬지."

"그래서 좀 챙겼나?"

"챙겼지, 챙겼고말고. 다른 회사는 나처럼 안 하더라고. 내가 선두 주자야, 선두 주자. 다른 애들은 말이야, 옛날 방법 그대로야. 그러니까 원가가 높아요. 우리 회사는 기술을 혁신해서 똑같은 돈 들여도 훨씬 많이 만들어 내지. 제품 하나당 단가가 싸질 수밖에 없어요. 근데 시장에서는 가격이 그대로잖아. 남들보다 싸게 만들어서 남들하고 같은 가격에 판다! 남는 게 많다는 얘기지!!"

찔찔이는 절대적 잉여가치 생산의 방법을 쓰다가 그 방법의 한계를 느끼고, 노동 생산성을 높이는 방법을 썼습니다. 그리고 이를 통해 남들보다 돈을 많이 벌게 됐습니다. 앞에서 노동 생산성을 높여서 잉여가치 뽑아내는 걸 상대적 잉여가치 생산이라고 설명드렸습니다. 그런데 남들은 다 노동 생산성을 안 높였는데 찔찔이 혼자서 노동 생산성을 높여서 이익을 얻었다면 이런 건 상대적 잉여가치라고 안 하고 찔찔이만 특별히 잉여가치를 더 챙겼다고 해서 특별잉여가치라고 합니다.

자본가들은 끊임없이 경쟁합니다. 특별잉여가치는 그 경쟁에서 이기기 위해 어떤 자본가가 노동 생산성을 높여서 그전보다 훨씬 낮은 가치의 물건을 만들어 원가를 절감했을 때 얻는 이익입니다. 다른 자본가보다 이윤을 초과로 얻었다는 의미로 특별잉여가치를 '초과 이윤'이라고도 합니다.

"근데 말이야. 다른 회사가 자네 방식대로 다 바꾸면 어떡하지? 그럼 지금이야 남는 게 좀 많겠지만 나중에는 다른 회사나 자네 회사나 원가가 비슷해질 거 아닌감?"

"그렇지. 그래서 지금 초과 이윤 버는 건 잠깐이야."

"그렇구먼."

"그래도 말이야. 예전에 운동권이었다 요새 자본가 하는 내 친구 있잖아. 그 친구가 젊었을 때 공부한 걸 얘기해 주는데, 초과 이윤이 없어져도 전체적으로 자본가한테 유리한 건 여전하대."

"그래? 어떻게?"

찔찔이네 회사가 특별잉여가치 얻는 걸 보고 열받은 다른 회사들은 찔찔이네 회사의 생산 방법을 베껴서 노동 생산성을 높였습니다. 시간이 좀 흐르자, 찔찔이네 회사나 다른 회사나 다시 수준이 비슷해졌습니다. 다른 회사들도 이제는 찔찔이네만큼 낮은 단가로 물건을 시장에 내놓을 수 있게 됐습니다. 결국 시장에서 그 물건 가격은 예전보다 떨어집니다. 찔찔이는 더는 특별잉여가치를 얻을 수 없게 됩니다.

하지만 여기서 변한 게 있습니다. 비록 찔찔이는 특별잉여가치를 못 얻지만 물건 가격은 전체적으로 싸졌다는 것입니다. 그런데 이런 현상은 찔찔이가 만드는 물건에서만 일어나는 것이 아니라 모든 산업에서 일어납니다. 이런 일이 반복되다 보면 예전보다 물건 값이 전체적으로 다 싸집니다. '물건 가격이 싸졌다.' 어디서 많이 들어 본 말입니다. 그렇습니다. 앞에서 상대적 잉여가치 생산을 설명하면서, 물건 가격이 싸지면 그것은 곧 노동력 재생산 비용이 낮아진다는 걸 뜻하고, 그렇게 되면 자본가가 필요노동 시간을 줄이고 잉여노동 시간을 늘릴 수 있으니까 잉여가치를 훨씬 많이 가져갈 수 있다고 했습니다. 드디어 상대적 잉여가치 생산이 가능해지는 것입니다.

정리하겠습니다. 자본가 개개인은 특별잉여가치를 얻으려고 경쟁하는 과정에서 노동 생산성을 높이려고 노력합니다. 그러다 보면 개별 자본가가 전혀 의도하지 않았지만 물건 값이 전체적으로 싸집니다. 그리고 이것이 상대적 잉여가치 생산을 가능하게 합니다.

탐욕이 가져온 기술 발전

상대적 잉여가치 생산의 핵심은 노동 생산성을 높여서 노동력 재생산 비용을 줄이는 것입니다. 쉽게 말해서 돈 안 주는 노동 시간을 늘리고, 돈 주는 노동 시간을 줄이는 것이 핵심입니다. 기술과 노동 과정의 혁신은 모두 이를 위해서 자본가가 할 수 없이 하는 것들입니다. 그동안 자본주의 역사에서 있었던 '분업', '매뉴팩처', '기계제 대공업' 같은 것들도 모두 자본가가 노동 생산성을 높이려다 자연스럽게 생긴 것입니다.

분업이나 매뉴팩처, 기계제 대공업 같은 것들은 모두 '협업'이라고 합니다. 협업은 말 그대로 협동 작업, 여러 사람이 힘을 합쳐서 하는 작업입니다. 그 종류는 다양합니다. 우선 협업 중 가장 간단한 것을 '단순 협업'이라고 하는데, 단순 협업은 그냥 사람들이 단순히 '모여서 같이 일하는 것'을 뜻합니다.

"이 개미들 좀 봐, 이렇게 큰 빵을 10마리가 들고 가고 있어~!"
"오호!! 대단한데."

이런 게 단순 협업입니다.

매뉴팩처는 정확히 말하면 공장은 공장인데 기계가 없는 공장, 그러니까 수공업으로 운영되는 공장을 말합니다. 옛날에 대장간에서 쇠를 달궈서 칼도 만들고 낫도 만들던 대장장이처럼, 자기 손으로 직접 뚝딱 뚝딱 물건을 만들던 수공업자들이 한 장소에 모여서 일하던 곳이 매뉴 팩처였습니다.

그런데 사람들이 모이면 아무래도 꾀가 생깁니다. 한곳에 모인 김에 일을 좀 체계적으로 나누면 일 자체도 훨씬 수월해지고 물건도 많이 만들게 된다는 점을 안다는 것입니다. 수공업자들은 분업하기 시작합니다. 의자 만드는 데 10가지 작업 과정이 필요하다면 그 전에는 한 사람이 처음부터 끝까지 다 했습니다. 이제는 10사람이 한 단계씩 맡습니다. 이전에는 한 사람이 하루에 겨우 하나밖에 못 만들어 10명이라야 기껏 의자 10개를 만들어 내는 수준이었다면, 분업하고 나서는 10사람이 의자 10개가 아니라 20, 30개도 만들게 되었습니다. 이러면서 매뉴팩처에서는 어디서나 분업을 하게 되었습니다.

그런데 분업해서 노동 생산성이 높아지는 대신 이런저런 문제가 생깁니다. 우선 일하는 사람들은 평생 한 가지 작업만 단순히 반복합니다. 의자 만드는 일을 처음부터 끝까지 다 할 때에는 의자 모양도 좀 바꿔 보고, 더 멋지게 디자인도 해 가면서 자기만의 개성을 살릴 수 있었습니다. 의자 만드는 과정에서 계속 머리를 굴려 가면서 창조적인 작업을 할 수 있었던 것입니다. 하지만 분업하면 그런 게 다 필요 없습니다. 나무 깎는 단계의 일을 하는 사람은 하루 종일 나무만 깎고, 깎은 나무를 붙이는 일을 하는 사람은 또 하루 종일 그 일만 하게 됩니다. 일하는 사람은 점차 아무 생각 없이 몸만 움직이고, 다른 소질은 전혀 발휘할 수 없게 되어 버리는 것입니다. 이러면서 일하는 사람은 명실상부하게 '노동자'로서 취급을 받게 됩니다.

그냥 각자가 따로 일하던 시절에 수공업자는 자기 기술을 가진 '장인' 으로서 누가 함부로 이래라 저래라 하지 못했습니다. 나름대로 자부심

도 있었습니다. 그러나 여러 사람이 분업하게 되고 자신만의 독특한 기술이 필요 없게 되면서부터는 이래라 저래라 하는 사람이 생깁니다. 바로 수공업자들을 매뉴팩처라는 곳에 모아 놓은 '자본가'들 말입니다. 이 때부터 일하는 사람으로서 자신만의 자부심은 없어집니다. 자본가가 시키는 대로 일할 수밖에 없게 됩니다. 자본가가 일을 시켜 주지 않으면 먹고살 수도 없습니다. 매뉴팩처를 그만두고 예전처럼 자기가 따로 의자를 만들어 팔고 싶지만, 매뉴팩처에서 대량으로 싸게 만드는 의자에 비해 자기가 만드는 의자는 수량도 적고 비싸서 경쟁이 안 됩니다. 결국 수공업자들은 자본가에게 묶인 '노동자'가 되는 것입니다.

물론 모든 매뉴팩처가 다 이랬던 것은 아닙니다. 바늘 같은 것을 만드는 매뉴팩처에서는 생산 공정을 부분 부분으로 나눈 뒤 연달아 앉아서 작업했기 때문에 수공업자들이 자본가에게 묶인 노동자가 됐지만, 시계 같은 것을 만드는 매뉴팩처에서는 부품은 기술자가 그냥 자기 집에서 만들고, 그 부품을 조립하는 일만 공장에서 노동자들이 했습니다. 이것을 볼 때 매뉴팩처 시대에도, 일하는 가내 수공업이 완전히 사라진 건 아닙니다. 어떤 수공업자는 매뉴팩처에 가서 일하고, 어떤 기술자는 계속 가내 수공업을 했습니다. 매뉴팩처 시대에도 가내 수공업은 일정하게 유지됐다는 것입니다.

매뉴팩처 다음의 협업 단계가 바로 기계제 대공업입니다. 영국에서는 대부분의 매뉴팩처는 망하고 국가의 지원을 받은 매뉴팩처들이 중심이 되어 기계를 도입하면서 기계제 공장으로 발전했습니다. 그냥 기계가 들어찬 요즘의 공장을 생각하시면 됩니다. 기계제 대공업에서는 그야말로 기계를 이용하여 물건을 대량으로 만들어 냅니다. 노동 생산성은 획기적으로 높아지고 이에 따라 상대적 잉여가치는 훨씬 더 늘어납니다.

그런데 기계제 대공업에서 사람은 그냥 기계의 부속품에 불과합니다. 일하는 사람이 피곤한지 안 피곤한지, 오늘 컨디션은 좋은지 안 좋은지 같은 것은 중요하지 않습니다. 사람의 속도가 중요한 게 아니라 오직 중요한 것은 기계의 속도입니다. 매뉴팩처 시대만 해도 일하는 사람을 사람으로 취급하기는 했었습니다. 사람들이 피곤하면 일이 좀 늦어지기도 했고, 쉬고 싶을 때는 일이 중단되기도 했습니다. 어디까지나 일은 전적으로 사람이 하는 것이었기 때문입니다.

그러나 기계제 대공업에서는 일하는 사람이 사람으로 취급되지 않습니다. 기계가 돌아가고, 사람은 그 기계에 맞춰 일할 뿐입니다. 그런데 사람은 기계와 달라서 기계에 맞춰서 딱딱 움직이는 게 쉽지 않습니다. 졸릴 때도 있고, 느닷없이 일하기 싫은 날도 있고, 아침 컨디션과 오후 컨디션이 다르기도 합니다. 기계처럼 그렇게 규칙적이기 힘들다는 것입니다. 그래서 기계제 대공업에서는 그런 사람들을 기계에 맞추기 위해서 공장 안의 규칙을 꼭 군대처럼 만들기도 했습니다. 군대 같은 철저한 규율로 사람을 기계에 딱딱 복종시키는 것입니다.

월급 깎는 방법

상대적 잉여가치 문제와 관련해서 마지막으로 한 가지만 더 말씀드리겠습니다. 지금까지 설명드린 대로 상대적 잉여가치를 새로 만들어 내려면 공장에서 노동 생산성을 높여야 합니다. 그런데 이런 것 말고도 자본가가 노동력 재생산 비용을 낮추기 위해서 하는 다른 쉬운 방법들이 있습니다. 예를 들어, 쌀 수입 개방은 아주 대표적인 사례입니다. 쌀을 수입하면 농민들은 좀 손해를 보더라도 소비자들은 값싸게 쌀을 사 먹을 수 있으니까 좋은 일이라고 정부는 이야기합니다.

그런데 사실 이때 소비자는 노동자이기도 합니다. 같은 사람이 공장에 가서 일하면 노동자이고, 퇴근해 시장에 가서 물건 사면 소비자일 뿐입니다. 소비자에게 좋다는 이야기는 소비자가 돈 적게 들어서 쌀을 살 수 있게 됐으니까 좋다는 말입니다. 이 말은 곧 노동자의 노동력 재생산 비용이 싸게 먹히니까 좋다는 이야기인데, 이것은 노동자를 고용하고 있는 회사의 자본가가 제일 좋아하는 말입니다. 곡물 가격을 낮게 잡아 놓는 다양한 정책은 모두 노동력 재생산 비용을 줄여서 상대적 잉여가치를 생산하려는 자본가의 이해와 닿아 있습니다.

아예 제도적으로 노동자들을 나눠 버리는 것도 좋은 방법입니다. 노동자를 1, 2등으로 나누고, 2등 노동자한테 임금을 적게 주면 자본가 입장에서는 돈 안 주는 시간을 늘리는 것과 같습니다. 요새 비정규직이 늘어나는 건 바로 이런 이유 때문입니다. 물론 이때 비정규직 노동자들은 평균적인 노동력 재생산 비용을 못 받습니다. 자본가는 비정규직 노동자에게 노동력 가치보다 훨씬 적게 돈을 주는 치사한 방법으로 잉여가치를 뽑아 갑니다. 그냥 "너네는 이 정도만 받고 생활해라!"고 강제하는 것입니다. 이것 역시 아주 불량하고 파렴치한 방법입니다. 결국, 정부가 기업의 인건비 부담을 낮춰 준다는 것은 노동력 재생산 비용을 낮춰서 자본가들에게 더 큰 이익을 주기 위해서입니다.

착한 '자본'은 없다

상대적 잉여가치를 새로 만들어 내는 것과 관련해 몇 가지 분명히 할 게 있습니다.

첫째, 노동 생산성 상승으로 물건 값이 싸지면 노동력 재생산 비용이 줄어든다고 했고, 이는 자본가가 돈으로 주는 노동 시간이 줄어들었다는 뜻이라고 거듭 말씀드렸습니다. 그런데 이 말은 뒤집어서 얘기하면 돈으로 받는 시간만 일해도 노동력 재생산이 가능하다, 즉 과거보다 짧게 일해도 먹고산다는 뜻입니다. 예를 들어 필요노동 시간이 5시간에서 3시간으로 줄었다는 이야기는, 예전에는 아무리 못해도 하루에 5시간은 일해야 자기 노동력 가치만큼을 생산했고, 또 자기 노동력 가치만큼에 해당되는 돈을 받았다면 이제는 3시간만 일하면 그렇게 할 수 있다는 뜻입니다. 유럽의 어떤 나라들에서는 일주일에 35시간밖에 일을 안 한다고 하는데요, 노동 생산성이 상승하면 노동자들은 주 35시간이 아니라 그보다 훨씬 짧게 일해도 됩니다. 짧은 시간만 일해도 노동자들이 생활하는 데 필요한 물건들을 만들어 낼 수 있으니 굳이 고생해 가면서 길게 일할 필요가 없습니다.

하지만 자본가는 그런 걸 용납하지 않습니다. 필요노동 시간이 5시간에서 3시간으로 줄었다고 해서 현실에서 실제 노동자가 일하는 시간이 2시간 줄어들지는 않습니다. 애초에 하루에 8시간 일했던 노동자는 필요노동 시간이 2시간 줄었어도 여전히 8시간 일합니다. 필요노동 시간이 줄어들어서 잉여노동 시간이 늘어나면 자본가가 거기서 이익을 더 가져갈 수 있기 때문입니다.

자본가가 노동 생산성을 높이는 이유가 돈을 안 주는 잉여노동 시간을 늘리기 위해서라는 점을 잊지 말아야 합니다. 애초에 노동자는 5시간만 일하면 노동력을 재생산하는 비용을 건질 수 있지만 자본가 때문에 그 이상 일해야 하는 것이고, 필요노동 시간이 더 줄어 3시간이 되어도 역시 계속 8시간 일해야 합니다. 필요노동 시간이 줄어들어도 전체 노동 시간은 안 줄어듭니다. 노동 생산성을 높이는 것이 예전보다 짧게 일하고 나머지 시간은 쉬면서 인간답게 살아 보기 위해서가 아니라 자본가들에게 더 많은 잉여가치를 넘겨주려는 것이어서, 아무리 좋은 기계를 들이고 예전보다 기술 수준이 발달하더라도 일하는 시간은 결코 줄어들지 않습니다.

둘째, 이 점을 분명히 해야 하는데요. 자본가가 계속 좋은 기계를 들이고, 회사의 구조를 좀 더 좋게 바꾸고, 새로운 기술을 가지고 생산 과정을 혁신하려고 하는 걸 어떤 학자들은 자본가의 기업가 정신 때문이라고 설명하는 경우가 있습니다. '지금까지는 없었던 새로운 재화를 만들어 기회를 창출하는 생산자'를 기업가라고 부르고, 바로 이런 기업가들의 정신이 세상을 발전시킨다는 것입니다. 이들의 창의력과 선견지명이 세상을 이끈다고 합니다. 하지만 이런 얘기들은 모두 진실과 다릅니다. 자본가들은 오직 이윤을 얻기 위해 존재합니다. 기업가 정신은 사실, 특별잉여가치를 획득하기 위한 자본의 본성에 불과합니다.

셋째, 많은 사람이 이런 이야기를 합니다.

"꼭 그렇게 나쁜 쪽으로만 볼 필요 없잖아. 좋은 쪽도 좀 봐라. 착한 자본가도 많잖아."

맞습니다. 자본가 중에서 인간적으로 착한 사람은 얼마든지 있습니다. 요즘은 대부분 노동자들처럼 보통의 학교 나와서 거칠고 험하게 사회생활 하는 사람들보다 뭔가 좀 고급스러운 학교 나와서 세련된 가정교육을 받고, '좋은 대학' 나온 후 자본가의 길로 들어선 사람들이 더 예의 바르고 교양 있는 경우도 있습니다. 그러나 그건 자본가를 하는 개인의 인간성이 그렇다는 것일 뿐, 그런 사람도 실제 자본가로서 일할 때에는 자본의 본성을 따르게 마련입니다. 아무리 착한 자본가도 노동자들이 만든 잉여가치를 가져간다는, 특별잉여가치를 새롭게 만들어 내기 위해 기술 혁신에 몰두한다는 사실에는 변함이 없습니다. 중요한 것은 자본가의 인간성이 아니라 자본의 본성입니다.

세계 민중들의 피로
자본주의 선도국이 된 영국

보통 영국에서 산업혁명이 일어나면서 자본주의가 본격적으로 시작됐다고들 이야기합니다. 1차 산업혁명 때(18세기 말~19세기 초)는 면직물 산업이 발달하고, 2차 산업혁명 시기(19세기 후반)에는 석탄과 철강업에서 놀라운 기술 발전이 일어나 영국이 자본주의 선도국이자 세계적인 강대국이 됐다는 것이 또한 우리의 상식인데요. 사실 자본주의 국가 영국의 등장을 '산업혁명' 때문이라고 하는 것은 매우 부족한 설명입니다.

우선 최근의 연구에 따르면 산업혁명은 많이 부풀려져 우리에게 알려진 감이 있습니다. 백승욱 교수의 《자본주의 역사 강의》(그린비)와 주경철 교수의 《문명과 바다》(산처럼) 등을 보시면 자세한 내용을 보실 수 있는데요, 영국에서 1차 산업혁명기에 면직물 산업, 그러니까 목화에서 뽑은 실로 천을 짜는 산업이 발달한 것은 맞지만 그것이 마치 영국 전역에서 일어나거나 오직 영국에서만 일어난 것은 아닙니다. 박지성 때문에 한국 사람들이 갑자기 잘 알게 된 맨체스터 지역에서는 기계화가 좀 됐지만 다른 곳은 예전이나 마찬가지였습니다. 게다가 프랑스 북부 지역에서도 맨체스터와 똑같이 면직물 산업이 발달해서, 단지 기술 수준으로만 따지자면 영국의 면직물 산업 발달이 '오직 영국에서만 있었던 유일한 산업상의 혁명'이라고 볼 수 없다는 겁니다. 또한 산업혁명 하면 대표적으로 떠올리는 '증기기관'의 경우에도 산업에 사용된 건 좀 나중 일입니다.

그런데도 영국은 엄청난 면직물을 수출하게 되고 마치 지금 중국처럼 세계의 공장으로서 확실한 위치를 차지하게 됩니다. 그렇다면 프랑스와 기술 수준이 비슷했던 영국이 왜 자본주의의 주도권을 잡았는가 하는 것이 중요한데요, 기술 발전 말고 다른 요인이 있었습니다. 오히려 그것이 기술 발전마저도 끌어당겼습니다.

사실 사람들은 기술 개발이 되면 곧바로 그게 사회에서 사용되고 또 그만큼 사회가 발전된다고 생각하는데 실상은 반드시 그렇진 않습니다. 뛰어난 기술이 개발되어도 사회나 시장이 필요로 하지 않으면 그 기술은 사라집니다. 반대로 사회나 시장이 필요로 하면 어딘가 묻혀 있던 기술도 발굴되어 빛을 발합니다. 프로농구가 발달한 미국에는 전 세계의 키 큰 사람들이 농구를 하기 위해 모입니다. 반면 프로농구 시장이 없는 중국 같은 곳에서는 인구가 13억 명이나 되고 찾아보면 그중에서 키가 2미터 넘는 사람이 꽤 있을 법하지만 실제 키 큰 사람들을 열심히 찾아 나서지는 않습니다. 키 큰 사람이 있기 때문에 프로농구가 발달하는 게 아니라 프로농구 시장이 발달했기 때문에 키 큰 사람을 찾아내는 겁니다.

자, 그렇다면 영국의 기술 발전을 끌어당긴 것은 무엇일까요? 그것은 인도였습니다. 당시 인도에서는 네덜란드가 인도의 주요한 항구에 진출해서 후추 같은 향신료 등을 사다가 파는 식으로 무역을 하고 있었습니다. 네덜란드에 비해 힘이 없던 영국은 네덜란드가 눈길도 안 주던 면직물을 가져다 영국 안에서 팔았습니다. 그런데 이게 대박이 난 겁니다. 그때 세계적으로 웬만한 지역에서는 다 면으로 된 천과 그 천으로 만든 면제품을 사용하고 있었는데, 영국을 포함한 서유럽에서는 순면 제품 같은 게 있는 줄도 몰랐다고 합니다. 그때까지만 해도 영국에서는 양털로 짠 모직물 산업이 번창하고 있었고요. 그런데 면직물은 모직물에 비해 값도 싸고 우리가 잘 아는 것처럼 땀 흡수도 잘됩니다. 당연히 대중들한테 면직물은 큰 인기를 얻었습니다.

이렇게 되자 영국에서 면제품 수입이 점점 늘어났습니다. 여기서 문제가 발생합니다. 자꾸 인도 면제품이 대량으로 들어오자 영국의 모직물 산업이 크게 타격을 입은 것입니다. 이 때문에 모직물 쪽에서 일하던 사람들은 영국의 동인도회사가 면직물을 수입하는 것에 저항하기도 했는데요, 어쨌거나 이러면서 영국의 직물 산업은 모직물에서 면직물 중심으로 바뀝니다. 그리고 이 과정에서 영국이 인도 면직물을 이기기 위해 찾아낸 방법이 바로 면직물을 짜는 '기계의 도입'이었습니다. 영국의 면직물 산업은 이제 더욱 번창합니다. 영국은 나중에는 역으로 인도에 면직물을 수출하면서 인도의 면직물 산업을 깡그리 망가뜨립니다. 인도는 면직물을 생산하고 수출하던 나라에서 영국 면직물을 사 주는 '시장'이자, 면직물 원료인 면화(목화)만 재배해서 공급해 주는 '원료 공급처'로 탈바꿈합니다. 요컨대, 영국의 면직물 산업 기술은 인도 면직물과 경쟁하는 과정에서 발전한 것입니다.

영국이 인도를 이런 식으로 부려 먹을 수 있었던 것은 인도가 영국의 식민지였기 때문입니다. 영국은 1756~63년까지 북아메리카와 인도를 놓고 7년 동안 프랑스와 전쟁을 벌여 이깁니다. 그 이후 인도 전체를 식민지로 삼습니다. 영국에는 인도가 있었지만 프랑스에는 그만한 식민지가 없었던 것이 바로 당시 영국이 강력한 경쟁국이었던 프랑스를 물리치고 자본주의의 주도권을 잡을 수 있었던 가장 큰 이유였습니다.

조금 더 정리해 보겠습니다. 공장에서 물건을 만드는 과정을 불변자본, 가변자본 구분 없이 그냥 늘어놓으면 이런 식으로 표현할 수 있습니다.

기계+노동력+원료+연료 ➜ 제품 생산 ➜ 시장에 판매

영국은 이러한 과정이 완벽하게 작동하는 체계를 앞서 말씀드린 방식으로 갖춰 나갔습니다. 기계는 〈약탈과 폭력으로 탄생한 자본주의〉 부분에서 짧게 설명드렸던 대로, 아메리카 사람들을 착취하고 그들에게서 약탈한 금과 은이 매뉴팩처업자들에게 대출되는 등의 과정을 거쳐 마련됩니다. 기계를 직접 만든 사람들은 영국에 끌려와 있던 흑인들이었습니다. 기계 도입으로 인도에서 면직물을 만들어 내던 수많은 가내 수공업자들이 모두 몰락합니다.

　노동력은 인클로저 운동으로 쫓겨난 농민들, 귀가 잘리고 사형을 당하면서 강압적으로 공장으로 내몰렸던 빈민들이 공급했습니다. 원료가 되는 면화는 이 면화를 생산한 식민지 인도 민중들의 피와 땀의 결과입니다. 공장을 가동시키는 연료는 처음에는 수력으로 공급되었습니다. 강가에 공장을 짓고 물레방아를 다는 식이었는데, 나중에는 석탄이 공급되면서 강이 없는 곳으로 공장을 옮길 수 있게 됩니다. 그런데 이 석탄을 캐는 것은 광산 노동자들이었습니다. 돈을 덜 들이려고 탄광 갱도를 작고 좁게 팠기 때문에 이때의 광산에는 나이 어린 꼬마들도 동원됐습니다.

　이런 과정을 거쳐 생산된 면직물 제품을 산 건 역설적이게도 식민지 시장의 민중들이었습니다. 영국은 인도와 영국, 아메리카, 아프리카 수천만 민중들의 행복과 기쁨을 빼앗아 세계의 공장이 되었습니다.

10

돈 굴리기

– 자본의 순환과 회전

9장까지는 자본가가 노동자에게서 잉여가치를 가져가고, 이것 때문에 자본은 처음에 투자될 때보다 불어나게 된다는 점을 알아봤습니다. 이제부터는 자본이 잉여가치를 가져가는 과정을 좀 더 구체적으로 살펴보기 위해 자본의 순환과 회전에 대해 알아보겠습니다.

'자본 순환'은 자본이 계속 모양을 바꿔 가면서 움직인다는 뜻입니다. 그리고 '자본의 회전'은 자본의 순환이 계속 반복되는 것을 말합니다. 자본의 순환과 회전이라는 말 자체가 잘 구분이 안 되고 헷갈리는 경우가 있는데요, 이런 식으로 구분하면 좋겠습니다. 보통 '계절이 순환'한다고 얘기할 때는 봄에서 여름으로 또 여름에서 가을, 가을에서 겨울로 그리고 다시 봄으로 계절이 바뀌는 걸 말합니다. '순환'은 이렇게 '변신하면서 움직인다.'는 뜻입니다.

돌고 도니 '돈'

'자본의 순환'이 '자본이 변신하는 것'에 초점을 맞추었다면, '자본의 회전'은 변신 자체보다는 계절이 봄에서 시작해서 다시 봄으로 오는 것을 한 바퀴라고 했을 때 그런 변신을 계속한다는 점에 초점을 맞춘 말입니다. 예를 들어 보겠습니다.

"얘야, 저기 회전목마 태워 줄까?"

"이야~, 신 난다."

이래 놓고 딱 한 바퀴만 돈 다음에 내리라고 하면 아이가 짜증을 낼 겁니다. '회전'목마는 한 바퀴만 돌아서는 재미가 없습니다.

"이게 뭐예요, 아빠. 왜 한 바퀴만 돌고 말아?"

"뭐가 어때서 그래? 한 바퀴 돌면서 주변 경치가 계속 바뀌는 것 봤으면 됐잖아."

"그럼 이게 순환목마지, 회전목마야?"

한 바퀴 돌면서 모양 바뀌는 것에 주목하는 것이 '순환'이라고 앞에서 말씀드렸습니다. 하지만 '회전'은 한 바퀴 동안의 모양 변화가 중요한 게 아니고 계속해서 여러 번 도는 것 자체에 초점을 맞춘 개념입니다. 순환을 반복하는 것이 중요합니다.

"이야~ 이 회전목마 진짜 빠르다. 10분에 100바퀴나 돌았어."

"그래? 정말 빠르구나. 지난 번 회전목마보다 훨씬 재밌겠다. 그치?"

"맞아요. 지난 번 회전목마는 10분에 50바퀴밖에 안 돌았었는데. 히히."

빨리 도느냐 늦게 도느냐에 따라 같은 회전목마라도 주는 즐거움이 다릅니다. 자본도 빨리 회전하느냐 늦게 회전하느냐, 1년에 몇 번이나 회전하느냐에 따라 만들어지는 잉여가치의 양이 달라집니다.

자, 그렇다면 지금부터 조금 더 자세히 자본의 순환과 회전에 대해서 말씀드리겠습니다. 자본은 단계마다 겉모습을 바꿔 가면서 순환합니다. 처음에는 화폐자본의 모습으로 등장하고, 그 다음에는 생산자본, 마지막에는 상품자본으로 또 변신합니다. 그리고 이 상품자본은 다시 화폐자본으로 변합니다. 그러니까 화폐자본에서 생산자본으로, 생산자본에서 상품자본으로 그리고 다시 화폐자본으로 변하면서 한 바퀴 돌기가 마무리되는 것, 이걸 자본의 순환이라고 합니다.

변신을 거듭하는 자본

이제 화폐자본, 생산자본, 상품자본 각각에 대해 설명드리겠습니다. 자본은 이미 여러 차례 말씀드렸듯이 '자기 가치를 불어나게 하는' 본성이 있습니다. 6장에서는 '스스로 가치가 불어나는 돈'이 자본이라고 말씀드렸는데요, 비록 겉모양은 돈이 아니라 기계나 다른 물건이지만 '가치가 불어나려는' 성격을 가진 것에는 '자본'이란 말을 붙여도 무방합니다. 이런 의미에서 화폐자본, 생산자본, 상품자본이라는 말이 나온 겁니다.

자본은 처음에는 화폐의 형태로 존재합니다. 일단 공장을 짓든 뭘 하든 자본주의 사회에서 뭔가를 하기 위해서는 돈이 필요합니다. 이 돈이 투자돼서 나중에 더 불어나기 때문에 자본이라고 부르는 건데, 이 경우 자본은 돈의 모습을 띤 자본입니다. 그런데 '돈 자본'이라고 이름 붙이면 영 폼이 안 나서 그런지 그렇게 안 부르고 화폐자본이라고 부릅니다.

그러다가 화폐를 주고 기계 같은 생산 수단과 노동력을 사면 그때부터 자본은 무엇인가를 '생산하는 형태'를 띱니다. 이러한 상태를 생산자본이라고 부릅니다. 자본은 자본인데 뭘 하는 자본이냐 하면 '생산하는 자본'이라는 뜻입니다. 생산자본은 열심히 생산해서 상품을 만들어 냅니다. 이제 생산자본은 상품자본으로 변신했습니다. 상품이 시장에서 팔리기 전까지는 역시 '자본'이라고 불러도 무방합니다. 그걸 팔아야 애초에 투자했던 원금보다 돈이 더 불어나기 때문입니다. 돈을 불리는 마지막 역할을 부여받은 상품은 자본의 성격을 가지고 있는 것이 분명합니다. 그래서 이 경우 상품을 '상품자본'이라고 부릅니다.

결국 자본은 어떤 때는 화폐의 모양이었다가 어떤 때는 생산 수단이나 노동력의 모습으로 변신하고 또 어떤 때는 상품으로 변신합니다. 하지만 이 모든 것이 자본입니다. 계절이 봄, 여름, 가을, 겨울로 나뉘어 있지만 결국 다 계절이듯이 자본은 화폐자본, 생산자본, 상품자본으로 나뉘어 있지만 결국 다 자본입니다. 계절이 4계절을 한 번씩 거치면서 순환하듯이 자본은 3가지 모양을 한 번씩 거쳐서 순환합니다. 계절이 한 바퀴 돌

면 다시 봄이 오고, 자본은 한 바퀴 돌면 다시 화폐자본이 됩니다.

잉여가치는 생산자본만이

그런데 여기서 한 가지 더 알아야 할 것이 있습니다. 자본은 화폐자본, 생산자본, 상품자본으로 차례로 변신하지만, 한 회사의 모든 자본이 이런 식으로 일제히 변하는 건 아니라는 점입니다.

"에~ 제가 자세히 살펴보니까, 어제 아침 8시부터 12시까지는 회사에 있는 모든 자본이 전부 화폐자본의 모습으로 있었습니다. 12시가 지나면서는 모두 생산자본으로 변신했고, 저녁 6시부터는 상품자본으로 또 변했죠. 그리고 이 상품자본이 아침 8시에 다시 모두 화폐자본으로 변해 있더라니까요."

이런 일은 없습니다. 한 회사 안에 존재하는 자본이더라도 일시에 화폐자본이었다가 생산자본으로, 또 상품자본으로 변신하지는 않습니다. 이건 그냥 보통 회사를 생각해 봐도 너무나 쉽게 이해할 수 있는 내용입니다. 한쪽에는 투자하려는 돈이 준비되어 있고, 또 한쪽에서는 노동자들이 기계를 움직여 열심히 생산을 하고 있으며, 다른 한쪽에는 이미 생산된 물건이 시장으로 운반되기 위해 쌓여 있습니다. 다시 말해서 화폐자본과 생산자본과 상품자본은 한 회사 안에 동시에 존재하는 것입니다. 어떤 자본은 화폐자본 상태로 있고, 또 어떤 자본은 생산자본, 또 어떤 자본은 상품자본으로 존재하는 것이 일반적이라는 이야기입니다.

어쨌거나 이렇게 화폐자본, 생산자본, 상품자본의 3단계 변신을 모두 하는 자본을 산업자본이라고 합니다. 안 그래도 무슨 자본 무슨 자본 해서 복잡한데, 또 산업자본이란 말을 왜 하느냐면, 자본은 자본인데 3단계 변신이 아니라 2단계 변신만 하는 자본도 있기 때문입니다. 보통의 제조업 공장에서는 자본이 모두 3단계로 변신합니다. 또 제조업하고는 좀 다르지만 3단계 변신을 하는 것이 택시나 버스, 미용, 교육, 법률 같은 서비스 산업입니다. 이런 산업은 공장처럼 물건 만드는 곳 따로 있고 상품 파는 곳 따로 있는 게 아니고, 서비스를 제공하는 그 순간이 상품을 만들면서 동시에 파는 순간입니다. 예를 들어 버스에 손님을 태우고 가는 것은 서비스를 '생산'하는 것입니다. 그러니까 이 순간의 자본은 생산자본이라고 할 수 있습니다. 동시에 손님을 태우고 가는 행위 자체는 '상품'이기도 합니다. 손님은 이 버스 승차 상품을 돈을 주고 구입합니다.

그러나 서비스 산업 중에서도 대형 할인마트 같은 자본은, 자본은 자본이지만 거기서 뭘 생산하지는 않습니다. 생산자본 단계가 없다는 겁니다. 그냥 돈 주고 물건 사다가 다시 팔 뿐입니다. 이런 자본은 상업자본이라고 합니다. 상업자본은 그러니까 화폐자본에서 상품자본으로 한번 변신하고, 다시 상품자본에서 화폐자본으로 변신합니다. 2단계 변신합니다.

금융자본은 1단계 변신합니다. 돈을 갖다가 그냥 다시 돈으로 불립니다. 생산자본으로 변신하지도 않고 상품자본으로 변신하지도 않습니다. 요새는 물론 무슨 무슨 금융상품이네 하면서 상품이란 말을 붙이긴 하지만, 이런 건 산업자본이 만드는 상품과는 의미가 다릅니다.

명실상부하게 3단계 다 있는 자본이 자본의 전형적인 모습입니다. 계절도 봄, 여름, 가을, 겨울 다 있으니까 어릴 때부터 학교에서 가르치기를 '우리나라는 4계절이 뚜렷한 아름다운 나라다' 하는 식으로 가르쳤는

데, 자본도 화폐, 생산, 상품자본이 뚜렷해야 아름다운 자본입니다. 계절이 여름하고 겨울밖에 없다면 왠지 좀 없어 보입니다. 뭔가 빠진 듯합니다. 자본도 그렇습니다. 셋 중에 하나나 두 개가 빠지면 왠지 좀 없어 보입니다. 전형적인 자본이 아니란 뜻입니다.

그렇다면 왜 3단계가 다 있는 산업자본이 중요할까요. 그건 바로 2번째 변신 단계인 생산자본 단계에서 잉여가치가 만들어지기 때문입니다. 9장까지 내내 알아봤던 것이 바로 이 잉여가치가 만들어지는 과정이었습니다. 잉여가치는 생산자본 단계에서만 만들어집니다. 그러니까 상업자본이나 금융자본처럼 생산자본으로 변신 못하는 자본의 경우에는 잉여가치를 못 만들어 냅니다. 다만 산업자본에서 잉여가치가 만들어지고 그게 다른 자본으로 퍼져 나갈 뿐입니다. 이 점에 대해서는 뒤에서 따로 더 자세히 말씀드리겠습니다.

자본의 순환과 관련하여 한 가지만 더 짚고 넘어가겠습니다.

지금까지 자본이 순환한다고 말씀드렸는데, 사실 자본이 항상 자연스럽게 순환하는 건 아닙니다. 계절은 봄이 가면 자동으로 여름이 오고, 여름이 가면 또 자연스럽게 가을이 옵니다. 봄에서 여름으로 가는 데 아무 지장이 없고, 여름이 갔는데 가을이 안 오는 법은 없습니다. 또 겨울이 끝나면 다시 봄이 옵니다. 내년에 봄이 안 올 것 같아서 걱정하는 사람은 감수성이 지나치게 풍부한 사람일 겁니다.

하지만 자본은 다릅니다. 자본은 화폐자본이 자동으로 생산자본이 되고, 생산자본이 너무도 자연스럽게 상품자본으로 되는 게 아닙니다. 또한 상품자본이 다시 화폐자본으로 되는 것도 그렇게 쉽지 않습니다. 말이야 쉽게 화폐자본에서 생산자본으로 그리고 상품자본으로 갔다가 다시 화폐자본으로 변신한다고 하지만, 현실은 그렇게 호락호락하지 않습니다. 그리고 이렇게 자본의 변신이 호락호락하지 않은 것, 이것이 바로 자본주의의 근본적인 결함입니다.

근본적인 결함들

자, 그렇다면 자본의 변신이 왜 쉽지 않은지 하나하나 살펴보겠습니다. 우선 1단계 변신인 '화폐자본이 생산자본으로 되기'를 보겠습니다.

화폐자본이 생산자본으로 자연스럽게 변신한다는 것은 공장을 짓고, 노동자를 고용하는 데 돈을 팍팍 쓴다는 뜻입니다. 그러면 현실은 어떤 가요. 돈이 있어도 '투자'를 안 하고 그냥 쌓아 놓는 경우가 아주 많습니다. 요즘 같은 때에는 재벌 회사들이 돈을 많이 버는데 그 돈을 그냥 회사에 쌓아 둡니다. 2008년 현재 통계로 약 300조 원의 내부 유보금이 있다는 주장도 있습니다. 유보라는 단어에 '미뤄 두고 보존함'이란 의미가 있으니까 내부 유보금이란 '안 쓰고 회사 내부에다가 그냥 보관하고 있는 돈'이라는 뜻입니다. 이런 경우가 바로 화폐자본이 곧바로 생산자본으로 변신하지 않는 경우입니다.

2단계 변신, '생산자본이 상품자본으로 변하기'를 보겠습니다. 돈이 투자되어 기계를 사고, 노동자를 고용했습니다. 하지만 그렇다고 해서 곧바로 상품이 나오는 것은 아닙니다. 만약 피치 못할 사정으로 기계가 멈추고, 잘 고용됐던 노동자들이 해고를 당하는 일이 벌어졌다면 생산자본은 물건을 만들어 내지 못합니다. 상품자본으로 변신하지 못한다는 것입니다.

3단계 변신은 상품자본이 화폐자본으로 변신하는 것입니다. 2단계 변신까지 겨우 해냈다고 해도 상품자본이 화폐자본으로 변신하는 것 역시 만만치 않은 일입니다. 상품자본이 다시 화폐자본으로 변신한다는 것은 곧 물건이 팔린다는 뜻입니다. 물건을 팔아서 돈을 다시 손에 쥐게 되는 순간 상품자본은 화폐자본으로 변신하기를 끝마칩니다. 하지만 모든 상품이 시장에서 다 팔리는 게 아니고, 공황 같은 때에는 물건이 넘쳐 나도 전혀 사 가는 사람이 없어서 창고에 그냥 쌓일 때도 있습니다. 이런 경우엔 상품자본이 화폐자본으로 변신하지 못합니다.

결국 자본의 순환 과정을 살펴보면서 알 수 있는 것은 자본의 순환이 별로 자연스러운 과정이 아니라는 사실입니다. 변신의 어느 한 단계에서라도 문제가 생기면 자본주의는 매우 위태로울 수 있습니다. 그리고 실제로 그런 현상은 아주 자주 벌어집니다.

돌고 돌면 두둑해진다

지금까지 자본의 순환에 대해 알아봤습니다. 그런데 자본은 순환만 하는 게 아니라 회전합니다. 한번 순환하고 마는 게 아니라 계속 돈다는 겁니다. 앞에서 말씀드렸던 것처럼 회전목마는 여러 바퀴 돕니다. 한 바퀴 돌고 말면 아무도 회전목마를 안 탈 겁니다. 마찬가지로 자본은 화폐자본에서 생산자본으로 그리고 상품자본으로 변신했다가 "이야, 한 바퀴 돌았으니까 인제 그냥 놀고 먹을래." 하지 않고 또 화폐자본으로, 생산자본으로, 상품자본으로 계속 변신합니다.

자본의 회전이 중요한 이유는 앞에서 이미 말씀드렸던 것처럼 회전 속도와 회전 수 때문입니다. 얼마나 빨리 도는가(회전 속도), 일 년에 몇 바퀴나 도는가(회전 수)가 중요하다는 겁니다. 이게 왜 중요할까요?

자본은 한 번 돌 때마다 잉여가치가 만들어지고 처음의 가치가 불어납니다. 돌면 돌수록 가치가 더 불어납니다. 그러니까 똑같은 1년이라도 어떤 자본은 3번 회전하고, 어떤 자본은 30번 회전한다면 만들어지는 잉여가치는 엄청 차이가 난다는 것입니다.

"흑흑, 나는 10분 동안 3바퀴밖에 못 굴렸어. 이거 가지고는 큰 눈사람 못 만들겠다."

"그래? 난 30바퀴 굴렸는데. 너보다 10배는 더 큰 눈사람 만들 수 있지."

"좋겠다. 너랑 나랑 처음에는 눈덩이 크기가 똑같았는데, 이렇게 차이가 크게 나다니."

"그러니까 회전 속도가 중요한 거야, 회전 속도! 10분에 얼마나 빨리 몇 바퀴를 굴리느냐. 이게 관건이란 말이지."

이렇게 자본이 얼마나 빨리 회전하느냐는 정해진 시간에 잉여가치를 얼마나 많이 만들어 내느냐와 관련이 있습니다. 똑같은 돈을 투자하고, 똑같은 생산 설비를 가지고 있어도 속도를 빨리하는 쪽이 더 많이 생산하게 됩니다.

자본의 회전 수는 보통 1년을 기준으로 계산합니다. 찔찔이네 자본이 1년에 3번 회전하면 회전 수는 3입니다. 그 옆에 있던 친구 자본은 1년에 30번 도니까 회전 수는 30입니다. 둘 다 1번 회전했을 때 얻는 잉여가치는 똑같아도 찔찔이 친구는 찔찔이보다 회전 수가 10배나 많기 때문에 결국 10배나 많은 잉여가치를 얻습니다. 1년 동안 얻는 잉여가치율을 '연간 잉여가치율'이라고 하는데요, 찔찔이 친구는 찔찔이보다 연간 잉여가치율이 10배 더 높은 것입니다. 따라서 자본은 같은 규모라도 어떻게 하면 자본의 회전 속도를 최대한 빨리할까를 고민합니다. 그래야 남는 게 많기 때문입니다. 자본은 원래 불어나는 것이 본성인데, 회전 속도를 빨리할수록 더 많이 불어나니까 자본에게는 회전 속도를 빨리하는 것이 매우 중요합니다.

그런데 자본의 회전 속도를 빨리한다는 것은 자본이 1번 회전할 때 걸리는 시간을 최대한 단축한다는 뜻입니다. 이러기 위해서는 자본이 순환할 때의 각 변신 단계를 최대한 빠르게 해야 합니다. 화폐자본이 생산자본으로 변신하는 시간을 빠르게 하고, 생산자본이 상품자본으로, 상품자본이 화폐자본으로 변신하는 시간 역시 최소한으로 줄여야 합니다.

자, 그렇다면 어떤 방법으로 자본가는 자본의 회전 시간을 줄이는가? 뭐니 뭐니 해도 가장 중요한 건 생산자본이 상품자본으로 변신하는 시간 즉, 생산하는 시간을 줄이는 것입니다. 이것 때문에 기술을 개발하고 생산성을 향상시켜서 물건 만드는 시간을 최소한으로 줄입니다. 8장에서 절대적 잉여가치 생산의 방법으로 노동 시간을 최대한 늘리고, 노동 강도를 강화한다는 말씀을 드렸습니다. 이 방법도 생산 기간을 줄이는 효과가 있습니다. 따라서 회전 시간을 단축하는 의미가 있는 겁니다.

생산 기간을 줄여서 상품을 만들어 내면 이걸 최대한 빨리 팔아서 돈으로 바꿔야 합니다. 그러자면 공장에서 만들어 낸 물건을 '시장'으로 최대한 빨리 옮겨 놓는 것이 중요합니다. 이를 위해서 유통망을 최대한 개선합니다. 국가 차원에서 도로를 놓는 것도 이런 이유에서입니다. 요즘처럼 인터넷이 발달해서 인터넷 쇼핑 사이트에서 물건을 살 수 있도록 하는 것도 같은 이유입니다. 이런 움직임들은 모두 상품자본을 화폐자본으로 변신시키기 위한 노력입니다.

변신한 화폐자본이 다시 생산자본으로 '투자'되는 것은 순전히 자본가

마음입니다. 이 돈을 다시 투자하면 돈벌이가 되겠다고 판단해야 자본가는 돈을 투자합니다. 만약에 경기가 계속 안 좋다거나 석유 같은 연료 가격이나 원자재 가격이 확 뛰면 자본가는 투자를 안 할 수 있습니다. 이런 문제가 해결되어야 자본가 입장에서는 화폐자본을 생산자본으로 빨리빨리 변신시킵니다.

노동력은 유동자본

마지막으로 자본의 회전과 관련해서 한두 가지 알아 둘 용어가 있습니다. 생산 과정에서 자본을 가변자본과 불변자본으로 구분했는데요, 건물·기계·생산 설비·원료·연료 같은 것은 가치가 변하지 않고 그대로 상품으로 옮겨 간다고 해서 여기에 들어간 돈을 불변자본이라고 했고, 노동력에 들어간 돈은 가변자본이라고 했습니다. 그런데 자본의 회전이라는 측면에서는 이런 것들을 고정자본과 유동자본으로 나누어서 설명합니다. 고정자본이란 건물, 생산 설비 같은 데 들어간 돈이고, 유동자본이란 원료, 연료, 노동력 등에 들어간 돈입니다. 그러니까 생산 설비, 건물 등은 불변자본이면서 고정자본이고, 원료와 연료는 불변자본이면서 유동자본입니다. 노동력에 들어간 돈은 가변자본이면서 유동자본입니다.

하나씩 설명해 보겠습니다.

물건 하나 만들 때 기계, 생산 설비, 건물 같은 것에 가치가 몽땅 옮겨지는 게 아니라 아주 조금씩 조금씩 옮겨집니다. 기계 한 번 들여놓으면 10년을 쓴다고 칩시다. 그러면 10년 동안 가치가 조금씩 물건으로 옮겨지는 겁니다. 이런 식으로 가치가 옮겨지는 동안 건물이나 기계, 각종 설비는 몇 년에 걸쳐서 딱 고정된 자기 역할을 합니다. 그래서 이런 것들을

고정자본이라고 합니다. 보통은 기계나 건물 같은 것들이 한자리에 고정돼 있어서 고정자본 아닌가 생각하는데 그런 것은 아닙니다. 물건 만들 때 한 번에 다 쓰여 사라지는 것이 아니라 오랫동안 붙박이로 있다고 해서, 즉 고정되어 자기 역할을 한다고 해서 고정자본이라는 겁니다.

반면에 유동자본이란 붙박이로 있지 않고 물건 만들 때 한 번에 자신을 다 불살라 생산할 때마다 또다시 새롭게 공급되는 걸 말합니다. 유동이란 말은 '흘러서 움직인다'는 뜻이니까 유동자본은 생산할 때마다 매번 되풀이해서 다시 마련되어 그렇게 부른다고 이해하시면 되겠습니다.

"아, 나는 왜 항상 고정적인 역할을 못하고, 매번 이렇게 없어졌다 사라졌다 해야 하는 것일까? 나의 존재는 정말 유동적이야."

이런 유동자본에는 원료나 연료, 노동력에 들어가는 자본이 있다고 했는데요. 원료나 연료는 생산할 때마다 매번 넣어 줘야 합니다. 석유 한 번 사서 10년 동안 써 먹고, 제품 원료 사서 조금씩 조금씩 10년 동안 쓰지 않습니다. 한 번 생산에 넣으면 몽땅 다 쓰이는 것이 원료와 연료입니다. 원료와 연료는 항상 다시 사야 합니다. 유동자본이 확실합니다.

노동력에 들어가는 자본도 유동자본입니다. 한 번 취직하면 10년씩 일하니까 고정적인 역할을 하는 것 아니냐고 생각하시는 분도 계실 텐데 그렇지 않습니다. 기계나 건물은 한 번 돈 주고 사면 계속 고정적인 역할을 하지만, 사람은 매번 월급 주지 않으면 일 못합니다. 월급 받고 노동력이 늘 재생산되지 않으면 다음 날 일 못한다는 것입니다. 이런 의미에서 한 번 생산된 노동력은 물건 만드는 과정에서 다 쓰입니다. 노동력은 새롭게 다시 재생산되어서 다음 날 또 물건 만드는 과정에 투입됩니다. 그러므로 노동력에 들어간 자본은 유동자본입니다.

　이제 고정자본과 유동자본이 구분되실 겁니다. 그런데 고정자본과 관련해서 좀 더 알아볼 게 있습니다. 고정자본은 오랫동안 조금씩 가치를 물건에 옮깁니다. 가치가 옮겨지는 만큼 고정자본은 조금씩 닳아 없어지죠. 이렇게 조금씩 닳아 없어지는 걸 '마모된다'고 표현합니다. 이 말은 평소에 다른 데서도 많이 쓰입니다.

　고정자본의 마모에는 두 가지가 있습니다. 하나는 자연스럽게 마모되는 것이고, 또 하나는 다른 회사와 경쟁하는 과정에서 억지로 마모되는 것입니다. 자연스럽게 마모된다는 것은 말 그대로 기계를 계속 사용해서 점차 자연스럽게 닳아 없어지는 경우입니다. 문제는 두 번째 억지로 마모되는 것입니다. 예를 들어 어떤 회사에 수명이 10년인 기계가 있다고 칩시다. 그런데 5년째 되는 날 다른 회사가 엄청 좋은 기계를 들여놓았습니다. 그 바람에 원래 기계로 계속 물건을 만들었다가는 수지가 안 맞는 상황이 되었습니다. 이때는 비록 그 기계를 5년밖에 안 썼어도 당장 버리고 새 기계를 들여놓아야 합니다. 실제 기계는 닳아 없어지지 않았지만 이미 다 닳아 버린 걸로 가정하고 새 기계로 바꿔야 한다는 것입니다. 기계가 마모돼 버린 걸로 억지로 간주하는 것입니다. 이렇게 되면 자본가는 어쩔 수 없이 손해를 봅니다.

　"이럴 줄 알았으면 이 기계 수명이 10년인 거 신경 쓰지 말고 쉬는 시간도 없이 그냥 팍팍 돌릴걸 그랬군."

　"그러게 말입니다요. 5년 쓰고 버릴 줄 알았으면 두 배로 돌렸을 텐데요. 그럼 이렇게 손해 안 봐도 되고……."

새 기계를 다른 회사에서 들여놔서 나도 바꿔야 하는 일은 자본주의에서 늘 일어납니다. 따라서 자본가는 어느 날 느닷없이 기계를 다른 걸로 바꿀 수밖에 없는 상황을 항상 대비해야 합니다. 바로 이런 이유 때문에 기계와 생산 설비를 수명대로 안 돌리고, 될 수 있는 한 짧은 시간에 최대한 사용하려고 노력합니다. 작업 시간을 연장하고 노동자들을 교대시켜 가면서 밤새도록 기계를 돌립니다.

11

대를 이어 노동자

−자본주의적 확대 재생산과 상대적 과잉 인구

지금까지 우리는 주로 자본이 무엇이고, 잉여가치가 어떻게 만들어지는지, 순환과 회전을 통해 자본은 구체적으로 어떻게 운동하는지 등에 대해 살펴봤습니다. 이러한 과정을 통해서 자본은 잉여가치를 가져가고, 점점 쌓이게 되는데 이런 걸 '자본의 축적'이라고 이야기합니다.

어떤 꼬마 아이가 아빠의 도움을 얻어서 솜사탕을 만듭니다.

"어이~ 우리 꼬마. 동자야! 일단 아빠가 자, 이 막대기를 사 왔으니까 인제 네가 거기다가 솜을 붙여라. 알았지? 아빠가 이 막대기 산 것을 경제에서는 '투자'라고 말해. 요새는 생활 속에서 자녀들에게 경제 교육을 시키는 게 중요해서 말해 주는 거니까 잘 기억해라? 아빠는 지금 이 막대기를 '투자'한 거야."

"아빠, 그럼 제가 솜사탕을 돌려서 크게 만드는 건 뭐라고 해요?"

"응? 그거? 그건 노동이지."

동자는 열심히 손을 움직여서 솜사탕을 크게 만들어 놨습니다. 너무 신이 납니다. 한 입 뜯어 먹었습니다. 그런데 이때 놀라운 일이 벌어졌습니다. 옆에서 보고 있던 아빠가 나머지를 확 뺏어 먹어 버린 것입니다.

"아빠! 왜 그래요?"

"너 방금 한 입 먹었잖아. 그래서 나도 좀 먹은 거야."

"그래도 너무 많이 드셨잖아요."

"어허~! 내가 아까 처음에 막대기 안 줬으면 너는 솜사탕 불리는 건 아예 시작도 못했어. 알지? 나도 처음에 투자한 게 있으니까 내 몫만큼은 먹어야지 안 그러냐? 그리고, 네가 하나도 안 먹은 것도 아니고 방금 한 입 먹었잖아. 그러면 됐지 뭘 더 바라냐."

"네……."

동자는 아빠의 현란한 논리에 할 말이 없습니다. 그런데 한 입 먹고 나니까 또 입이 심심합니다. 다시 손을 움직여서 솜사탕을 불렸습니다. 신이 납니다. 다시 아까 꼭 그만큼 불어났습니다. 한 입 베어 물었습니다. 아, 맛있습니다. 그런데 이때 또다시 옆에 있던 아빠가 나머지 부분을 몽땅 다 먹었습니다.

"아빠. 왜 또 드세요? 아까 많이 드셨잖아요."

"이게 왜 요새 말이 많아졌어. 뭘 그렇게 따져 따지긴. 아까 아빠가 투자했다고 했지. 그러니까 계속 먹을 수 있는 거야. 그리고 한번 아빠는 계속 아빠, 한번 자식은 계속 자식 몰라? 너는 솜사탕 계속 만들어서 한 입씩 먹고, 아빠는 처음에 투자했으니까 네가 한 입 먹고 남은 건 내가 계속 먹는 거야. 확실히 알아 둬!!!"

동자는 이제 확실히 깨달았습니다. 자기가 솜사탕을 한 번 불려 놓으면 자기는 한 입만 먹고, 나머지는 아빠가 다 가져간다는 현실을 받아들이기로 했습니다. 어쩔 수 없습니다. 이렇게라도 해서 솜사탕을 계속 먹을 수 있으면 그것도 나쁘진 않습니다.

동자는 이제 솜사탕을 계속 만듭니다. 아빠는 계속 뺏어 먹습니다. 또 만듭니다. 또 뺏어 먹습니다. 동자가 이대로 더는 못 참겠다고 열받아서 다 때려치울 때까지 이런 관계는 계속됩니다. 만약 동자가 솜사탕 불리기를 딱 한 번만 하고 때려치웠다면 그건 아빠가 처음에 투자한 가치를 동자가 단지 한 차례 불린 것에 불과합니다. 가치가 불어난 건 맞지만 그러고 끝나는 것입니다.

그런데 동자가 또 한 번 솜사탕 불리기를 했다면 이건 생산이 또 된 겁니다. 자, 여기서 중요한 개념이 만들어집니다. 생산은 한 번 하고 마는 게 아니라 동자처럼 또 하고 또 하고 또 합니다. 자본주의에서 생산은 한 번이 아니라 계속해서 반복됩니다. 이런 의미에서 자본주의적 생산은 말하자면 '또 생산'입니다. 그런데 이렇게 얘기하면 좀 이상하니까, '또 생산'이라고 안 하고 재생산이라고 이야기합니다. 자본주의적 생산은 재생산입니다. 자본주의에서 생산은 한 번만 하는 게 아니라 계속 반복된다는 말입니다.

노동자는 회사에서, 일하고 월급 받고, 일하고 월급 받고, 또 일하고 월급 받습니다. 자본가는 매번 잉여가치를 뺏어 갑니다. 자본이 재생산된다는 이야기는 다시 말하면, 노동자가 잉여가치를 빼앗기고 빼앗기고 또 빼앗긴다는 말입니다.

차곡차곡 자본 쌓기

그런데 사실 자본주의에서 생산이 계속된다고 말하는 건 하나 마나 한 소리입니다. 당연히 생산은 계속되는 것이지, 딱 한 번 생산하기 위해서 공장 짓고 생산 설비 들여놓는 자본가는 없습니다. 딱 한 번 생산하고 말면 노동자는 쥐꼬리만 한 임금조차도 계속 받지 못하게 됩니다. 그래서 자본주의적 생산이 재생산이라고 하는 건 너무나 당연합니다. 그런데도 이 이야기를 하는 이유는 생산이 자꾸 반복되는 과정을 살펴봐야 알 수 있는 자본주의의 이러저러한 특징들 때문입니다. 지금부터 이 장이 끝날 때까지 나오는 것들은 전부 자본의 '재생산' 개념으로 살펴봐야만 알 수 있습니다. 생산이 한 번 되고 두 번 되고 세 번, 네 번 되고 또 계속 반복되면서 비로소 나타나는 현상들에 대한 것입니다.

일단 재생산에는 두 가지가 있습니다. 하나는 단순 재생산이고, 하나는 확대 재생산입니다. 확대 재생산이란 말 그대로 재생산을 하는 데 덩치가 점점 확대된다는 뜻입니다. 언덕에서 눈덩이를 굴릴 경우 한 바퀴 굴리면 덩치가 커지고, 한 바퀴 더 굴리면 더 커집니다. 계속 굴릴수록 점점 더 커집니다. 재생산을 할수록 자본의 규모가 더 확대된다는 것입니다. 이럴 경우를 확대 재생산이라고 하는데, 확대 재생산은 자본가가 노동자한테서 잉여가치를 뺏은 다음에 그걸 자기 혼자 다 안 써 버리고 남겨서 또 투자할 때를 말합니다. 앞에서 '잉여가치를 자본으로 바꾸는 것'을 자본 축적이라고 했는데요, 확대 재생산은 그러니까 자본 축적을 조금이라도 하는 경우를 말합니다. 그러면 아무래도 회사 규모는 점점 더 커질 겁니다.

"자, 우리 꼬마! 솜사탕 한 입씩 계속 먹고 싶으면 쉬지 말고 불려야 해. 알았지?"

"네."

"그 대신 아빠도 한 입씩만 먹을 거야."

"아빠도 한 입씩만 먹으면 솜사탕이 많이 남을 것 같은데요?"

"그건 그냥 계속 놔 둘 거야."

"그럼 점점 불어날 건데요?"

"그렇지 바로 그거야. 그게 바로 확대 재생산이라는 거지."

아이가 열심히 노동해서 불려 놓은 솜사탕 중 일부는 아빠가 먹고 일부는 남겨 놓으면 솜사탕은 점점 커질 것입니다. 솜사탕의 확대 재생산입니다.

요즘에는 회사가 거의 다 주식회사니까 노동자가 만든 잉여가치를 주주들이 배당금으로 나눠 가집니다. 그리고 남는 돈은 10장에서 말씀드렸던 것처럼 '내부 유보'라고 해서 안 쓰고 회사 내부에 유보시켜 놓습니다. 회사 안에 남겨 놓는다는 뜻입니다. 그랬다가 새로운 사업에 이 돈을 투자하는데, 이런 식으로 해서 자본 규모를 키울 경우를 바로 확대 재생산이라고 할 수 있습니다.

이에 비해 단순 재생산은 규모가 커지지 않고 예전이랑 덩치가 똑같은 수준을 유지하는 경우를 말합니다. 솜사탕을 불리는 족족 아빠가 와서 다 먹어 치워 버린다면 솜사탕은 결국 처음 크기 그대로 돌아옵니다. 이렇게 자본가가 잉여가치를 혼자 다 소비해 버리는 경우를 단순 재생산이라고 하는데, 요즘 상황으로 표현하면 주주에게 몽땅 다 배당해 버리는 등의 방식으로 잉여가치를 다 써 버리고 내부 유보를 안 남겨 놓는 경우라고 보시면 되겠습니다. 그러니까 단순 재생산의 경우에는 '잉여가치를 자본으로 바꾸지 않는다' 즉, 자본 축적이 안 이루어진다고 표현할 수 있습니다. 그런데 자본 축적을 안 하는 회사는 자본주의에서 살아남을 수 없습니다. 항상 경쟁이 심하기 때문에 단순 재생산을 하면 금세 망

합니다. 지금까지 자본주의 안에 단순 재생산과 확대 재생산이 있는 것
처럼 설명했지만, 실제로 자본주의에서는 오로지 확대 재생산만 있다고
생각하셔도 무방합니다.

확대 재생산은 자본의 덩치가 커지는 것이라고 말씀드렸는데, 이 방
법에는 두 가지가 있습니다. 하나는 자본의 집중이고, 하나는 자본의 집
적입니다. 자본의 집중이란 여러 자본이 하나로 집중된다는 뜻입니다.
회사 여러 개가 자꾸자꾸 하나로 뭉쳐지면 자본은 당연히 덩치가 커집
니다. 요즘 흔히 볼 수 있는 회사들 사이의 인수합병이 바로 자본의 집
중이라고 할 수 있습니다. 또 하나는 자본의 집적입니다. 집적이란 말을
국어사전에서 찾아보면 '모아서 쌓아 둠'입니다. 자본의 집적이란 다른
회사와 합쳐지지 않고 그냥 자기 회사 내부에서 자본을 점점 키워 나간
다는 뜻입니다.

대를 이어 자본가, 노동자

자본의 재생산에서 자본주의의 몇 가지 특징을 알 수 있습니다.

첫째, 자본가는 최초로 투자한 투자금을 오래되지 않아 다 돌려받습니다. 그런데도 최초 투자금을 이유로 자본가로 계속 남습니다. 이게 무슨 말일까요? 솜사탕을 만들던 아버지와 아들 얘기를 다시 떠올려 보겠습니다. 처음에 아빠가 아이에게 주었던 막대기가 100원이었다고 해 봅시다. 아이는 매번 솜사탕을 불려서 아빠에게 뺏깁니다. 한 번 불릴 때마다 아빠에게 솜사탕 20원어치씩을 빼앗깁니다. 그렇다면 솜사탕 재생산을 5번만 하면 아이는 아빠에게 100원어치를 뺏기게 됩니다. 아빠는 투자했던 100원을 다 챙겨 먹습니다. 그 다음부터 뺏어 먹는 솜사탕은 전적으로 공짜로 가져가는 겁니다. 이처럼 투자한 돈을 이미 거두어들였는데도 아빠는 계속 이렇게 이야기합니다.

"처음에 내가 막대기 투자 안 했으면 네가 솜사탕을 만들어 먹을 수 있었겠어?"

처음 막대기를 주고 나서 아빠는 아무것도 안 했고, 아이는 계속 솜사탕을 불렸습니다. 막대기 값만큼을 이미 먹어 버린 아빠는 그 이후에도 처음 사다 준 막대기를 이유로 아이가 만들어 놓은 솜사탕을 계속 먹습니다. 그러면서 솜사탕 크기를 점점 키웁니다. 솜사탕은 아이의 것이 아니라 아빠의 소유입니다. 그중에서 일부를 아이에게 한 입 떼어 주면 아이는 그걸 고맙게 생각하면서 받아먹습니다. 그러나 솜사탕은 처음부터 끝까지 아이의 노동으로 만들어진 것입니다. 자신이 만든 것을 한 입 베어 먹는 것은 너무도 당연한 일이지만, 아이는 그걸 아빠 덕이라며 고마워하고 아빠는 아이를 대단히 배려한다고 생각합니다.

자본가는 최초에 자신이 돈을 투자했다는 이유로 노동자들을 평생 부려 먹습니다. 하지만 노동자들이 일해서 만들어 낸 잉여가치를 가져가면서 어느 순간 자본가는 자신이 처음에 투자했던 걸 다 거두어들입니다. 그런데도 자기 노력으로 자본을 축적하고, 자기 돈으로 노동자에게 임금을 주는 것처럼 행세합니다. 하지만 사실은 노동자의 잉여노동으로 자본을 축적하고 노동자가 만들어 낸 가치 중의 일부를 임금으로 노동자에게 주는 것입니다. 자신이 일한 만큼 가져가려는 것이 너무 당연한 일인데도 노동자는 사장님이 월급 주는 것을 고맙게 여기고 자본가는 노동자를 위하는 척합니다.

둘째, 노동자는 자신이 만든 가치 중에 일부만 임금으로 받고 나머지 잉여가치는 빼앗기기 때문에 결코 자본가가 될 수 없습니다. 잉여가치까지 노동자가 챙기면 점점 부자가 돼서 노동자를 더 안 해도 될지 모릅니다. 하지만 그런 일은 안 일어납니다. 결국 한번 노동자는 계속 노동자로 일할 수밖에 없습니다. 반면에 자본가는 일을 안 해도 계속 잉여가치를 쌓아 놓게 됩니다. 일하는 사람은 계속 노동자로 남고 일을 안 하는 사람은 계속 자본가로 남습니다.

자본주의적 재생산이 노동자를 노동자로, 자본가를 계속 자본가로 있게 만든다는 뜻에서 자본주의적 재생산은 '생산관계를 재생산'한다고 할 수 있습니다. 노동자-자본가라는 인간관계를 계속 재생산한다는 것입니다. 한번 아빠는 영원한 아빠이고 한번 자식은 영원한 자식인 것처럼 한번 자본가는 영원한 자본가, 한번 노동자는 영원한 노동자입니다.

자본 재생산 표식

한편 마르크스는 《자본론》에서 사회 전체 자본이 각자가 만든 물건을 얼마만큼씩 사고파는지, 또 각 자본끼리의 관계는 어떤 건지 등을 아예 표로 만들어서 자본주의 전체의 재생산이 어떻게 이루어지는지에 대해 설명했습니다. 이걸 재생산 표식이라고 하는데요, 일단 아래 이야기를 본다음에 재생산 표식에 대해 자세히 알아보도록 하겠습니다.

아이들을 오직 경쟁으로만 몰아붙이는 학교 시장화 정책의 광풍이 한학년에 2반만 있는 어떤 시골 학교에도 불어닥쳤습니다.

"지금부터 교직원 회의를 하겠습니다. 올해부터 우리 학교에도 우열반을 도입하기로 한 건 다 알고 계시죠?"

"네, 알고 있습니다."

"우선은 우열반을 어떤 식으로 나눌지 정해야 합니다. 좋은 생각 없습니까?"

"제가 생각하기에는 학년이 올라갈 때마다 우열반 학생들을 계속 바꿔야 한다고 봅니다."

"구체적으로 어떻게요?"

"우선 우리가 한 학년에 70명이니까 우등반을 40명, 열등반을 30명으로 하고요. 반별로 매년 성적에 따라 1등급, 2등급, 3등급으로 나눕니다."

"그러고 나서요?"

"그 다음에 다음 학년으로 올라갈 때는 열등반 1등급이 우등반으로 올라가고, 우등반 2, 3등급이 열등반으로 내려오는 식으로 하는 거죠."

"조금만 더 설명해 보세요. 그렇게 하면 1학년이 2학년으로 올라가면 어떻게 바뀌는 거죠?"

"2학년 1반은 1학년 때 1반에서 1등급이었던 아이 20명과 2반 1등급 20명으로 참니다. 나머지 1학년 때 1반이었던 2등급, 3등급 애들은 2학년 2반으로 배치합니다. 그러면 2반 열등반 애들은 1학년 때 열등반 애들 숫자처럼 또 30명이 되는 겁니다."

"오호, 그래요? 듣고 보니 좋은 생각이구만. 근데 그거 말로만 들어선 복잡하니까 표로 한번 만들어 보는 건 어때요? 이름을 뭘로 붙일까? 옳지 그래, '학급 재생산표' 라고 하는 건 어때요?"

"교장 선생님, 제가 수학 선생이라서 그런진 몰라도, 학급 재생산표보다는 '학급 재생산 표식'이 좀 더 그럴듯해 보입니다."

"뭐, 그러든가."

교직원 회의를 거쳐 만들어진 학급 재생산 표식을 정리했더니 다음과 같았습니다.

●1학년
1반 40명(우등반)=1등급 20명, 2등급 10명, 3등급 10명
2반 30명(열등반)=1등급 20명, 2등급 5명, 3등급 5명

●학년 바뀔 때
1반 40명(우등반)=1등급 20명(1반 그대로), 2등급 10명(2반으로 이동), 3등급 10명(2반으로 이동)
2반 30명(열등반)=1등급 20명(1반으로 이동), 2등급 5명(2반 그대로), 3

등급 5명(2반 그대로)

● 2학년
1반 40명(우등반)=1등급 20명, 2등급 10명, 3등급 10명
2반 30명(열등반)=1등급 20명, 2등급 5명, 3등급 5명

수식을 보신 교장 선생님은 매우 만족해 하셨습니다.

"좋아요, 좋아. 확실히 이런 식으로 하면 우등반하고 열등반 아귀가 딱딱 맞아떨어지겠군요."

"네, 그렇습니다."

"그런데 말이야. 내가 좀 걱정이 되는 게 있어. 뭐냐면 말이지. 애들 성적이 항상 이렇게 딱딱 1등급, 2등급, 3등급으로 나눠지나?"

"그건 그럴 때도 있고, 안 그럴 때도 있을 것 같습니다."

"그러면 말이지. 지금 이 표대로 학년이 딱딱 문제없이 올라가려면 조건이 뭐야?"

"조건이요? 말하자면 학급 재생산이 균형 있게 맞아떨어지는, 그러니까 말을 만들어 보자면 '균형 조건' 같은 거 말씀하시는 거죠?"

"그렇지요. 말이 나온 김에 학급 재생산의 균형 조건이라고 이름 붙이지요."

"그거야 뭐 간단합니다. 2반 애들 20명이 1반으로 올라가려면 1반 애들 중에서 2등급하고 3등급 애들 합쳐서 20명이 떨어져야 됩니다. 그러니까 2반 1등급 아이들 숫자가 1반 2, 3등급 아이들 숫자하고 같은 것, 이것이 균형 조건입니다."

"그것도 수식으로 한번 만들어 봐요."

애들 고생할 건 생각 안 하고 교장 선생님 말대로만 하는 이 교사가 만든 '학급 재생산 균형 조건'은 이것이었습니다.

2반 1등급＝1반 2등급＋3등급

자본주의의 재생산도 마찬가지입니다. 앞에서 자본주의 재생산은 단순 재생산과 확대 재생산이 있다고 설명드렸습니다. 방금 전에 우열반을 도입한 학교는 어차피 학년이 바뀌어도 학생 수는 똑같습니다. 학생수가 같다는 걸 전제로 해서 학급이 어떻게 재생산되는지 그 조건을 따져 본 건데요, 자본주의 재생산으로 따지면 이 경우는 앞에서 설명한 '단순 재생산'과 같은 것입니다.

자본주의 단순 재생산의 재생산 표식은 이렇게 설명할 수 있습니다. 앞의 학급 재생산 표식에서 반을 '부문'으로, 학생 숫자를 돈의 액수로 그리고 1등급, 2등급, 3등급을 불변자본, 가변자본, 잉여가치로 바꿔 놓은 것뿐이니까 복잡하지 않습니다.

● 첫해
1부문(기계를 생산하는 부문) 40원＝불변자본 20원, 가변자본 10원, 잉여가치 10원
2부문(소비 물품 생산하는 부문) 30원＝불변자본 20원, 가변자본 5원, 잉여가치 5원

● 해가 바뀔 때

1부문(기계를 생산하는 부문) 40원=불변자본 20원(새해 생산을 준비하기 위해 작년 들어간 20원만큼을 그대로 또 사용), 가변자본 10원(이 돈 받은 노동자는 2부문의 소비 물품 구입), 잉여가치 10원(이 돈을 가져간 자본가도 2부문 소비 물품 구입)

2부문(소비 물품 생산하는 부문) 30원=불변자본 20원(1부문 기계 구입), 가변자본 5원(노동자가 2부문 소비 물품 구입), 잉여가치 5원(자본가가 2부문 소비 물품 구입)

● 둘째 해

1부문(기계를 생산하는 부문) 40원=불변자본 20원, 가변자본 10원, 잉여가치 10원

2부문(소비 물품 생산하는 부문) 30원=불변자본 20원, 가변자본 5원, 잉여가치 5원

이게 바로 단순 재생산의 재생산 표식입니다. 단순 재생산의 균형 조건은 앞의 학교 사례에서 1반 2, 3등급과 2반 1등급 숫자가 같았던 것과 마찬가지로, 1부문의 가변자본과 잉여가치의 합이 2부문 불변자본과 같을 때를 말합니다. 수식으로 표현하면 단순 재생산의 균형 조건은 이렇게 됩니다.

2부문 불변자본=1부문 가변자본+잉여가치

지금까지 단순 재생산의 재생산 표식과 균형 조건에 대해서 알아봤습

니다. 그런데 아까 교장 선생님이 했던 말 중에 여전히 잘 안 풀리는 게 있습니다.

"그런데 말이야. 좀 걱정되는 게 있어. 뭐냐면 말이지. 애들 성적이 항상 이렇게 딱딱 1등급, 2등급, 3등급으로 나눠지나?"
"그럴 때도 있고 안 그럴 때도 있습니다."

그렇습니다. 성적을 나누다 보면 등급을 나누기 좀 어렵고 복잡하며, 아이들 숫자가 딱딱 맞아떨어지기만 하는 것도 아닙니다. 자본주의도 마찬가지입니다. 단순 재생산에서 균형 조건을 방금 전에 말씀드렸지만, 2부문 불변자본이 언제나 '1부문의 가변자본＋잉여가치'와 맞아떨어지지는 않습니다. 정확히 말하자면 현실에서 이런 일은 별로 일어나지 않습니다. 왜냐하면 경제 전체를 누군가가 통째로 관리하면 모를까, 기계를 만드는 공장이든 소비 물품을 만드는 공장이든 각자 알아서 자기 마음대로 생산하기 때문입니다. 그래서 현실에서는 자본가들이 만든 물건이 다 팔리고 다음 해의 재생산이 자로 잰 듯이 정확히 이루어지는 경우는 없습니다. 자본주의의 이런 경향을 '자본주의의 생산은 무정부적이다.'라고 표현합니다. 생산 전체를 관리하는 정부 같은 기구가 없다는 뜻입니다. 이에 대해서 주류경제학은 각자가 자기 마음대로 생산하더라도 '보이지 않는 손'이 알아서 잘 해결해 주기 때문에 경제 전체를 관리하는 정부는 없어야 하거나 될 수 있으면 작아야 한다고 가르칩니다. 그러나 현실을 보면 경제는 그렇게 알아서 잘 작동하지 않습니다.

지금까지 단순 재생산의 경우 재생산 표식과 균형 조건을 알아봤습니다. 마지막으로 확대 재생산에 대해 좀 더 말씀드리겠습니다.

확대 재생산은 이미 말씀드린 대로, 자본의 덩치가 점점 더 커지는 것을 말합니다. 확대 재생산의 경우는 단순 재생산과 표의 생김새는 똑같습니다. 다만 자본가가 잉여가치를 모두 쓰지 않고 남겨서 투자하는 것이 단순 재생산과 다릅니다. 확대 재생산 표식도 이 점을 더 집어넣을 뿐입니다. 예를 들자면 이런 식이 되겠습니다.

● 첫해

1부문(기계를 생산하는 부문) 40원＝불변자본 20원, 가변자본 10원, 잉여가치 10원

2부문(소비 물품 생산하는 부문) 30원＝불변자본 20원, 가변자본 5원, 잉여가치 5원

● 해가 바뀔 때

1부문(기계를 생산하는 부문) 40원＝불변자본 20원(새해 생산을 준비하기 위해 작년 들어간 20원만큼을 그대로 또 사용), 가변자본 10원(이 돈 받은 노동자는 2부문의 소비 물품 구입), 잉여가치 10원(이 돈을 가져간 자본가가 5원만 쓰고 5원은 더 투자)

2부문(소비 물품 생산하는 부문) 30원＝불변자본 20원(1부문 기계를 구입), 가변자본 5원(노동자가 2부문 소비 물품 구입), 잉여가치 5원(자본가가 2원만 쓰고 3원은 투자)

● 둘째 해

1부문 47원(원래 40원＋새로 생긴 가치 7원)＝불변자본 23원(원래 20원＋새로 투자한 3원), 가변자본 12원(원래 10원＋새로 투자한 2원), 잉여가치

12원(원래 잉여가치 10원+가변자본에 새로 2원 투자해서 생긴 잉여가치 2
원)

2부문 34원(원래 30원+새로 생긴 가치 4원)=불변자본 22원(원래 20원+
새로 투자한 2원), 가변자본 6원(원래 5원+새로 투자한 1원), 잉여가치 6
원(원래 5원+가변 자본에 새로 1원 투자해서 생긴 잉여가치 1원)

12

실업은 필연

– 자본의 유기적 구성의 고도화와 실업

자본이 자꾸 쌓이는 과정과 관련해서 중요하게 짚고 넘어가야 할 점이 있습니다. 자본이 쌓인다는 것은 자본의 양이 늘어난다는 뜻인데요, 이 경우 보통은 양이 늘어나고 마는 것이 아니라 질적으로도 변화가 일어납니다. 자본 내부의 '가치 구성'이 바뀐다는 뜻입니다.

자본 내부의 가치 구성이 바뀐다는 게 무슨 말인지 알려면 자본의 가치 구성, 자본의 기술적 구성, 자본의 유기적 구성 등 일단 몇 가지 용어를 이해해야 합니다.

자본은 6장에서 말씀드렸던 대로 불변자본과 가변자본으로 나눌 수 있습니다. 가변자본이란 노동력에 들어가는 돈이고, 불변자본은 노동력 이외에 들어가는 돈, 즉 기계나 건물 원자재 같은 데 들어가는 돈입니다. 그러니까 자본은 가변자본과 불변자본으로 '구성'되어 있다고 할 수 있습니다.

기계 더 살까, 사람 살까

그렇다면 '자본의 가치 구성'이란 무엇일까요? 자본의 가치 구성이란 불변자본과 가변자본의 비율을 말하는 것입니다. 아주 단순화하면 건물, 기계, 원료 같은 불변자본 중에서도 가장 중요한 게 기계라는 점을 감안해서 자본의 가치 구성을 '기계 사는 데 쓴 돈하고 사람 사는 데 쓰는 돈의 비율'이라고 이해하셔도 되겠습니다.

그런데 여기서 헷갈리지 말아야 할 것은 가치 구성이란 항상 '불변자본 대 가변자본'의 비율을 나타낸다는 점입니다. 가변자본 대 불변자본의 비율이 아니라 '불변자본 대 가변자본'의 비율입니다. 불변자본이 앞에 옵니다. 이게 무슨 뜻인지 조금 더 설명드리겠습니다. '불변자본 대 가변자본'은 수학 시간에 배웠던 대로 하면 '불변자본 : 가변자본'이라고 쓸 수 있고, $\frac{불변자본}{가변자본}$ (가변자본 분의 불변자본)이라고 표현할 수도 있습니다. 불변자본을 가변자본으로 나눈 것이라는 뜻입니다. 왜 불변자본을 가변자본으로 나누는가. 자본가는 불변자본으로 기계나 원료를 삽니다. 가변자본으로는 노동자를 삽니다. 불변자본을 가변자본으로 나눈다는 건 따라서 기계나 원료를 사는 데 들인 돈을 사람을 사는 데 들인 돈으로 나눈다는 뜻입니다. 기계를 사는 데 1,000원을 들였는데 사람 사는 데는 100원을 들였다면, $\frac{1000}{100}$ (1000÷100)은 10입니다. 즉 자본가는 기계 사는 데 사람을 사는 것보다 10배나 돈을 더 들였다는 것입니다. 이 회사의 경우 자본의 가치 구성은 10입니다. 만약 자본의 가치 구성이 (가) 회사는 10이고, (나) 회사는 5라면 가 회사는 나 회사에 비해 기계 같은 불변자본에 훨씬 투자를 많이 했다는 걸 알 수 있습니다.

그런데 가치 구성과 좀 구분되는 말로 자본의 기술적 구성이라는 개념이 있습니다. 기술적 구성이란 '불변자본의 양'과 '노동자 수'의 비율입니다. 앞에서 '자본의 가치 구성'은 불변자본에 들어간 돈과 노동자를 고용하는 데 들어간 돈의 비율이었습니다. 그런데 실제 물건을 생산할 때 중요한 것은 기계를 사는 데 얼마가 들어갔고 노동자를 고용하는 데 얼마가 들어갔는가가 아니라 그만큼의 돈을 써서 기계 몇 대를 들여놓고 노동자 몇 명을 고용했는가 하는 점입니다.

"우리 복잡한 계산 한번 해 볼까?"
"뭔데?"

"당신 회사는 건물, 기계, 원료 장만하는 데 총 1,000원 들었다면서? 노동자 사는 데는 500원 들었고?"

"그렇지."

"그럼 자본의 가치 구성은 1000 나누기 500이니까 2구만."

"음 그렇군. 그런데?"

"근데 말이야, 그 1,000원으로 기계 몇 대나 샀나?"

"기계 10대 샀지. 노동자 숫자도 궁금하지? 노동자는 20명 고용했어."

"그래? 노동자를 아주 싼값에 잘 샀네. 그렇다면 자네 회사 자본의 기술적 구성은 10 나누기 20이니까 $\frac{1}{2}$이네. 0.5구만, 0.5!"

"뭐, 별걸 다 배웠구먼. 그건 그렇다 치고 자네 공장은 어떤데?"

"우리 공장은 건물, 기계, 원료 장만하는 데 1,000원 들었고, 노동자 사는 데 500원 들었으니까 당신 공장하고 가치 구성은 똑같이 2야."

"그런데?"

"1,000원 줘서 기계는 10대 샀는데, 노동자는 5명밖에 고용 못했어. 노조가 있어서 말이야. 비정규직을 못 쓰게 해."

"그럼 자네 계산법대로 하면 자네 공장은 자본의 기술적 구성도 2구면."

결국 자본의 기술적 구성은 공장에 있는 기계 수를 사람 수로 나눈다는 뜻으로 이해하시면 됩니다. 그러면 기계 수를 사람 수로 나눈다는 건 무슨 뜻일까요. 기계가 100대인데 사람이 10명인 경우 기계 수를 사람 수로 나누면 10이 나옵니다. 이것은 한 사람당 기계가 10대씩 돌아간다는 뜻입니다. 결국 기계 수를 사람 수로 나누는 것은 노동자 한 명이 어느 정도의 기계를 다뤄야 하는지 뜻합니다. 자본의 기술적 구성은 이처럼 노동자가 얼마나 많은 기계를 다루느냐를 좀 더 구체적으로 알려 주는 개념입니다.

지금까지 자본의 가치 구성과 자본의 기술적 구성 개념에 대해서 살펴봤습니다. 마지막으로 자본의 유기적 구성에 대해 알아보겠습니다. 자본의 유기적 구성은 앞에 나온 자본의 가치 구성과 마찬가지로 '불변자본 대 가변자본의 비율'입니다.

"앗! 자본의 가치 구성과 자본의 유기적 구성이 같은 거잖아. 뭐야 이게!?"

그렇습니다. 분명히 둘은 불변자본 대 가변자본의 비율을 가리키는 말입니다. 그런데 다른 게 있습니다. 자본의 유기적 구성에서 '유기적'이라는 말에 주목할 필요가 있습니다. 유기적이란 말은 두 부분이 서로 굉장히 밀접하게 관련되어 떼어 낼 수 없을 경우에 씁니다. "쟤들은 참 유기적 관계야." 이런 말은 잘 안 쓰지만 만약 누가 썼다면 그건 "쟤들은 서로 아주 가까워서 안 떨어져." 이런 말입니다. "조직이 유기적으로 잘 굴러가야지." 이런 말을 했다면 "조직 내부가 서로 밀접하게 연결되어서 잘 굴러가야 한다."는 뜻입니다. 그렇다면 자본의 유기적 구성에서 유기적이란 뭐가 뭐와 밀접하게 관련되어 있다는 말일까요. 여기서 '유기적'이란 말은 불변자본과 가변자본이 서로 밀접하게 연결되어 설명된다는 뜻입니다. 그런데 아직도 무슨 말인지 애매합니다. 불변자본과 가변자본이 서로 밀접하게 연결되었다는 말 뜻이 잘 이해되지 않습니다. 더 상세히 이해하기 위해서 아래 대화를 보시겠습니다.

"있잖아. 10년 전에 기계 사는 데 2,000원 들었고, 노동자 고용하는 데 1,000원 들었거든?"

"그래서?"

"그때 자본의 가치 구성은 2000 나누기 1000 해서 2였잖아."

"그런데?"

"지금은 내가 똑같은 기계 사는 데 8,000원 들었고, 노동자 고용하는 데는 2,000원 들었어. 그래서 자본의 가치 구성이 4야, 4. 10년 전에 비해서 가치 구성이 2에서 4로 딱 2배 늘었어."

"그렇군. 무슨 얘기를 하고 싶은데?"

"그러니까 10년 전에는 불변자본이 가변자본의 2배였지? 지금은 불변자본이 가변자본의 4배지? 그러니까 지금이 10년 전에 비해 불변자본에 2배 더 투자한 셈이잖아. 기계 사는 데 2배 더 투자했으니까 아무래도 생산성이 더 높아질 거 아니겠어?"

두 사람의 대화로 봤을 때 분명히 자본의 가치 구성이 2배가 늘어난 건 맞습니다.

"그런데 궁금한 게 있어."

"뭔데?"

"같은 기계 사는 데 10년 전에는 2,000원 들었는데 이번엔 8,000원 들었다는 거지? 그럼 기계는 몇 대나 샀고, 노동자는 몇 명이나 고용했어?"

"음, 복잡한 걸 물어보는군. 잘 들어. 10년 전에는 2,000원 들여서 기계 10대 샀어. 이번에는 8,000원 들여서 2대 샀고. 10년 전엔 1,000원 써서 노동자 10명 고용했는데, 이번에는 2,000원 써서 40명 고용했고."

"그래? 아니 그럼 들어간 돈 말고, 기계 수 하고 노동자 수로만 따지면 10년 전에는 기계 10대에 노동자 10명이었는데, 이번에는 기계 2대에 노동자 40명이면 생산성이 높아진 게 아닌 것 같은데?"

"그런가? 나도 좀 이상하긴 했어."

"맞아. 이상해, 뭔가 이상해. 다시 계산해야 할 것 같아."

그렇습니다. 이 대화처럼 자본의 가치 구성과 기술적 구성은 달라질 수 있습니다. 왜냐하면 기계의 가치나 노동력의 가치는 매년 달라질 수 있기 때문입니다.

"그럼 어떡하지? 나는 분명히 기계에 돈을 더 많이 들였는데, 당신 말대로라면 오히려 나빠졌으니 말이야."

"그러니까 이 사람아. 그런 것 계산은 기계든 노동력이든 가치가 변하기 전인 10년 전 걸 기준으로 해야지."

그렇습니다. 10년 전 걸로 계산해야 정확합니다. 10년 전 짜장면이 1,000원이고 지금 짜장면이 3,000원이면 지금 3,000원은 그때 1,000원이랑 똑같습니다. 결국 10년 전의 짜장면과 실질적으로 같은 식사를 하려면 지금은 그때보다 3배 더 내야 한다는 것입니다.

"어떻게 계산하지?"

"그러니까 그때하고 지금하고 기계 값, 노동력 값 변한 거 있지? 그걸 10년 전 기준으로 계산해!"

"일단 그렇게 할까?"

"해 봐."

"좋아. 그럼, 10년 전에는 10대에 2,000원이었으니까 한 대에 200원, 이번에는 8,000원에 2대 샀고. 노동자는 10년 전에는 1,000원에 10명이었으니까 한 명에 100원, 이번에는 2,000원에 40명 샀지."

"좋아, 좋아. 그러면 이번에 8,000원 주고 기계 2대 산 게 10년 전에는 얼마에 해당돼?"

"400원."

"그렇지! 이번에 노동자 40명 고용한 건 10년 전이라면 얼마지?"

"4,000원."

"좋아, 좋아. 그럼 이제 그 가격으로 자본의 가치 구성 구해 봐."

"기계에 들어간 400원에 노동자 사는 데 들어간 4,000원을 나누면 $\frac{1}{10}$, 0.1이구먼."

"바로 그거야! 10년 전 자본의 가치 구성은 아까 계산했을 때 2였지? 지금은 가치 구성이 0.1이야, 0.1!"

그렇습니다. 바로 이게 10년 전 가격을 기준으로 자본의 가치 구성을 비교했을 때 나오는 수치입니다. 10년 전 자본의 가치 구성은 2였고, 10년 후인 현재 자본의 가치 구성은 0.1입니다. 그리고 바로 이것이 자본의 유기적 구성입니다. 주류경제학에서 국내총생산을 비교할 때에도 물가 인상된 걸 빼고 실질 국내총생산을 내듯이 기계와 노동력을 사는 데 들어간 가격의 변화를 빼고 계산한 실질 가치 구성이 바로 자본의 유기적 구성인 것입니다. 결국 자본의 유기적 구성을 따진다는 것은 기계 값과 노동력 값이 아니라 기계 수와 노동자 수의 변화, 즉 자본의 기술적

10년전   지금

구성의 변화에 더 초점을 맞춘다는 이야기가 됩니다. 자본의 유기적 구성은 겉으로는 가치 구성과 마찬가지로 불변자본 대 가변자본의 비율이지만, 실제로는 기계 수와 노동자 수(자본의 기술적 구성)의 변화를 따지기 위해 만들어진 개념입니다. 따라서 누군가가 '자본의 유기적 구성'이라는 말을 하면, 그건 곧 "시간의 변화에 따라 기계 수와 노동자 수의 구성이 바뀌는 점에 관심이 있구나." 하고 이해하시면 되겠습니다.

앞에서 자본의 유기적 구성의 '유기적'이라는 말이 중요하다고 말씀드렸습니다. 유기적이라는 말은, 결국 비교하고 싶은 어떤 해의 가치 구성과 현재의 가치 구성을 기계 수와 노동자 수의 실질적인 변화를 고려해서 계산해 놓기 때문에, 불변자본과 가변자본의 관계가 매우 밀접하게 연관되어 계산되었음을 뜻한다고 이해하시면 되겠습니다.

지금까지 자본의 가치 구성, 기술적 구성, 유기적 구성에 대해서 설명 드렸습니다. 자본이 축적되면서 자본 내부의 가치 구성이 변한다는 게 무슨 의미인지 알기 위해서 우선 이 개념들의 뜻을 살펴봤습니다.

기계는 늘리고 사람은 줄이고

자, 이제 자본의 내부 구성에 변화가 일어난다는 것이 무슨 뜻인지 알아 보겠습니다. 내부 구성이 변한다는 것은 곧 불변자본과 가변자본 사이 에 변화가 일어난다는 말입니다. 둘 사이의 '비율'이 변한다는 뜻입니다. 앞서 여러 차례 나왔던 대화들에서 이미 불변자본과 가변자본 사이의 비율이 변하는 사례들을 살펴봤습니다. 이는 곧 자본의 가치 구성이 변 한다는 말과 같고, 시간이 변하면서 가치 구성이 변하는 것을 실질적으 로 비교하기 위해서 자본의 유기적 구성이라는 개념을 썼던 거니까 '자 본의 유기적 구성이 변한다'고 표현해도 역시 같은 말입니다.

그렇다면 자본주의적 확대 재생산에 따라서, 즉 자본의 덩치가 점점 커지면서 자본의 유기적 구성에 어떤 변화가 일어난다는 말일까요? 9장 에서 자본가는 특별잉여가치를 얻기 위해 기계를 점점 들여서 노동 생 산성을 높인다는 점을 살펴봤습니다. 자본의 덩치가 점점 커지고, 자본 이 점점 쌓이지만 자본가는 특별잉여가치를 얻기 위한 노력을 멈추지 않습니다. 그 노력을 멈추는 순간 자본가는 경쟁에서 뒤처지기 때문입 니다.

그런데 특별잉여가치를 높인다는 것은 곧 기계 따위에 쓰는 돈, 즉 불 변자본이 늘어난다는 뜻입니다. 이렇게 되면 가변자본은 상대적으로 줄 어듭니다. 이런 경우를 '유기적 구성이 고도화됐다'고 이야기합니다. 쉽게 말해 사람은 덜 쓰고 기계는 더 쓰는 걸 자본의 유기적 구성의 고도화라고 합니다. 유기적 구성의 고도화가 이런 뜻이라면 그냥 '불변자본에 돈을 더 쓰게 됐다'고 말하면 됐지, 왜 고도화란 표현을 썼을까요. 고도화란 '수준이 높아졌다'는 뜻입니다. 자본의 유기적 구성이란 불변자본 대 가변자본의 비율이라고 했는데, 불변자본이 많아지고 가변자본이 적어지면 유기적 구성은 5 대 5에서 6 대 4, 8 대 2 같은 식으로 변할 겁니다. 이걸 앞에서 나왔던 것처럼 분수로 쓰면 $\frac{5}{5}$, $\frac{6}{4}$, $\frac{8}{2}$입니다. $\frac{5}{5}$는 1이고, $\frac{6}{4}$은 1.5이고, $\frac{8}{2}$은 4입니다. 숫자가 1 → 1.5 → 4로 점점 높아집니다. '고도화'란 이렇게 유기적 구성을 숫자로 계산해 보니까 그 크기가 점점 커지는 것을 나타내기 위한 표현입니다.

지금까지 복잡하게 얘기했지만 그냥, 좋은 기계를 들여놓으면서 노동자들의 생산성도 점차 높아지는 걸 '자본의 유기적 구성이 고도화된다.'고 표현하는구나 하고 이해하면 될 것 같습니다. 확실히 현실에서는 노동자 한 사람이 다뤄야 하는 기계 수가 늘거나 아니면 노동자가 점점 더 비싼 기계를 다루게 됩니다. 노동자가 다루는 기계의 수준이 확실히 '고도화'되는 겁니다.

이렇게 회사에서 기계에 많이 투자하면 노동자 숫자는 그만큼 줄어듭니다. 자본의 유기적 구성의 고도화는 당연히 노동자 숫자를 줄어들게 한다는 것입니다. 따라서 이 점까지를 감안해서 앞으로는 '자본의 유기적 구성이 고도화됐다'는 말을 들으면 "아하! 기계 들이고 사람 자르는 거?!" 이렇게 이해하셔도 무방하겠습니다.

'자본의 유기적 구성의 고도화'를 하는 이유는 좋은 기계를 들여서 생산성을 높여 특별잉여가치를 얻기 위해서입니다. 그런데 자본의 유기적 구성의 고도화는 개별 회사만 하는 게 아닙니다. 모든 회사가 합니다. 이렇게 되면 사회 전체의 불변자본은 늘어나고 가변자본은 줄어듭니다. 기계를 더 들이고 사람은 자르는 일이 사회 전체적으로 벌어집니다. 자연히 실업자가 늘어납니다.

이런 실업은 사람이 절대적으로 많아서 생기는 것이 아닙니다. 상대적으로 많아서 생깁니다. 절대적으로 사람이 많은 경우는 '절대적 과잉 인구', 상대적으로 많은 경우는 '상대적 과잉 인구'라고 표현합니다. 과잉 인구. 말 그대로 사람이 너무 많다는 겁니다. 사람이 '절대적'으로 많다는 말은 공장의 기계를 다 없애고 100퍼센트 사람만 집어넣어서 일을 시켜도 사회 전체에 일하고 싶어 하는 사람이 넘쳐 나는 경우에 씁니다. 그 사회의 자본을 다 가변자본에 써도 사람이 넘쳐 난다면 "우와, 사람 진짜 많다!" 하면서 '절대적 과잉 인구 때문에 문제'라고 이야기할 겁니다. 이런 경우엔 식량도 모자라서 사람이 굶어 죽을 수 있습니다.

하지만 자본의 유기적 구성의 고도화는 '상대적' 과잉 인구를 만들어 냅니다. 일자리를 만들 수 있는데도 자본은 일자리 늘리는 데 돈을 쓰지 않습니다. 그보다는 기계를 자꾸 들여서 다른 자본을 이기려고 합니다.

"이 1,000원 어디다 쓸까?"
"100원씩 10명 고용해서 땅 파게 할까?"
"에이, 그러지 말고 그냥 굴삭기 한 대 사자."

같은 돈이라도 돈을 어디에 쓰느냐에 따라 일자리가 늘어날 수도, 기계가 늘어날 수도 있습니다. 그런데 이 책을 읽고 있는 독자들도 방금의 대화를 보면서 사람을 고용해 월급을 줘서 먹고살게 해 주는 것보다는 굴삭기를 써서 효율적으로 일하는 게 훨씬 낫다고 생각했을 겁니다. 왜냐하면 우리 모두 자본주의에 살아서 자본주의적 논리에 익숙한 상태이기 때문입니다. 이처럼 투자할 돈은 있는데 자본의 유기적 구성의 고도화, 즉 돈을 자꾸 기계 사는 데 쓰는 경향 때문에 일자리 얻는 인구가 줄어들어 상대적으로 인구가 넘쳐 나 보이는 것입니다. 자본주의에서 자본가들은 언제나 이런 경향을 보이기 때문에 상대적 과잉 인구는 항상 생기고 또 점점 늘어납니다.

상대적 과잉 인구를 보통 산업예비군이라고도 합니다. 예비군은 나중에 전쟁이 났을 때 긴급히 투입하려고 대기시켜 놓은 사람들입니다. 그런데 상대적 과잉 인구를 왜 산업예비군이라고 부르는 걸까요? 산업예비군은 자본가 입장에서 임금을 올려 줘야 하는 등의 급한 일이 생겼을 때 투입하려고 대기시켜 놓은 사람들이기 때문입니다. 일자리를 잃은 사람들, 농촌에서 몰락해 도시로 올라와 어떤 일이든 시키면 할 자세가 되어 있는 사람들, 아주 절박한 처지에 몰려 있으면서도 어쩌다 겨우 일자리를 구하는 빈민 노동자나 이주노동자들 등이 산업예비군에 속합니다. 자본은 산업예비군을 활용해서 노동자들의 임금을 적당한 수준으로 유지합니다. 임금을 올려 달라고 하면 바로 자르고, 예비군 중에서 충원하면 되기 때문입니다.

실업과 관련해서 마지막으로 한 가지만 더 말씀드리겠습니다.

앞에서 살펴본 대로 자본의 축적이 진행되는 한 상대적 과잉 인구는 항상 생깁니다. 그런데 주류경제학에서는 사람들이 무엇을 하든지 만족도가 제일 큰 쪽을 합리적으로 선택한다고 말합니다. 얼핏 듣기에 그럴듯합니다. 이런 논리에 따라 주류경제학은 노동자들이 일자리를 구할 때에도 '일을 해서 얻는 만족'과 '일을 안 해서 얻는 만족' 가운데 어느 쪽이 큰가에 따라서 일자리를 구하거나 아니면 일을 안 하고 논다고 가르

칩니다. 이걸 '일과 여가 중에 효용이 큰 쪽을 선택한다.'고 표현합니다. 일을 하는 게 더 만족스러우면 직업을 갖고 아니면 직업을 안 갖고 논다는 뜻입니다. 정말 현실과 동떨어진 논리입니다. 사람들은 누구나 일할 수밖에 없는 처지입니다. 일자리 없는 사람은, 여가를 즐기기 위해서 일을 안 갖는 쪽을 선택한 것이 아니라 단지 일자리를 못 구한 것뿐입니다. 패리스 힐튼이라고 힐튼 호텔 상속자로 돈은 넘치도록 많고 항상 사고만 치고 다니는 바람에 세계적으로 유명한 사람이 있습니다. 그 사람이 "돈을 벌기 위해 일해야 하는 줄 몰랐다."고 예전에 한 말이 생각납니다. 이런 사람 정도나 되어야 직업을 가질까 그냥 놀까를 선택할 것입니다.

취직 시험 볼 때 가끔 경제학 과목이 나오는 경우가 있는데 이때 경제학은 주류경제학입니다. 당장 일자리 때문에 경제학 과목 공부하는 많은 사람이, 경제학이 가르치는 '일과 여가의 선택'을 달달 외웁니다. 일을 안 하는 상태인 취업 준비생은 자기가 좋아서 여가를 선택한 게 아닙니다. 하지만 책에서 그렇다니까 그냥 외웁니다. 바로 그 경제학 때문에 자신의 실업이 계속되는 걸 깨닫지 못하는 건 안타까운 일입니다. 자본주의가 계속되는 한 실업도 계속됩니다.

13

그들만의 이상한 나누기

- 가치의 분배

12장까지 우리가 알아본 내용은 첫째 자본은 무엇인지, 둘째 가치와 잉여가치는 어떻게 만들어지는지, 셋째 자본은 어떤 식으로 순환하고 회전하는지, 넷째 자본은 어떻게 쌓이는지, 다섯째 자본이 쌓이는 과정에서 일어나는 유기적 구성의 고도화는 무엇인지 등입니다. 지금까지 알아본 모든 내용은 결국 생산이 어떤 식으로 이루어지는지와 관련되어 있습니다. 이 세상에 없던 것이 '짠' 하고 만들어지는 원리가 무엇인지 알아본 것입니다.

이제부터 궁금한 것은 생산된 것들을 사람들이 어떻게 나눠 먹는가 하는 점입니다. 쉽게 말해서 지금까지 알아본 것은 먹고 살기 위해서 '도대체 밥을 어떻게 짓는가?' 그 방법과 원리라면, 이제는 다 지은 밥을 식구들끼리 어떤 식으로 나눠 먹는가 하는 점을 알아보겠다는 것입니다. 밥만 실컷 해 놓고 나눠 먹지 않으면 밥은 하나 마난데, 나누어 먹을 때는 어느 집이나 나름대로 원칙이 있습니다.

"야! 너는 돈도 못 벌어 오고 만날 집에서 뒹굴거리니까 밥 먹지 마!"
"그리고 당신은 돈 잘 벌어 오니까 밥 두 그릇!"

언제나 술에 취해서 사는 찔찔이가 오랜만에 자기도 가사 노동을 좀 해 보겠다면서 밥을 푸다가 저런 식으로 아이들을 차별하면 어떤 일이 벌어질까요. 상상만 해도 매우 우울합니다. 가족은 최소한 밥 먹는 것 가지고 사람을 차별하지는 않습니다. 누구는 돈 많이 벌어 온다고 밥 많이 주고, 돈 못 벌어 오는 사람은 굶기지 않습니다. 가족 안에서는 자본주의적 원리가 작동하지 않는다는 것입니다. '능력만큼 일해서' 돈 벌어 오고, '필요한 만큼' 밥을 먹습니다. 공산주의적 원리가 작동합니다. 이런 원리를 토대로, 생산된 밥이 분배됩니다. 물론 밥하는 문제를 따지면, 공산주의적 원리가 정확히 작동되는 건 아닙니다. 밥 먹는 건 차별 안 하지만 밥하는 것에는 엄연히 차별이 존재합니다. 자본가가 지배하는 자본주의에서 노동자가 항상 가치를 생산하는 노동을 하듯, 가부장이 지배하는 가부장제 사회의 집에서는 여자가 항상 밥을 생산하는 노동을 하기 때문입니다.

어쨌거나 생산한 것을 '어떻게 나눠 먹느냐'는 매우 중요한 문제입니다. 집에서 밥 먹을 때에도 방금 말씀드린 어떤 원리가 있는 것처럼 자본주의에서 가치를 나누는 방식과 원리도 따로 있습니다. 여기서는 이 점에 대해 알아보겠습니다. 이를 통해 자본주의에서 노동자가 만든 가치를 자본가와 노동자들이 어떻게 나눠 먹는지에 대해 총체적으로 그림을 그려 보겠습니다.

노동자를 홀리는 월급

자본주의에서 노동자는 노동력을 팔아서 임금을 받습니다. 그리고 자본가는 노동자의 노동으로 만들어진 잉여가치를 가져갑니다. 이 점에 대해서는 이미 앞에서 다 살펴봤습니다. 필요노동 시간에 해당하는 가치는 노동자가 임금으로 가져가고, 나머지 시간에 노동자가 만든 가치는 자본가가 가져갑니다.

그런데 노동자는 노동의 대가를 받지 않고 계속 잉여가치를 빼앗기는데도 실제로는 그걸 아무도 모른 채 그냥 살아갑니다. 이런 일이 일어나는 이유는 바로 '임금'이 그 사실을 감추고 있기 때문입니다. 노동자들은 평소에 빨리 월급날이 오기만을 기다립니다. 월급 받는 게 사는 유일한 낙입니다. 사실 그 몇 푼 되지도 않는 월급이지만 그거라도 없으면 당장 먹고살 길이 막막해집니다. 해고되거나 재계약을 거부당해서 월급날이 사라진다면 그것처럼 앞이 캄캄한 일은 없습니다. 그래서 '임금'이 매우 중요합니다. 그런데 문제는 이 임금이라는 놈이 겉으로는 착한 얼굴을 하고 뒤로는 호박씨 까는 아주 헷갈리는 존재라는 것입니다.

옛날 조선 시대 임금들도 겉으로는 착한 얼굴을 하고 뒤로 호박씨 까는 경우가 많았는데 지금 '임금'도 똑같습니다. 임금이 사람을 자꾸 헷갈리게 하는 이유는 이렇습니다. 우선 자본가는 노동자에게 한 달 동안 수고했다면서 한 달치 임금을 줍니다. 노동자들은 이때 이 돈이 한 달 동안 노동한 대가로 받은 것이라고 착각합니다. 노동력의 가격이 아니라 노동의 대가로 오해한다는 것입니다. 하지만 우리가 그동안 여러 번 확인한 대로 임금은 노동력의 가격이지 노동의 대가가 아닙니다.

그런데도 여전히 압도적으로 많은 사람은 임금이 아무리 봐도 노동의 대가인 것 같다고 생각합니다. 그도 그럴 것이 노동자는 항상 일을 다 하고 나서 임금을 받습니다. 다른 물건 같으면 보통 돈을 받고 물건을 내주지만 노동자는 돈을 받기 전에 노동이라는 물건을 내줍니다. 만약 돈을 받고 일을 시작하는 게 일반적이라면 모르겠는데 꼭 일한 다음에 돈을 받으니까 그 돈이 일한 대가라고 생각하는 것입니다.

"이 사과 얼마예요?"

"1,000원이요."

"자, 여기 있습니다. 1,000원."

"네, 감사합니다. 사과 받으세요."

이렇게 보통은 물건 사려는 사람이 물건 파는 사람한테 가격을 물어보고 돈을 줍니다. 그러면 물건 파는 사람은 돈을 받은 다음에 그 물건을 건네줍니다. 그런데 노동력이라는 상품은 보통 상품과 좀 다르게 거래됩니다. 만약 노동력도 다른 상품처럼 거래된다면 아마도 이런 일이 생길 겁니다.

"당신 노동력은 하루에 얼마입니까?"
"하루에 1,000원입니다."
"자, 여기 있습니다. 1,000원."
"네, 감사합니다. 제 노동력 하루치를 받으세요."

현실에서는 자본가가 노동자에게 하루 일당이 얼마냐고 물어본 다음 그 노동자의 노동력을 살 마음이 있으면 돈을 먼저 주고, 돈을 받은 노동자는 자기의 하루치 노동력을 제공하는 식으로 자본가와 노동자 사이에 거래가 이루어지지 않습니다. 실제로 자본가와 노동자 사이의 거래는 이런 식으로 이뤄집니다.

"하루에 1,000원 줄 수 있는데 일할래요?"
"네, 그럼요."
"좋아요. 그럼 다 일하고 나면 1,000원 줄게요."
"네, 일단 그럼 하루치 일을 하겠습니다."

이렇게 자본가와 노동자가 노동력을 거래할 때에는 노동력이라는 물건의 가격을 노동력을 파는 노동자가 아니라 그 물건을 사는 자본가가 제시합니다. 자본가는 그러고 나서도 돈을 먼저 주고 물건을 받는 것이 아닙니다. 물건을 일단 받아서 다 쓴 다음에 돈을 줍니다.

임금은 노동의 대가가 아니라 노동력의 가격이고, 노동력의 가격은 노동력이 재생산되는 비용이라고 했습니다. 노동력이 재생산되는 비용은 노동자가 정하는 것이 아닙니다. 방금 전 사례에서도 자본가는 노동자에게 일을 시키기 전에 우선 노동력 재생산 비용을 자기가 알아서 1,000원이라고 정했습니다. 그런데도 노동자들이 임금을 노동의 대가라고 생각하는 것은 일하기 전이 아니라 일하고 나서 돈을 받기 때문입니다. 이 때문에 노동자는 노동의 대가를 있는 그대로 받지 못하면서도 잉

여가치를 빼앗기는 것을 모릅니다. 게다가 시간급이나 성과급 같은 방식으로 임금이 정해져 이런 사실을 더욱 알기 어려워집니다. 마치 정말로 일한 만큼 대가를 받는 것 같은 착각에 빠집니다.

"열심히 일해서 성과를 내면 성과급 받는 거 당연한 거 아냐? 원래 임금이 일한 만큼 받는 거니까 성과를 많이 내면 돈 더 받는 것도 당연하지."

성과를 더 많이 내면 돈을 더 받는 거야 당연합니다. 하루에 빵 10개를 만들던 노동자가 20개를 만들면 당연히 돈을 더 많이 받아야 합니다. 성과급 제도가 있는 회사에서는 일을 더 하면 돈을 더 받고, 일을 못하면 돈을 조금 받으니까 역시 임금은 일한 만큼 주는 것이라는 생각이 쉽게 퍼집니다. 하지만 성과급을 받는 경우에도 노동자는 잉여가치를 여전히 빼앗깁니다. 왜냐하면 자기 먹을 것을 챙기지 않고 노동자들에게 정말 일한 만큼 챙겨 준다면 자본가로서는 남는 게 하나도 없을 것이기 때문입니다. 자기가 가져갈 잉여가치가 안 생긴다면 자본가는 성과급 제도를 당장 그만둘 것입니다.

게다가 성과급 제도는 사실 노동자들을 너무 힘들게 하고, 나중에는 노동자들 임금을 전체적으로 떨어뜨립니다. 서로 일 많이 해서 옆 동료보다 한 푼이라도 더 받으려다 보면, 노동자들끼리 경쟁이 심해집니다. 노동 강도는 더 강화됩니다. 노동 강도가 강화되면 절대적 잉여가치가 더 생겨서 그 이익이 자본가에게 돌아간다는 이야기는 앞에서 설명드린 대로입니다.

시간급도 마찬가지입니다.

"시간급은 시간 기준으로 임금 계산해서 주는 거잖아. 그러니까 임금은 일한 시간만큼 정확히 돈을 주는 거라고 할 수 있지. 중간에 빼 갈 게 뭐가 있어."

시간급은 분명히 시간에 따라 임금을 계산하긴 합니다. 하지만 시간급으로 임금을 계산하는 경우에도 자본가가 자신이 챙겨 갈 잉여가치까지 내주지는 않습니다. 성과급과 마찬가지로 시간급도 자본가가 노동자에게 임금을 주고 나서 남는 게 하나도 없다면 자본가라는 직업을 당장 때려치우거나 시간급 제도를 없앨 것입니다. 노동력 재생산에 드는 비용이 하루에 1,000원인 노동자는 하루 10시간을 노동해서 1,200원의 가치를 만들어 냅니다. 그리고 일당으로 1,000원을 받습니다. 이 1,000원은 시간당 100원으로 계산한 돈입니다. 만약 이 노동자가 11시간을 일했다면 일당으로 1,100원을 받습니다. 그렇지만 이 노동자는 그 11시간 동안 예를 들면 1,300원의 가치를 생산했을 것입니다. 시간으로 임금을 계산하는 것이 대단히 정확한 임금 계산법 같지만, 사실은 노동자가 창조하는 잉여가치를 처음부터 빼고 한 것일 뿐입니다.

결국 성과급이든 시간급이든 어떤 경우에도 자본가는 노동자에게서 잉여가치를 가져갑니다. 임금을 어떤 방식으로 주든지 상관없다는 겁니다. 따라서 성과급을 받는 노동자든 시간급으로 월급을 계산하는 노동자든 노동자는 자기가 일한 만큼의 대가를 받지는 못합니다. 다만 시간급, 성과급 같은 임금의 체계 때문에 임금이 노동의 대가인 것처럼 자꾸 헷갈리는 겁니다.

그들의 이상한 분배

노동자가 '임금'이라는 형태로 자신이 만든 가치 중에서 일부만을 갖는다면 자본가들은 과연 어떤 식으로 가치를 가져가는가? 물론 자본가는 노동자가 만든 잉여가치를 가져갑니다. 그런데 산업자본, 상업자본, 금융자본 그리고 토지 소유자는 잉여가치를 가져가는 방식이 다 다릅니다. 산업자본은 지금까지 내내 살펴봤던 것처럼 노동자를 일 시켜서 잉여가치를 곧바로 가져갑니다. 그런데 상업자본과 금융자본, 토지 소유자는 다릅니다. 우선 이들은 자신들이 직접 새로운 가치를 창조하지 않습니다. 산업자본과 근본적으로 다른 구석이 있다는 겁니다. 그래서 잉여가치도 산업자본과는 다른 방식으로 가져갑니다.

상업자본과 금융자본, 토지 소유자들은 직접 새로운 가치를 창조하지 않는다는 점을 일단 조금 살펴보겠습니다. 상업자본은 세상에 없던 걸 만들어 내지 않습니다. 산업자본한테서 물건을 사다가 파는 게 일인데 아무리 물건을 많이 사다 팔아도 중간에 뭐가 새롭게 만들어지지는 않습니다. 빵 10개를 사다가 파는 순간 갑자기 11개가 되지는 않습니다. 휴대폰을 사다가 판다고 휴대폰 개수가 달라지는 건 아닙니다. 지난 7장과 10장에서도 이 점을 살펴봤습니다.

금융자본도 마찬가지입니다. 금융자본은 세상에 없던 걸 만들어 내지 않습니다. 그냥 돈만 거래하는 곳이 금융자본인데 아무리 돈을 거래해봐야 그 과정에서 빵이 만들어지는 것도 아니고 휴대폰이 만들어지지도 않습니다. 그저 돈만 왔다 갔다 할 뿐입니다. 땅을 소유한 사람 역시 마찬가지입니다. 땅을 소유한 사람은 단지 땅을 가지고 있을 뿐 아무것도 하지 않지만 땅값이 오르면 이익을 얻습니다. 그러나 땅을 소유하고 있다는 것만으로는 어떤 가치도 새롭게 만들어 낼 수 없습니다. 예를 들어 땅 가지고 있는 사람이 10년 동안 아무것도 안 하고 그 땅을 방치해 놨다고 칩시다. 농사도 안 짓고, 거기에다 집을 짓지도 않고 10년 동안 내버려 두면 나무나 풀은 자랄 수 있지만 그냥 방치된 채로 남아 있을 것입니다. 그 땅에서 자동으로 쌀 10가마니가 나오거나, 저절로 아파트가 생기거나, 땅속에 있던 석탄이 자동으로 솟아오르는 일은 결코 없습니다. 땅을 가지고 있는 것만으로는 어떤 새로운 가치도 생기지 않으며 오직 그 땅 위에서 노동자가 노동을 해야만 쌀도 생기고, 석탄도 캘 수 있으며 집도 지어집니다.

상업자본이나 금융자본이 아무것도 생산하지 않는다는 것, 토지 소유 자체만으로는 어떤 것도 만들어지지 않는다는 건 누가 보더라도 명백합니다. 하지만 이들도 분명히 돈을 벌고 있고, 그 돈은 점점 불어나고 있습니다. 자본이 분명하다는 이야기입니다. 스스로 아무것도 생산하지 않는데 점점 몸집이 불어난다는 것이 바로 상업자본, 금융자본 그리고 토지 소유자의 특징입니다. 그렇다면 이들이 차지하는 가치는 자기들 내부가 아니라 바깥에서 가져올 수밖에 없습니다. 도시 사람들은 스스로 농사를 짓지 않습니다. 따라서 다른 사람이 생산한 걸 가져다 먹을 수밖에 없습니다. 집에 있는 아이들은 자기가 직접 밥을 짓지 않습니다. 하지만 먹고 살아야 해서 부모님이 생산한 밥을 먹습니다. 상업자본과 금융자본, 토지 소유자도 마찬가지입니다.

자, 그렇다면 상업자본과 금융자본, 토지 소유자는 가치를 어떤 식으로 어디서 가져오는 걸까요. 결론부터 말하자면 상업자본과 금융자본, 토지 소유자는 산업자본이 노동자한테서 가져온 잉여가치나 이윤을 나눠 먹습니다.

산업자본에서 독립한 상업자본

상업자본은 스스로 물건을 만들어 내지 않고 다만 물건을 손님들한테 팔기만 합니다. 이 과정에서 처음에 산업자본 쪽에서 만들어진 잉여가치를 일부 나눠 갖습니다. 상업자본이 이런 성격을 갖게 된 것은 원래 물건을 파는 일도 산업자본이 하는 일인데 상업자본이 따로 나눠 맡았기 때문입니다.

10장에서 자본은 처음엔 돈의 형태로, 그 다음엔 생산자본, 그 다음엔 생산된 물건의 형태 그리고 그 물건을 팔아서 다시 돈의 형태로 변신을 거듭한다는 점을 살펴봤습니다. 그런데 자본 입장에서는 이렇게 화폐자본에서 생산자본으로, 생산자본에서 상품자본으로 그리고 상품자본에

서 다시 돈으로 아무 문제없이 일사불란하게 변하는 걸 좋아합니다. 이게 잘 안 되면 문제가 여러 가지로 생깁니다. 이 점에 대해서도 10장에서 살펴봤는데요, 따라서 자본의 입장에서는 문제가 생길 만한 과정을 직접 안 챙기고 다른 자본한테 맡겨서 그것만 전문적으로 하게 하면 훨씬 좋을 수 있습니다. 각각의 자본이 독립해서 자기 일만 열심히 하면 전체적으로 훨씬 효율적이지 않겠는가 하는 것입니다.

산업자본 엄마와 상품자본 딸이 나누는 대화를 들어 보시겠습니다.

"너 독립해라!"

"왜요?"

"내가 상품자본 너까지 다 챙기려니까 힘들어 죽겠다. 아주."

"아니 딸린 식구가 얼마나 된다고 힘들다고 그래요? 화폐자본, 생산자본, 상품자본, 셋밖에 더 돼요?"

"그렇긴 한데, 아무튼 힘들어. 하나하나 일일이 챙기기도 힘들고. 그러지 말고 따로 독립해라. 너한테도 훨씬 좋을 거니까."

"뭐, 정 그렇다면 할 수 없죠. 알았어요. 독립할게요. 그 대신에 이름 새로 지을래요."

"뭐라고? 그냥 상품자본 이름 좋은데 그대로 살지……."

"아니요. 상품자본은 엄마한테 얹혀살 때 이름이고, 독립했으니까 인제 이름도 엄마랑 비슷한 수준으로 바꿔야죠. 난 상업자본이라고 할래요, 상업자본."

이렇게 상업자본은 산업자본에서 갈라져 나온 것입니다. 원래 산업자본 내부에서 하던 일을 밖으로 독립해 나와서 하겠다는 겁니다. 물론 역사를 보면 산업자본보다 상업자본이 먼저 생겼습니다. 그래서 상업자본이 산업자본에서 갈라져 나왔다고 하면 이해가 안 갈 수 있습니다. 하지만 그때 상업자본은 산업자본이 제대로 등장하기 전에 식민지 같은 데서 물건을 싸게 사거나 억지로 빼앗아서 팔았습니다. 하지만 산업자본이 자본주의를 장악한 다음에는 상업자본이 산업자본을 보조하게 된 것입니다. 그 과정에서 산업자본에서 만들어진 잉여가치를 상업자본이 나눠 갖는 식으로 돈벌이 방법 역시 바뀌었습니다. 상업자본은 산업자본이 하는 상품 판매 업무를 대신하게 되었습니다.

이렇게 하면 산업자본 입장에서는 물건 파느라고 따로 시간 버리지 않아도 되고, 물건 판 돈을 도로 거두어들이지 못할 경우 또 따로 투자할 돈을 마련해야 하는데 그럴 필요도 없어집니다. 상업자본이 독립해서 자기 역할을 해 주면 산업자본으로서는 그보다 좋은 일이 없습니다. 이렇게 상업자본은 원래 산업자본이 하던 일을 나눠 맡는 동시에 산업자본의 걱정거리를 덜어 주었습니다.

그런데 상업자본이 하는 일이 무엇인지에 대해서 사람들이 많이 헷갈려 합니다. 상업자본은 구체적으로 물건을 손님한테 넘겨주는 일, 즉 순수한 매매 활동을 합니다. 물건을 넘겨주고 돈으로 받습니다. 이걸 잘 이해해야 합니다. 보통 물건을 창고에 보관하는 일, 다른 곳으로 나르고 배달하는 일 등은 순수한 매매 활동과 조금 다릅니다. 상품을 생산한 곳에서 사서 소비할 사람이 있는 곳으로 옮기는 것이나 그 상품을 소비할 사람이 나타날 때까지 기다리는 것은 단순히 물건을 주고 돈으로 바꾸는 행위와는 다릅니다.

순수한 매매 활동의 경우를 보겠습니다.

"빵 하나에 얼마죠?"

"100원이요."

"하나 주세요."

"여기 있습니다."

"자, 빵 값 100원 받으세요."

"네, 감사합니다."

오직 이것만이 순수한 매매 활동입니다. '순수한 매매 활동' 즉, 순전히 물건을 사고파는 일만이 상업자본의 일입니다. 그런데 현실에서 상업자본은 순수한 매매 활동 말고 다른 일도 합니다. 물건을 보관도 하고, 운송도 하고, 어떤 경우에는 배달도 합니다. 이런 일들은 순수한 매매 활동과 달리 가치를 창조합니다. 예를 들어서 물건 보관하는 일은 새로운 물건을 창조하는 것과 같습니다. 오늘의 물건과 한 달 후의 물건은 다릅니다. 물건 보관하는 노동이 있지 않았으면 한 달 후의 물건은 있을 수 없기 때문입니다. 따라서 보관업은 새로운 걸 창조하는 것과 마찬가지입니다. 또한, 서울의 물건과 부산의 물건은 다릅니다. 물건을 운송하거나 배달하지 않으면 서울에서 만든 물건은 죽어도 부산의 물건이 될 수 없습니다. 따라서 운송업, 배달업은 부산의 물건을 새롭게 창조하는 일입니다. 그러므로 보관, 운송, 배달업은 단지 물건을 돈으로 바꾸는 상업자본의 일이 아닙니다. 현실에서는 이런 일이 다 겹쳐 있지만 개념을 구분하자면 그렇다는 것입니다.

또 하나 구분할 것은 화폐 거래 행위입니다. 화폐 거래 행위 중 대표적인 것으로 '환전'이 있습니다. 한국 돈 원화를 주고 미국 돈 달러를 사는 일 등을 보통 '환전한다.'고 말합니다. 그런데 이런 화폐 거래 행위는 '개념상'으로만 보면 상업자본의 일입니다. 보통은 이것을 은행 같은 금융자본이 하는 일 아니냐고 할 수 있지만 엄밀히 말하면 은행이 하는 일은 돈을 빌려 주고 이자 받는 게 핵심입니다. 화폐 거래 행위는 상업자본이 하는 보통의 매매 활동과 똑같이 돈을 받고 물건을 넘겨주는 일입니다. 다만 화폐 거래 행위는 돈을 받고 넘겨주는 물건 역시 돈이라는 점만 다를 뿐입니다. 그래서 개념상으로 화폐 거래 행위는 상업자본의 역할입니다. 그러나 현실에서 화폐 거래 행위는 역시 돈을 움직이는 일이라서 그런지 은행 같은 금융자본이 맡고 있습니다.

'가짜 자본' 굴리는 금융자본

이번에는 금융자본이 어떻게 잉여가치를 가져가는지 보겠습니다.

금융자본 중에서도 은행은 주로 기업한테 돈을 빌려 주고, 빌려 준 돈의 이자를 받아먹고 삽니다. 요즘은 기업보다는 개인한테 더 많이 빌려주긴 하지만 원래 은행은 개인들이 저축한 돈을 모아서 기업한테 빌려주는 역할을 했습니다. 그 과정에서 기업한테서 받는 이자가 은행의 돈벌이였습니다.

그러면 이자는 어디서 오는 걸까요? 이자는 회사가 기업 활동을 해서 벌어들인 돈 중에서 일부를 은행에게 주는 겁니다. 이 돈은 당연히 노동자한테 줬어야 할 잉여가치입니다. 그러니까 은행은 기업이 착취한 잉여가치 중 일부를 '이자'라고 해서 가져가는 것입니다. 은행 입장에서는 자기들이 빌려 준 돈으로 산업자본이 물건을 어려움 없이 만들어 낸 것이니 이자를 받는 게 당연하다고 주장할 겁니다. 맞습니다. 은행과 산업자본은 이런 식으로 협조해서 잉여가치를 만들어 냅니다. 그리고 산업자본은 은행에게 고맙다는 의미로 자신이 노동자한테 빼앗은 잉여가치 중 일부를 떼어 주는 겁니다.

금융자본 가운데에는 주식, 채권 같은 것에 투자해서 돈을 버는 금융자본들이 있습니다. 최근엔 이런 회사들이 한참 인기가 있습니다. 그런데 이런 자본들은 모두 '가짜 자본'입니다. 삼성전자 주식은 삼성전자에서 발행한 것이고, 삼성전자가 잘 나가면 주식도 뛰긴 합니다. 하지만 삼성전자 주식과 삼성전자의 실물 자본, 그러니까 실제 물건으로 존재하는 자본, 예를 들면 공장이나 생산 설비 같은 것하고는 아무 관계도 없습니다. 오늘 주식이 두 배로 뛰었다고 해서 공장도 갑자기 두 배로 뻥튀기 되지는 않습니다. 내일 주식이 반 토막 난다고 공장 안에 있던 기계 반이 갑자기 사라져 버리느냐 하면 그런 일도 없습니다. 주식은 그냥 주식시장에서 자기들끼리 따로 놉니다. 공장이나 기계 혹은 노동자들이 뭘 하든 상관없이 자기들끼리 사고팔고 하면서 가격이 올랐다 내렸다 합니다. 그래서 주식 같은 형태로 움직이는 자본은 가짜 자본입니다.

이렇게 실물 자본하고는 전혀 관계가 없는 가짜 자본을 뭐하러 만들어 내는 걸까요? 원래 주식은 회사에 얼마를 투자했는지 나타내는 종이로 된 증서입니다. 1,000원짜리 종이돈엔 '1,000원'이라고 적혀 있듯이, 주식에는 '삼성전자 5,000원'이라고도 적혀 있고, '현대자동차 10,000원'이라고도 적혀 있습니다. 삼성전자 주식 5,000원짜리를 한 장 가지고 있는 사람은 삼성전자에 5,000원을 투자한 사람이고, 현대자동차 주식 10,000원짜리를 가지고 있는 사람은 당연히 현대자동차에 10,000원을 투자한 사람입니다. 이렇게 사람들의 투자를 받아서 만든 회사를 보통 주식회사라고 합니다. 주식회사는 은행 대출만 받아서는 회사를 만들고 운영하는 것이 쉽지 않아서 사람들이 고민하다가 생각해 낸 회사 만드는 새로운 방법 중 하나입니다. 은행에서 대출받은 회사는 나중에 대출금을 갚아야 하니까 부담스럽습니다. 또 어떤 사람이 오랜만에 큰 사업을 하나 구상했는데, 이게 돈이 엄청 들어가는 데다가 이익을 내는 데 한 10년은 걸린다면, 이 경우 은행에서 돈 빌리기도 쉽지 않을 겁니다. 은행 입장에서는 과연 빌려 준 돈을 돌려받을 수 있을까 중간에 망하진 않을까 하는 의심이 들기 때문입니다. 이런 이유로 은행에서 대출받는 것 말고 회사 만들 다른 방법은 없을까 고민하던 중 생겨난 아이디어가 바로 주식회사입니다.

"야! 내가 좋은 아이디어 있는데 우리 돈 모아서 사업 한 번 크게 해 볼까?"

친구들 서너 명이 모여서 이런 얘기를 하고 정말로 돈을 모아서 사업하는 경우가 있습니다. 그런데 사업 규모가 아주 커지면 얘기가 달라집니다.

"내가 좋은 아이디어가 있는데 돈 좀 모아 보자!"
"얼마나 드는 사업인데?"
"응 500억 원."
"500원이 아니고?"

이럴 경우에는 굉장히 많은 사람한테서 돈을 모아야 합니다. 그냥 주변에 아는 친구들한테만 돈을 모아서는 사업 밑천을 장만할 수가 없습니다. 이럴 때 쓰는 방법이 바로 주식을 발행해서 돈을 모으는 것입니다.

"사업을 키워야 하는데 자금이 부족하구만. 그냥 돈 좀 모아 보자고 하면 없어 보이고, 주식을 발행하는 건 어떠십니까."

"주식을 발행한다고? 얼마나?"

"만 원짜리 500만 장이요."

"오호, 배포가 크구먼. 근데 말이 주식을 발행하는 것이지 그냥 사람들한테 만 원이라고 쓴 종이 쪼가리를 나눠 주고 돈 걷는 것 아니야?"

"맞습니다. 맞긴 맞는데요. 사람들 입장에서도 손해 볼 건 없습니다."

"왜 그런데?"

"만 원짜리 주식을 사서 가지고 있으면 나중에 매년 우리 회사 이익을 조금씩 나눠 주겠다고 약속하면 되지요. 다른 회사도 이런 걸 '배당'이라고 해서 다 하고 있습니다."

"그게 다야?"

"아니요. 또 있습니다. 만 원짜리 주식 산 사람들은 보통 그냥 그 주식을 갖고 있는 게 아니고, 주식시장에 가서 주식 가격이 오르면 팔아서 남겨 먹기도 합니다."

"그래? 그럼 우리 회사가 잘되면 주식 가격이 오르겠구먼."

"그렇죠. 이게 주식을 발행하는 우리도 좋고, 주식을 사는 사람도 좋고 '누이 좋고 매부 좋고'죠."

"듣고 보니 그렇구먼."

이렇게 원래 주식은 주식회사를 세우려고 발행한 것입니다. 주식을 발행하면 그냥 시중에 떠돌던 노는 돈들, 이런 걸 '유휴 자본'이라고 하는데요, 이런 돈들이 몰립니다. 그러니까 자본주의 전체 입장에서 보면, 그냥 아무것도 안 하고 노는 자본을 주식을 통해 한 회사에 몰아주는 것

은 매우 좋은 일이라고 할 수 있습니다.

그런데 한 번 발행된 주식은 주식시장에서 사고팔면서 비싸지기도 하고 싸지기도 합니다. 주식시장은 방금 그 회사처럼 주식을 발행하고 사람들이 그 주식을 사는 곳인 '발행 시장'과 한 번 발행한 주식을 사고파는 '유통 시장'으로 나뉩니다. 보통 사람들이 알고 있는 주식시장은 주식을 거래하는 유통 시장을 말합니다. 증권사 객장에서 녹색과 빨간색 글자와 화살표가 정신없이 깜박거리는 숫자판 앞을 쇼파에 푹 파묻혀서 노려보는 사람들 모습이 텔레비전에서 가끔 나오는데 이게 바로 주식시장의 한 모습입니다.

요즘엔 주식 거래를 아예 본업으로 삼는 회사들도 많습니다. 최근에 '금융자본'이라고 하면 바로 이런 회사들을 가리킵니다. 그런데 이미 주식시장에서 주식을 사고팔면서 이익을 내는 것은 실물 자본과는 전혀 관계가 없다고 아까 말씀을 드렸습니다. 주식 거래는 이미 발행된 주식을 사고팔고 사고팔고 또 사고팔고를 반복하는 것에 불과합니다. 이 과정에서 따는 사람이 있으면 반드시 잃는 사람이 있습니다. 고스톱 칠 때 딴 사람이 있고 잃는 사람이 있는 것과 똑같습니다. 아무리 주식에 투자해서 돈을 많이 벌었다고 해도 그것 때문에 세상에 없던 가치가 새로 창조되는 일은 없습니다. 주식 투자로 10억 원을 누군가 벌었다고 해도 그 과정에서 빵 한 조각 창조되지 않는다는 것입니다. 이런 점을 고려해서 심지어 주류경제학에서도 주식에 돈 쓰는 건 투자가 아니라고 가르칩니다. 주식에 투자해서 번 돈은 국내총생산에 안 들어갑니다. 물론 주식 투자를 하면 금융자본의 경우는 돈을 많이 벌기도 합니다. 이건 누군가가 돈을 잃었기 때문입니다. 누군가의 돈을 가져다가 부자가 되는 사람을 보통은 '도둑'이라고 합니다.

땅 주인이 '돈 주인'

자본주의에서 토지 소유자는 어떻게 이윤을 얻는지 살펴보겠습니다. 토지 소유자는 자신이 아무런 노동을 하지 않아도 단지 땅을 가지고 있다는 이유 하나만으로 이윤을 얻습니다. 토지 소유자가 얻는 이런 이윤을 지대라고 합니다. 쉽게 '임대료'라고 생각하면 되겠습니다.

그런데 토지 소유자가 지대를 받는 이유는 토지의 특징과 관계 있습니다. 토지, 즉 땅은 그 자리에 오직 하나밖에 없습니다. 상식적인 이야기입니다. 빈대떡은 늘리면 좀 늘어나지만, 땅은 늘리고 말고 할 수 있는 게 아닙니다. 또한 땅은 옮길 수도 없습니다. 시골의 땅 부자가 그 땅을 서울로 옮기면 더 큰 부자가 될 수 있을 테지만 그럴 수는 없습니다. 사람이 세상 모든 물건을 다 옮길 수 있다고 해도 땅만큼은 항상 그 자리에 있습니다. 게다가 한 자리에 하나뿐이고 어디 다른 곳으로 옮길 수 없는 이 '땅'은 자동차나 빵처럼 대량 생산도 못합니다. 그래서 땅을 가지고 있는 사람들은 자신이 노동해서 새로운 가치를 창조하지 못하더라도 그냥 우기면 됩니다. 땅을 빌려 주는 대가로 돈을 달라고 당당하게 말할 수 있다는 것입니다. 결국 토지 소유자가 얻는 지대란 어디 다른 곳에서 생산한 가치가 토지 소유자에게로 흘러들어 가는 것인데, 그렇다면 어디서 누가 생산한 가치일까요. 이게 중요합니다.

지대에는 차액지대, 절대지대, 독점지대가 있습니다. 물론 이것 말고도 다른 종류의 지대들이 더 있긴 한데 여기서는 주로 이 세 가지에 대해서 설명드리겠습니다.

우선 차액지대는 어떤 땅이 다른 땅들보다 좋은 경우에 받는 지대입니다. 다른 땅보다 좋기 때문에 거기서 뭔가를 생산하면 다른 땅에서 생산한 것보다 이윤에서 '액수에 차이가 생기니(차액)' 그것을 임대료로 받겠다는 뜻입니다. 다른 땅보다 좋다는 기준은 대개 두 가지인데, 하나는 그 땅이 얼마나 기름진가 즉 '비옥도'가 얼마나 높은가이고, 또 하나는 얼마나 '위치'가 좋은가 하는 것입니다. 땅을 빌려 농사짓는 경우에는 비옥도가 아주 중요합니다. 같은 농사를 지어도 어떤 땅에서는 일 년에 쌀이 10가마니 나는데 그 옆 땅에서는 30가마니가 나면 버는 돈이 확 차이가 날 겁니다.

농사가 아니라 집이나 공장을 짓는 경우에는 사정이 다릅니다.

"이야, 이 땅은 정말 기름지구만. 원래 3층 건물 지으려고 했는데 땅이 워낙 비옥도가 좋아서 하루 자고 나니까 6층이 돼 버렸어."

"그래? 나도 비슷한 일을 겪었어. 우리가 예전 공장에서는 하루에 빵 10개를 만들었잖아? 그런데 기름진 땅으로 옮기고 나서는 빵이 20개씩 나와."

이런 일은 없습니다. 집이나 공장 짓는 경우에 중요한 것은 비옥도가 아니라 '위치'입니다. 직장이 많은 대도시에서는 집이 멀리 있느냐 가까이 있느냐에 따라 집값이 달라집니다. 시장에서 공장이 어느 정도 떨어져 있고, 시장까지 물건 실어 나르는 운송비가 얼마나 드느냐에 따라 그 공장에서 만드는 물건 값이 달라집니다. 그런데 이렇게 달라지는 집값이나 물건 값 안에는 그 집이나 공장이 자리 잡고 있는 땅에 대한 지대가 포함되어 있습니다.

방금 전에 차액지대는 다른 땅보다 좋아서 받는 지대라고 했는데, 그렇다면 땅이 어떻게 좋다는 말일까요? 땅이 좋다는 것은 두 가지 경우입니다. 하나는 원래 땅이 좋은 거고, 또 하나는 땅이 좋은 건 아닌데 땅에다 좀 투자해서 좋게 바뀐 경우입니다. 애초부터 좋은 땅에서 받는 지대를 마르크스는 차액지대의 첫 번째 형태라고 했고, 투자해서 좋게 바뀐 땅에서 받는 지대를 차액지대의 두 번째 형태라고 했습니다. 차액지대의 첫 번째 형태는 예를 들면 이런 경우입니다.

"우와~!! 이 땅 정말 괜찮네요."

"하하하. 그렇지요? 제 땅은 근처 다른 땅들하고 비교할 수가 없습니다."

"맞습니다. 제가 선생님한테 땅을 빌려서 1년간 농사를 지었잖습니까? 주변 땅들에서는 쌀 10가마니 정도 생산되는 것 같던데, 이 땅에서는 20가마니나 나왔습니다."

"하하! 맞습니다. 제 땅은 정말 제가 생각해도 참 비옥해요. 근데, 다른 땅들에서는 10가마니밖에 생산 못한다니 기껏 농사지어 봐야 남는 게 없겠는걸요?"

"안 그래도 제가 궁금해서 물어봤는데요, 옆 땅 농사지은 사람도 남긴 남는다고 합니다. 아예 안 남으면 농사를 안 지었을 텐데 그건 아닌 모양이에요."

"그렇군요. 그러면 쌀은 한 가마니에 얼마씩 받고 파나요?"

"저희나 옆 땅이나 가격은 같습니다. 옆 땅이 1가마니를 20만 원에 파는데, 저희도 그 가격에 팔고 있습니다."

"아, 그래요? 우리는 똑같은 힘들여서 20가마니 생산했으니까 대충 한 10만 원만 받아도 되지 않나요?"

"네, 그렇긴 한데요. 뭣 때문에 그렇게 합니까? 어차피 다들 20만 원에 파는 거, 저도 그 가격에 팔면 많이 남고 좋잖습니까."

"그렇군요. 한 가마니당 10만 원에 팔아도 남긴 남는데 그걸 20만 원에 판다? 그럼 한 가마니에 10만 원씩 돈을 더 버는 셈인데, 그건 순전히 우리 땅이 비옥해서 번 돈 아니겠습니까?"

"그, 그건 그렇지요."

"좋습니다. 그러면, 그 돈은 절 주세요. 안 그래도 지대를 얼마로 해야 할지 고민스러웠는데, 그 돈을 지대로 주시면 되겠네요. 그래도 손해 보는 건 아니죠. 그렇지요?"

이렇게 해서 땅을 빌려 준 토지 소유자는 농사를 지은 사람에게서, 그 사람이 주변 농사꾼보다 초과로 벌어들인 이윤을 가져갑니다. 이런 식으로 땅이 원래부터 좋아서 가져가는 돈을 '차액지대의 첫 번째 형태'라고 합니다. 이 경우 다른 땅에서는 쌀이 10가마니 나는데 이 땅에서는 쌀이 20가마니 나니까 겉으로는 순전히 땅이 비옥해서 가능한 일로 보입니다. 그러나 이 땅이 아무리 비옥하더라도 거기서 일하는 사람의 노동이 없었으면 쌀은 한 톨도 나오지 않았을 겁니다. 비옥한 땅에서 생산한 쌀 20가마니 전체는 똑같은 노동력을 투여해서 생산한 옆 땅의 쌀 10가마니 전체와 가치가 같습니다. 20가마니를 생산한 땅의 쌀은 한 가마니당 가치가 낮습니다. 이 쌀들이 같은 가격으로 팔릴 경우 가치가 낮은 쌀을 파는 쪽이 이윤을 초과로 벌어들입니다. 앞에서 말한 특별잉여가치를 챙겨 가는 것입니다. 비옥한 땅은 말하자면 좋은 기계가 있는 공장과 같습니다. 이곳에서 생산된 쌀은 초과 이윤을 얻게 해 줍니다. 그런데 이 경우에는 그 초과 이윤을 자본가가 특별잉여가치로 가져가는 것이 아니라 지대라고 해서 토지 소유자가 가져가는 것입니다.

차액지대의 두 번째 형태는 원래부터 좋은 땅은 아니었지만 거기에 자본을 투자해서 땅이 좋아진 경우에 걷는 지대를 말합니다. 이 경우에 땅이 좋아졌다는 말은 땅을 집약적으로, 즉 이전보다 더 집중적으로 잘 이용할 수 있게 돼서 생산량이 늘어났다는 뜻입니다.

"물길도 좀 새로 놓고, 비료도 팍팍 뿌려서 우리도 1년에 쌀 20가마니 생산해 봅시다."

이렇게 해서 땅이 이전보다 더 비옥해졌고, 그 결과 쌀 20가마니를 생산했다고 칩시다. 그러면 어느새 알고 땅 주인이 찾아옵니다.

"20가마니 난다며? 초과 이윤 생기겠네? 옆 땅처럼!"
"그렇죠."

"그럼, 그거 지대로 내세요."

이렇게 해서 내는 지대가 차액지대의 두 번째 형태입니다.

지금까지 차액지대의 첫 번째, 두 번째 형태를 농업을 예로 들어서 설명했습니다. 원래 마르크스가 영국에서 《자본론》을 쓰면서 염두에 둔 농업은 토지 소유자, 농업자본가, 농업가 따로 구분되어 있는 것이었습니다. 당시 영국은 이렇게 구분돼 있었습니다. 땅을 빌려 주는 토지 소유자가 있고, 그 땅을 빌려서 농사짓는 회사를 운영하는 농업자본가가 있고, 그 회사에 취직해서 일하는 농업노동자가 있었다는 것입니다. 그러니까 결국 토지 소유자가 가져가는 차액지대는 농업자본가 밑에서 농업노동자가 일해서 만든 가치 중의 일부입니다. 물론 이때 농업자본가는 토지 소유자에게 준 지대와 상관없이 자신만의 이윤을 챙겨 갑니다. 이 이윤은 다른 산업자본가들이 그런 것과 마찬가지로 농업노동자가 생산한 잉여가치인 것은 당연합니다.

이와 관련해서 앞에서 사례를 들 때에는 특별히 농업자본가, 농업노동자 구분 없이 그냥 '농사꾼', '농사짓는 사람'이라는 표현을 썼습니다. 그 이유는 한국에서는 토지 소유자, 농업자본가, 농업노동자가 거의 따로 구분되어 있지 않아서입니다. 그냥 작은 자기 땅에서 농사를 짓거나 아니면 땅을 가지고 있는 사람 밑에서 소작을 부쳐 먹는 경우가 많기 때문입니다. 자기 땅에서 농사짓는 사람을 자영농이라고 하는데, 한국에서는 대부분 자영농이 농업에 종사하고 있습니다. 농업자본가가 농업노동자를 고용한 예는 현대기업이 서산에서 큰 규모로 운영하는 농장 정도입니다. 다만 몇 년 전부터 정부가 나서서 농사짓는 회사를 쉽게 만들 수 있게 제도를 바꾸는 등 농업을 영국과 같은 자본주의적 형태로 바꾸려고 시도하고 있어서 나중에는 토지 소유자, 농업자본가, 농업노동자로 나누어 설명하는 것이 더 맞아떨어지리라 봅니다.

이제 절대지대에 대해서 알아보겠습니다. 절대지대는 가장 안 좋은 땅에서 걷는 지대를 말합니다. 절대지대야말로 땅을 가지고 있다는 점 때문에 걷는 지대입니다. 절대적 잉여가치 생산을 설명할 때에도 절대적에는 '무조건'이란 뜻이 있다고 말씀드렸는데 여기서도 똑같습니다. 절대지대란 땅 주인에게 땅을 갖고 있다는 사실만으로 '무조건 내야 하는 임대료'를 말합니다.

"아니, 우리 땅이 안 좋아서 쌀 팔아 봐야 겨우 당신 챙길 이윤밖에 안 나온다고요?"

"네, 그렇습니다. 도대체 지대로 낼 이익이 생겨야 말이죠."

"알았어요. 그럼 내 땅에서 더는 농사짓지 마세요. 내가 그 땅 빌려 줘 봐야 나한테 밥이 나와 쌀이 나와. 아무것도 남는 게 없으면 당연히 안 빌려 주는 게 자본주의의 법칙 아냐?"

부근에서 가장 안 좋은 땅을 가지고 있는 땅 주인이 열받았습니다. 땅을 빌려 줘 봐야 아무것도 남는 게 없다면 차라리 땅을 놀리는 게 속 편합니다. 땅을 빌리려는 사람도 답답합니다. 자기는 남는 것도 없이 땅 주인한테 지대를 준다면 뭐하러 농사를 지을까 싶습니다. 남는 게 하나도 없다면 그냥 집에서 쉬는 게 훨씬 편합니다. 이런 이유에서 가장 안 좋은 땅은 누가 빌려 가지도, 빌려 주지도 않습니다. 그러나 자본주의에서는 언제까지나 이런 땅을 그냥 놀리지는 않습니다. 인구는 점점 늘어나고 이 인구를 먹여 살리려니 쌀도 더 많이 듭니다. 그래서 농사를 지어야 할 땅이 더 필요하게 됩니다. 차액지대를 낼 수 있는 좋은 땅에서 생산하는 것만으로는 쌀이 부족해지자 사람들은 이제 가장 안 좋은 땅에서도 어떻게든 쌀을 생산하려고 마음을 먹습니다. 어차피 인구가 늘어나 쌀을 찾는 사람이 많아졌기 때문에 쌀 가격은 오르기 시작했습니다. 따라서 과거와 달리 가장 안 좋은 땅에서 농사를 지어도 이전보다는 비싸게 쌀을 팔 수 있고 남는 것도 조금 더 생깁니다. 한 푼이라도 더 벌게 되어서 땅 주인한테 지대를 줄 수 있다면 농사지을 마음이 생깁니다. 땅 주인 입장에서는 한 푼이라도 지대를 받을 수 있다면 땅을 빌려 줄 마음이 생깁니다. 이렇게 해서 이제 가장 안 좋은 땅에서도 농사를 지을 수 있게 됐습니다. 이때 토지 소유자가 받아 가는 임대료를 절대지대라고 합니다.

마지막으로 독점지대에 대해서 설명드리겠습니다. 독점지대는 말 그대로 땅을 독점, 즉 혼자만 가지고 있어서 받는 임대료를 말합니다. 독점지대는 오직 그 땅만이 가지고 있는 엄청난 장점이 있어서 다른 땅을 빌려서는 도대체 그 땅만큼 뭔가를 생산할 수 없을 때 내는 임대료입니다. 예를 들어서 먹기만 하면 무슨 병이든 다 낫는 효능이 굉장한 만병통치 약초가 나는 땅이 있다고 해 봅시다. 그 땅 주인은 약초 재배 회사에 땅을 빌려 주면서 이렇게 말할 것입니다.

"그 약초는 부르는 게 값 아닙니까? 그렇죠? 효능도 좋은 데에다가 그 땅 말고 다른 땅에서는 전혀 생산이 안 되니까 수량은 한정되어 있고."

"맞아요, 맞아. 벌써부터 자기가 먼저 사겠다고 전화통이 불이 났습니다."

"그러면 그냥 화끈하게 값 올려 받으세요. 그리고 나한테 그 돈 지대로 내고. 알았죠?"

이처럼 차액지대 수준으로 초과 이윤을 얻는 것이 아니라 마구잡이로 가격을 올려서 보통의 초과 이윤을 훨씬 넘는 이윤을 얻어 내는 임대료를 독점지대라고 합니다.

지금까지 농업을 예로 들어서 차액지대, 절대지대, 독점지대가 무엇인지 알아봤습니다. 현대 자본주의에서 땅은 농사지을 때뿐만 아니라 집 짓는 데도, 공장 짓는 데에도 쓰입니다. 이에 관해 좀 더 설명이 필요할 것 같습니다. 앞에서 집이나 공장을 지을 때 중요한 것은 비옥도가 아니라 위치라고 말씀드렸습니다. 주택이나 도시의 사무용 빌딩, 공장 등의 경우 차액지대는 '위치가 좋은 땅'에서 발생합니다. 사람들이 많이 사는 대도시 근처에 있는 아파트 단지는 시골에 있는 아파트보다 더 비쌉니다. 일단은 땅값이 달라서이고, 대도시 주변 아파트들은 사람들이 대도시에 있는 직장으로 출근하기 가까운 곳에 위치해 있기 때문입니다. 대도시의 각종 이점을 가까운 곳에서 쉽게 누릴 수도 있어섭니다. 공장 역시 마찬가지입니다. 공장이 사람들이 대량으로 소비하는 시장에서 가까운 데에 있어야 물건을 실어 나르는 돈이 적게 듭니다.

위치가 좋은 땅은 원래부터 비옥한 땅과 마찬가지로 그 땅을 이용하는 사람들이 이익을 얻게 합니다. 다만 보통 아파트는 땅을 빌리지 않고 사서 짓기 때문에 이것이 지대와 무슨 관계가 있나 의문이 들 수는 있습니다. 아파트 짓는 건설업체들이 땅을 빌려서 지은 다음에 땅 주인에게 임대료를 매달 내는 일은 별로 없습니다. 하지만 건설업체가 땅을 살 때에 차액지대가 이미 그 땅값에 들어가 있습니다. 원래 땅값이라는 것은 그 땅을 사서 임대했을 때 두고두고 받을 돈을 미리 계산해서 한꺼번에 모아 놓은 액수라고 생각하시면 됩니다. 이런 이유로 임대료가 높으면 땅값도 자동으로 높아집니다. 이 점은 공장도 마찬가지입니다. 보통 큰 회사는 아예 땅을 사서 공장을 짓습니다. 이 경우는 처음에 투자할 때 땅을 그냥 빌렸으면 앞으로 내내 지불해야 할 지대를 미리 한 번에 다 내었다고 봐야 합니다. 두세 명 일하는 아주 작은 공장이라면 임대료를 매달 내는 식일 겁니다. 이런 작은 회사들이 위치가 좋은 땅에 들어가려면 회사 입장에서는 임대료 부담이 더 커지게 됩니다.

수도권 근방에 아예 높은 아파트나 공장 같은 것을 짓지 못하게 묶어놓은 곳을 그린벨트라고 합니다. 정부가 그린벨트를 해제하면 흔히 땅값이 막 오르기 시작합니다. 그린벨트 지역은 대부분 위치가 좋아서 집이나 공장이 들어서기 시작하면 차액지대를 많이 챙길 수 있으리라 모든 사람이 생각하기 때문입니다.

애초부터 위치가 좋아서 발생하는 차액지대가 차액지대의 첫 번째 형태라면, 차액지대 두 번째 형태는 자본을 투자해서 그 땅의 위치를 과거보다 좋게 한 것을 말합니다. 예를 들어 마을에 도로가 새로 생긴다거나 KTX같이 이전보다 훨씬 빠른 교통수단이 새로 들어오면 땅값이 오릅니다. 외부에서 그 땅에 접근하기도 쉽고, 그 땅에서 외부로 나가기도 훨씬 쉬워졌기 때문이지요. 이런 식으로 위치가 좋아지면 다른 지역에 비해 그 지역 땅값은 오르기 마련입니다.

접근하기 쉬워져서 위치가 좋아진 것 말고도 땅을 집약적으로 이용할 수 있게 되어서 차액지대가 생기고 땅값이 오르는 경우도 있습니다. 예를 들어서 서울 을지로에 가면 인쇄와 관련된 작은 회사들이 잔뜩 모여 있습니다. 마치 하나의 커다란 공장 같습니다. 회사들이 한 군데 모여 있는 것은 그것이 일하는 데 더 효율적이고, 물건을 사러 오는 사람들과도 쉽게 만날 수 있기 때문입니다. 이런 현상은 주위에서 정말 많이 볼 수 있습니다. 서울 아현동의 가구 거리, 신당동 떡볶이 골목, 신림동 고시

촌, 문래동의 작은 금속부품 제조업체 밀집 지역 등이 모두 이런 이유에서 만들어진 것입니다. 이렇게 땅을 집중적으로 이용하면 위치가 좋아지는 것과 마찬가지로 차액지대가 오릅니다. 이 때문에 높아지는 임대료를 못 견뎌서 그 땅의 바깥쪽으로 가난한 회사나 가게들이 쫓겨나는 일도 생깁니다.

주택과 공장이 절대지대와는 어떻게 관련 있는지 보겠습니다. 예를 들어 수도권 인근이지만 아직 도로도 잘 안 놓였고, 사람도 별로 안 사는 시골에는 건설회사들이 아파트를 잘 안 짓습니다. 위치가 아주 안 좋은 곳이기 때문입니다. 농업으로 말하면 비옥도가 가장 나쁜 땅과 같습니다. 그런데 사람들이 점점 늘어나고 살 곳이 부족해지면 이런 땅에도 결국은 아파트를 지어야 합니다. 더는 아파트를 지어서 공급할 수 없는데 수요는 높아서 아파트 가격이 계속 올라가면 예전에는 거들떠보지 않던 곳에 아파트를 짓자고 달려듭니다. 그러면 이제는 안 좋은 땅이더라도 지대를 받을 수 있게 됩니다. 절대지대가 생기는 겁니다. 이때 건설업자가 아파트를 지으려고 새로 땅을 사면 이 땅값에는 절대지대가 계산되어 들어갈 것입니다. 공장도 마찬가지입니다.

물론 요즘은 아예 안 팔리는 아파트도 있습니다. 지방에는 분양되지 않고 남아 있는 미분양 아파트들이 상당합니다. 산업단지는 다 만들어놨는데, 공장이 전혀 들어서지 않은 곳도 많습니다. 이런 경우는 아예 이익을 얻을 수 없는, 가장 안 좋은 땅에서 농사를 지은 것과 같습니다.

아주 좋은 위치의 최고급 아파트에는 독점지대가 붙기도 합니다. 주변이 엄청나게 개발되면서 그 아파트보다 더 좋은 생활 환경을 가진 곳이 없다고 소문이 돌면 돈 있는 사람들은 너도나도 그 아파트를 가지려고 할 것입니다. 그렇게 되면 아파트는 부르는 게 값이 됩니다. 이 과정에서 독점지대가 생깁니다.

부동산을 개발해서 돈을 막대하게 번 사람들은 은행에 저금하든, 주식을 사 놓고 배당금이나 시세 차익을 노리든, 아니면 땅을 사서 지대를 받거나 땅값이 뛰는 사이에 그 차익을 노리든 하여튼 가능한 모든 방법을 동원해 돈을 벌고 있습니다. 돈 있는 사람들에게 이자, 배당금, 지대를 구분하는 것은 별로 중요하지 않습니다. 이들에게 그것들은 모두 그냥 '재테크' 수단인 것입니다. 또한 자본주의에서는 어차피 자본가가 돈을 많이 가지고 있어서 산업자본이든 상업자본이든 금융자본이든 돈 많은 사람들은 누구든지 땅을 사 놓는 경향이 생겼습니다. 그러니까 토지 소유자 따로 있고 산업자본가, 상업자본가, 금융자본가 따로 있는 것이 아니라 자본가가 곧 토지 소유자가 되어 간다는 것입니다.

착취할 땐 한마음으로

가치와 잉여가치는 노동자가 생산합니다. 그것도 산업자본에 고용되어 있는 노동자가 생산합니다. 산업자본가는 노동자에게서 잉여가치를 가져갑니다. 잉여가치는 산업자본가, 상업자본가, 금융자본가, 토지 소유자가 같이 나눠 먹습니다. 노동자가 만든 밥통을 가운데에 놓고 자본가들이 빙 둘러앉아서 밥을 떠먹는 겁니다. 마치 자기들이 지은 밥처럼 말입니다. 밥통은 여러 개가 아니라 하나입니다. 산업노동자들이 만든 밥이 그 안에 있습니다. 산업자본가, 상업자본가는 밥을 직접 퍼먹습니다. 금융자본가는 산업자본가가 따로 퍼 준 밥을 먹습니다. 토지 소유자는 정말 아무 하는 일 없이 임대료만 받아먹기 때문에 밥통 옆에서 입을 벌리고 있으면 다른 자본가들이 알아서 밥을 먹여 주는 셈입니다.

밥 먹을 때 쓰는 숟가락, 젓가락, 밥그릇 등의 역할은 상업노동자와 금융노동자가 합니다. 숟가락, 젓가락, 밥그릇은 밥 먹을 때 꼭 필요합니다. 물론 숟가락을 아무리 많이 움직여도 밥이 새로 생기진 않습니다. 따라서 상업노동자와 금융노동자가 새로운 가치를 창조한다고 볼 수는 없습니다. 다만 상업노동자는 산업자본이 막히지 않고 잘 흘러가게 해 줍니다. 잉여가치 생산을 간접적으로 돕는 겁니다. 이 점은 금융노동자도 마찬가지입니다.

상업자본과 금융자본은 상업노동자와 금융노동자들이 더욱 많이 일하도록 노동 시간을 늘리거나 노동 강도를 강화합니다. 이건 산업자본과 똑같습니다. 이렇게 하면 자본 입장에서는 자본의 회전 시간이 단축되어 이윤을 훨씬 많이 챙길 수 있습니다. 상업노동자, 금융노동자들이 자본가들에게 착취당하는 것은 역시 산업노동자와 매한가지입니다.

이러한 사실을 통해 산업자본가, 상업자본가, 금융자본가 그리고 토

지 소유자 등이 평소에 사이가 나쁠 때도 있지만 결국, 노동자들이 만든 밥을 함께 떠먹는다는 점에서는 같은 편임을 알 수 있습니다. 이들은 노동자들의 잉여가치를 최대한 착취하는 데에는 모두 뜻이 같습니다. 재주는 노동자가 부리고, 돈은 '사장들'이 나눠 갖습니다.

네덜란드의 튤립투기

주식 유통 시장에서 주식을 사고팔면서 차익을 남기려는 행위는 누군가가 만든 가치를 가져간다는 점에서 투기와 다를 바 없습니다. 어떤 사람들은 건전한 투자와 투기는 다르다고 하지만 그 두 가지를 구분하기는 정말 애매합니다.

역사적으로 유명했던 투기의 사례로는 1600년대 초반 네덜란드에서 불었던 튤립투기가 있습니다. 에드워드 챈슬러라는 사람이 쓴 『튤립투기에서 인터넷 버블까지 금융투기의 역사』(국일증권경제연구소)라는 책에 당시의 이야기가 자세히 소개되어 있는데요, 처음 네덜란드에 들어왔을 때 튤립은 그냥 귀족 계급 사람들이 정원에 심어 놓고 구경하는 관상용 꽃이었다고 합니다. 그런데 이게 점점 사회적 지위를 상징하게 되면서 너도나도 꽃을 사게 되었습니다. 귀부인들은 튤립을 명품 액세서리로 여겼습니다. 마차도 튤립으로 장식했고,

남들에겐 없는 희귀한 튤립을 갖게 되면 매우 흐뭇해 했습니다. 사람들은 꽃의 색깔과 무늬에 따라 튤립에 '황제', '총독', '제독', '장군' 같은 이름을 붙였고 최상급 꽃은 가격이 당시 도시의 집 한 채 값과 맞먹었답니다.

그런데 튤립은 꽃의 독특한 특징 때문에 점차 투기의 대상이 되어 갔습니다. 튤립은 알뿌리 식물인데 일단 알뿌리를 심으면 다음 해 봄에 꽃이 필 때까지는 꽃의 색깔이나 무늬를 알 수가 없었답니다. '황제 튤립' 알뿌리를 구해서 심으면 또 황제 튤립이 나기도 했지만, '장군 튤립'이 날 수도 있고 아예 이름도 없는 평범한 튤립이 피기도 했답니다. 반면에 평범한 알뿌리를 심었는데 황제 튤립이 피면 이건 그야말로 '대박'인 것이죠. 나중에 20세기가 되어서야 튤립의 색깔과 무늬가 그렇게 다른 것은 알뿌리가 어떤 바이러스에 감염되느냐에 좌우된다는 사실이 밝혀졌지만, 그때까지 그런 사실을 몰랐기 때문에 사람들은 튤립 알뿌리를 일단 싼값에 사서 심어 놓고 값비싼 꽃이 피기를 기다렸습니다. 바로 이런 튤립의 성격이 이 꽃을 투기의 대상으로 만든 것입니다.

이에 따라 서민들도 너도나도 튤립 알뿌리를 사들이기 시작했습니다. 물론 그런 가운데에서도 황제 튤립에서 나온 알뿌리가 가격이 더 비싼 것은 말할 것도 없습니다. 아무래도 황제 튤립에서 다시 황제 튤립이 필 가능성이 많을 것이라고 사람들이 생각했기 때문입니다. 어쨌든 상황이 이렇게 되자 튤립 가격은 점점 뛰었고, 튤립을 사려는 사람이 폭발적으로 늘어났습니다.

튤립 거래는 이제 국가 전체가 주목하는 '뜨는 사업'이 되었습니다. 선원이건 농부건 상인이건 모두 다 튤립 시장에 돈을 쏟아부었습니다. 네덜란드 밖의 유럽 사람들까지 튤립을 사기 위해 네덜란드로 몰려들었습니다. 현금이 없는 사람들은 외상으로 튤립을 샀습니다. 이렇게 해서 나중에는 튤립 가격이 그야말로 하늘 높은 줄 모르고 치솟았다고 하는데요, 가장 올랐을 때는 튤립 한 뿌리에 돼지 8마리, 양 12마리, 밀 24톤, 호밀 48톤, 와인 6톤, 배 한 척을 몽땅 살 수 있을 정도였다고 합니다. 황소 44마리를 살 수 있었다고도 합니다. 어떤 선원은 한 상인이 가지고 온 비교적 싼, 요즘 돈으로 4천만 원쯤 하는 튤립 알뿌리를 양파로 잘못 알고 먹었다가 잡혀갔다는 이야기도 있습니다. 튤립 투기 3년 동안 튤립 가격 상승률은 무려 5,900퍼센트에 달했습니다. 이런 투기의 역사는 현재까지도 계속되고 있습니다.

14

자본은 흘러 흘러 '공황'의 바다로

– 평균 이윤율의 저하 경향과 공황

지금까지, 자본이 스스로 불어날 수 있는 것은 노동자가 만든 잉여가치를 가져오기 때문이라는 점, 이를 통해 현실의 자본은 한편에선 끊임없이 확대 재생산을 하고, 또 한편에선 계속해서 실업자를 만들어 낸다는 점을 살펴봤습니다. 또한 13장에서는 노동자가 만든 잉여가치가 구체적으로 각각의 자본에게 어떻게 분배되는지에 대해서도 살펴봤습니다. 그런데 이러한 시스템이 언제나 계속되는 것은 아닙니다. 이제부터는 자본주의의 공황에 대해서 알아보겠습니다.

정부와 자본가들은 노동자가 열심히 일하면 경제가 점점 성장한다고 주장합니다. 하도 자주 들어서 이제 상식처럼 되어 버렸지만, 노동자가 묵묵히 그리고 열심히 일하면 경제는 항상 발전한다고 이들은 설명합니다. 주류경제학자들은 경기가 좋았다 안 좋았다 할 때가 있긴 하지만, 결국 자본주의 경제는 영원히 번영할 것이고, 따라서 앞으로는 모든 사람이 지금보다 훨씬 잘살 것이라고 말합니다. 그러니까 당장 먹고살기 힘들더라도 조금만 참고 더 열심히 일하면 좋은 시절이 올 거라는 이야기입니다.

그런데 진실은 이들의 주장과 전혀 다릅니다. 경제는 잘 나가는 것 같다가도 아주 자주 폭삭 주저앉습니다. 단지 경기가 조금 안 좋은 정도가 아니라 공황이 와서 아예 망할 지경이 되기도 한다는 겁니다. 이런 적이 한두 번이 아닙니다. 자본주의 역사를 보면 공황은 여러 번 있었습니다.

자본주의에서 공황은 왜 계속해서 발생하는 걸까요. 지금부터는 이 점에 대해서 살펴볼 텐데요, 공황은 자본주의 자체의 본질적 성격 때문에 발생합니다. 자본주의가 원래부터 그렇게 생겼다는 것입니다.

"집안 꼬락서니를 보니까, 딱 망하게 생겼다."

"뭔 말을 그렇게 하냐?"

"정말이야, 저런 식으로 계속하면 안 망하고 배기냐?"

그렇다면 자본주의는 대체 뭐가 어때서 애초부터 망할 운명이라는 것일까요. 결론부터 말씀드리자면, 자본주의에서 공황은 자본의 평균 이윤율이 저하하는 경향 때문에 발생합니다. 이게 무슨 말일까요? 일단 '평균 이윤율의 저하 경향'이라는 말 자체가 별로 안 와 닿습니다. 굳이 이 말을 풀어 쓰자면 '평균 이윤율이 시간이 지날수록 대체로 떨어진다.'는 의미입니다. 그러니까 평균 이윤율의 저하 경향 때문에 공황이 발생한다는 말은 '자본주의 경제는 갈수록 평균 이윤율이 떨어져서 무너진다.' 정도로 이해하시면 되겠습니다.

이윤율은 착취율

그런데 '갈수록 평균 이윤율이 떨어진다.'는 설명 자체가 좀 어렵습니다. 평균 이윤율이란 개념을 이해하려면 이것저것 설명이 필요합니다. 지금부터 하나하나 알아보겠습니다. 먼저 '이윤'이 무엇인지 살펴보고, 그 다음에 '이윤율'에 대해서 그리고 마지막으로 '평균 이윤율'에 대해서 보도록 하겠습니다. 그런 다음에 평균 이윤율이 왜 점점 떨어지는지 알면 공황 발생의 원인을 완전히 이해할 수 있을 겁니다.

먼저, 이윤에 대해서 살펴보겠습니다. 이윤에 대해서는 이미 7장에서 충분히 알아봤습니다. 간단히 다시 한번 요약해 보겠습니다. 노동자들은 공장에서 만들어 낸 물건의 가치를 '불변자본＋가변자본＋잉여가치'

로 보고, 자본가들은 불변자본이건 가변자본이건 둘 다 자기 돈 들어간 거니까 이 둘을 구분 안 하고 그냥 비용 가격이라고 부릅니다. 이때 노동자들은 자기가 생산했는데 자본가가 가져가 버리는 걸 잉여가치라고 하지만, 자본가들 입장에서는 이 잉여가치가 물건 만들어서 '남은 돈' 즉 이윤인 것입니다. 결국 이윤은 잉여가치와 같습니다. 다만 입장에 따라서 같은 걸 다르게 부르는 것뿐입니다. 같은 사람을 한쪽에서는 '딸'이라고 하고, 한쪽에서는 '며느리'라고 부르는 것과 이치가 같습니다.

이제 '이윤율'에 대해서 알아보겠습니다. 이윤율은 말 그대로 '이윤을 낸 비율'입니다. 이윤율은 자본가가 '불변자본+가변자본'에 들인 돈과 이윤으로 벌어들인 돈의 비율을 말합니다. 얼마를 들여서 얼마를 벌었느냐, 이것이 바로 이윤율입니다. 그런데 궁금합니다. 8장에서 잉여가치율에 대해서 살펴봤는데요, 왜 똑같은 걸 두고 누구는 이윤율을, 누구는 잉여가치율을 계산하느냐는 겁니다. 이쯤에서 이윤율과 잉여가치율을 따로 계산하는 이유를 좀 짚고 넘어가야겠습니다.

노동자가 일해서 돈으로 받는 시간과 돈으로 못 받는 시간의 비율을 잉여가치율이라고 했습니다. 돈으로 못 받는 시간이 얼마나 되는지 계산하는 것은 다시 말하면, 노동자가 얼마나 손해 보는지 따져 보려는 것입니다. 이건 곧 자본가가 얼마나 착취하느냐를 나타내는 거니까 '착취율'이라고 해도 됩니다.

"이번에 우리 식구가 명절에 내려가서 무려 10시간이나 일했단 말이지. 다들 고생했어!! 특히 우리 장남 고생 많았지?"

"아빠도 고생 많으셨어요."

"그러게 말이야. 우리 식구가 모두 다섯인데, 10시간을 일했으니까 한 사람이 2시간씩 일한 건가?"

식구 5명이 10시간을 일한 경우라면, 한 사람당 $\frac{10}{5}$ (5분의 10)으로 계산해서 2시간 일한 겁니다. 가만히 옆에서 듣고 있던 엄마가 반박하기 시작했습니다.

"흥! 웃기고들 계시네. 당신 그리고 아들 둘. 이렇게 세 사람은 3일 동안 계속 놀고먹었잖아. 그런데 무슨 일을 했다고 그래? 우리 식구가 10시간을 일했다고? 10시간 내내 일한 게 누군데 그러셔? 나하고 우리 딸하고 둘이서 다 한 거잖아. 둘이서!"

"에이 그래도 식구 전체가 했다고 해야지. 가족끼리 그걸 그렇게 꼭 나눠서 계산해야 하나?"

"나눠야지, 그럼. 일한 사람 따로 있고 논 사람 따로 있는데, 가족이라고 무조건 뭉뚱그려? 나눠서 계산해야 누가 진짜 고생했는지 알 거 아냐?"

엄마 주장대로 하면 명절날 실제로는 여자 2명만 일했으니까 한 사람당 $\frac{10}{2}$ (2분의 10) 하면 5시간 일한 겁니다. 물론 이때 나머지 3명은 생산에 전혀 기여하지 않았으니까 아예 빼놓아야 하는 것이고요.

이윤율과 잉여가치율의 관계도 마찬가지입니다. 잉여가치를 만든 건 노동자니까 노동자에게 투여된 가변자본과 잉여가치의 비율 혹은 7장에서 설명드렸던 것처럼 필요노동 시간과 잉여노동 시간의 비율을 따지자는 것이 잉여가치율의 정신입니다. 그러면 이윤율의 정신은? 노동자에게 일을 시켰든 혹은 기계를 돌렸든 다시 말해서 가변자본이든 불변자본이든 둘 다 자본은 자본이니까 다 뭉뚱그려서 그걸 기준으로 잉여가치의 비율을 따져 보자는 것입니다.

그런데 자본가가 계산하는 이윤율은 얼마를 투자해서 얼마를 벌었느냐를 알아보려는 것이라서, 이윤율을 계산해서는 노동자한테서 얼마를 착취하는지 알 수 없습니다. 아빠의 주장대로라면 남자들이 명절날 여자를 얼마나 고생시키는지 알 수 없다는 것입니다. 남자들이 여자들 힘든 걸 모르는 것처럼, 자본가는 자신들이 노동자를 착취한다고 생각하지 않고, 정당하게 투자해서 돈을 번다고 생각합니다. 그러니까 그들 입장에서는 이윤율을 계산하는 것이 사실 지극히 당연한 일인 겁니다.

착취를 위한 노력

이윤율을 높이기 위해서 자본가는 여러 가지 일을 합니다.

첫째, 잉여가치를 최대한 뽑아 먹기 위해서 노력합니다. 절대적 잉여가치, 상대적 잉여가치 창출이 다 이와 관련된 이야기였습니다.

둘째, 첫째 내용과 연결된 이야기인데 다른 자본과 경쟁해서 이기고 특별잉여가치를 얻기 위해서 자본의 유기적 구성을 높입니다. 이 점에 대해서는 9장과 12장에서 설명했습니다.

셋째, 자본의 회전 속도를 최대한 빠르게 하려고 합니다. 이 점은 10장에서 말씀드렸습니다.

넷째, 불변자본 중에서도 고정자본이 '억지로' 닳는 것을 최소한으로 줄이기 위해서 가능하면 기계를 계속 돌립니다. 이 점 역시 10장에서 말씀드렸습니다.

이렇게 자본은 다양한 방식으로 이윤율을 높이려고 노력합니다. 자본에 따라서 사실 이윤율은 다 다를 수밖에 없습니다. 잉여가치율이건, 자본의 유기적 구성이건, 회전 속도건, 고정자본의 소모이건 회사마다 다를 것이기 때문입니다. 이렇게 이윤율이 다르면 자본가는 다른 회사보다 더 이윤율을 높이려고 엄청나게 경쟁할 겁니다. 이런 경쟁은 두 가지 차원에서 벌어집니다. 한 가지는 같은 산업 내에서 벌어지고, 또 하나는 다른 산업 간에, 그러니까 산업과 산업 사이에서 벌어집니다.

우선, 산업 내 경쟁을 살펴보겠습니다. 같은 산업 내에서 벌어지는 경쟁은 결국 그 산업 안에 속해 있는 모든 회사가 대충 다 비슷하거나 같은 이윤율을 얻게 만듭니다. 이윤율이 10퍼센트이면 100원을 투자한 회사는 10원을 벌고, 200원을 투자한 회사는 20원을 버는 식으로 어쨌든 투자한 돈과 버는 돈의 비율이 같아진다는 것입니다. 이렇게 되는 이유는 같은 산업에 속한 회사끼리는 이윤율을 높이기 위해 비슷하게 노력할 것이기 때문입니다. 어떤 회사가 노동자를 10시간씩 일 시키거나 비정규직을 많이 도입하면 다른 회사들도 죄다 그렇게 할 겁니다. 잉여가치율이 비슷해집니다. 한 회사가 새로운 기계를 들여서 생산성이 높아지면 다른 회사도 따라 할 겁니다. 자본의 유기적 구성도 비슷한 수준에서 계속 높아지리라는 말입니다. 자본의 회전 속도도 같은 산업에 속한 회사끼리는 비슷할 것이고, 기계 돌리는 것도 마찬가지입니다. 앞서 가는 한 회사가 잠깐 동안 다른 회사보다 돈을 많이 벌어들일 수는 있지만, 결국은 누구든지 돈 버는 비율은 비슷해집니다. 같은 산업 내에서 벌어지는 경쟁은 그 산업에 속해 있는 회사들의 이윤율을 같게 만듭니다.

같은 산업 말고 다른 산업 사이에서 벌어지는 경쟁은 어떨까요. 사실은 산업 간 경쟁도 산업 내 경쟁과 결과는 똑같습니다.

"찔찔이 회장, 요즘 전자 산업에서 돈 많이 번다고 하던데 정말이야?"

"네, 그렇습니다."

"그럼, 거 모아 놓은 돈 많다면서. 자동차 쪽에만 너무 투자하려고 하지 말고, 전자에도 좀 하지 그래? 계속 하던 것만 해서는 돈 버는 것도 과거랑 다를 게 없을 거 아냐."

예를 들어 전자 산업의 이윤율이 높고 자동차 산업의 이윤율이 낮다면 돈은 전자 산업으로 몰리게 되어 있습니다. 돈이 팍팍 벌리는 산업을 놔 두고, 안 벌리는 쪽으로 자본이 몰릴 리는 없습니다. 이렇게 자본이, 돈 잘 버는 산업에 투자되면 이번에는 반대 현상이 벌어집니다. 돈이 몰리는 산업 안에서 경쟁이 심해져 남는 게 적어집니다. 이윤율이 그 전보다 더 낮아집니다. 그 대신 과거에 이윤율이 낮았던 산업에서는 반대 현상이 일어납니다.

"잉? 지난번에 내가 저기 있을 때는 남는 게 별로 없어서 이리로 왔더니만, 이제는 여기도 별로 남는 게 없네. 어라? 저기는 다시 상황이 좋아졌다고? 다시 돈을 많이 번단 말이지?"

이렇게 이윤율이 높았던 곳은 낮아지고 이윤율이 낮았던 곳은 높아지면서, 결국은 다른 산업끼리의 이윤율도 점점 같아집니다.

"오홋! 어이 찔찔이 당신이 이쪽 건너편으로 와서 올라타! 그렇지, 그렇지. 어? 시소가 너무 내려가네."

"에잇, 이번엔 저쪽이 너무 올라갔잖아. 내가 저리로 가야겠다."

"앗~! 이번엔 너무 내려갔잖아. 다시 한 명 반대편으로."

시소를 타는 아저씨들은 높은 곳을 좋아해서 자꾸 높아진 곳으로 옮 깁니다. 그런데 그곳으로 옮기자마자 시소가 내려갑니다. 다시 올라가 있는 반대편으로 자리를 옮기면 시소는 다시 내려가고, 또 그 반대편이 올라갑니다. 이런 식으로 계속 바꾸다 보면 결국 시소는 균형을 이루고, 양쪽에 있는 아저씨들 몸무게 합이 다 비슷해집니다.

이처럼 산업을 넘나드는 경쟁 속에서 이윤율은 결국 균등하게 되는 데, 이렇게 만들어진 이윤율을 평균 이윤율이라고 합니다. 경제 전체의 이윤율이 같아지는 겁니다. 모든 자본이 남겨 먹는 정도가 다들 같아진 다는 말입니다.

생산가격으로 변신한 가치

사회 전체적으로 이윤율이 균등해지면, 그러니까 모든 자본이 남겨 먹 는 정도가 같아지는 경향이 생기면, 개별 자본 입장에서는 자신들이 만 든 상품이 시장에서 원래 가치대로 안 팔리고 다른 걸로 '변신'해서 팔리 는 일을 겪게 됩니다. 잠시 이 점에 대해서 살펴보고, 평균 이윤율이 낮 아지는 경향에 대해 계속 보겠습니다.

상품의 가치는 두 단계를 거치면서 변신한 끝에 비로소 '가격'이 됩니 다. 4장에서 가격이 '노동'이라는 가치를 나타낸다고 했습니다만, 사실 가격이 가치를 있는 그대로 나타내는 것은 아닙니다. 상품의 가치가 가 격이 되기까지 두 번 정도 단계를 거칩니다. 첫 단계에서는 가치가 생산 가격으로 변신하고, 두 번째 단계에서는 생산 가격이 시장 가격으로 변신하는 것입니다. 이윤율이 경제 전체적으로 같아지는 경향은 가치가 생산 가격으로 변신하는 첫 단계와 매우 밀접한 관련이 있습니다.

전체 자본이 남겨 먹는 정도가 다들 같아지는 경향이 있다고 했습니다. 같은 산업에서는 앞에서 설명드린 것처럼 자기들끼리 경쟁하다가 자본의 유기적 구성이 비슷해지면서 그런 일이 자연스럽게 생깁니다. 그런데 서로 다른 산업에서는 이게 쉽지 않습니다.

"우리 회사는 기계 1대에 노동자는 꼭 2명씩 붙어 있어야 일이 돼. 이게 우리 쪽 특징이잖아."

"그래? 난 뭐 그쪽 산업은 잘 몰라서. 우리 회사는 기계 3대에 노동자 1명만 있으면 돼. 우리 회사만이 아니라 우리 쪽 산업이 다 그래."

이렇게 서로 다른 산업에서는 물건을 만들 때 들여야 하는 불변자본과 가변자본의 비율이 다른 게 보통입니다. 경쟁한다고 해도 기계 1대에 노동자 2명을 붙여야 돌아가는 산업에서는, 다른 산업처럼 기계를 3대로 늘리고 노동자를 1명으로 줄였다가는 아예 공장이 못 돌아갈 수도 있습니다. 모든 산업에서 자본의 유기적 구성이 점점 높아지는 것은 맞고, 같은 산업 안에서만 보면 결국 유기적 구성이 동일해지는 경향이 있지만, 산업과 산업끼리 비교해 보면 각 산업의 특성 때문에 자본의 기술적 구성이 다르게 나타나는 것입니다.

그런데 이렇게 자본의 기술적 구성이 다른데도 앞에서 본 것처럼 산업과 산업 사이에도 평균 이윤율은 형성됩니다. 이렇게 되면 각 산업에 속해 있는 개별 자본가 입장에서는 자기 물건을 원래 가치대로 팔 수 없습니다. 개별 자본가들이 자기 공장에서 만든 물건을 실제로 팔 때는 사회적으로 결정된 평균 이윤율만큼만 이윤을 붙여서 내놓을 수밖에 없습니다. 왜냐하면 너도나도 평균적인 이윤율만큼만 이득을 챙기는 상황에서 자기 혼자 이득 챙기는 비율을 높이면 시장에서 물건이 안 팔릴 것이기 때문입니다. 그래서 모든 상품의 가격은 원래 그 상품을 만드는 데 들어간 비용에다가 평균 이윤율만큼의 이윤이 붙어 정해집니다. 바로 이 가격을 생산 가격이라고 합니다.

대학 시험에서 고교 등급제를 실시하려는 움직임이 나타나는데요, 만약 고교 등급제를 위해서 그 학교 전체 학생 성적의 평균이 중요하다고 쳐 봅시다. 그러면 이런 일이 일어날 겁니다.

"자, 이번에 중간시험 평균 성적을 내봤는데, 우리 학교 평균이 100점 만점에 50점이 나왔어."

"대학에서는 학교 평균만 인정해 주는 거 아냐?"

"맞아."

"윽, 나 어떡해. 나는 60점 맞았는데, 우리 학교 평균이 50점이면 나도 50점짜리로 취급되는 거잖아. 너무 억울해."

"흐음. 나는 40점 맞았는데, 10점 이익이다."

가치가 가치대로 팔리지 않고 생산 가격으로 팔리는 것이 이와 비슷합니다. 상품 가치가 40인데, 생산 가격이 50인 경우는 10만큼 더 이익이 생깁니다. 상품 가치가 60인 경우에는 10만큼 손해 봅니다. 이렇게 원래 상품 가치가 자기 가치대로 팔리지 않고 평균 이윤율 때문에 생산 가격으로 변신한다고 해서 이를 '가치의 생산 가격으로의 전형'이라고 합니다. 전형이란 형태를 전환한다는 말입니다.

가치가 생산 가격으로 변신하면 가치와 가격은 이제 아무 관계도 없는 걸까요? 그렇지는 않습니다. 생산 가격은 항상 가치의 영향을 받습니다. 학교의 평균 점수(생산 가격)가 나오기 위해서는 개별 학생들이 열심히 공부해서 받은 하나하나의 성적(가치)이 있어야 하는 것과 똑같습니다. 평균 점수의 토대는 개별 학생들 하나하나의 점수입니다.

"에이, 나는 정말 이해가 안 가. 평균 점수하고 학생 한 명 한 명 점수하고 무슨 상관이야? 나는 머리가 잘 안 돌아가서 모르겠는데, 똑똑한 당신이 증명해 봐."

"증명? 증명이라. 어떻게 증명하지?"

"거 봐, 당신도 증명할 방법은 딱히 없지?"

"이건 어때? 아이들 개별 점수를 다 합하면, '평균 점수×아이들 숫자'하고 똑같아지지 않을까?"

"그거야 당연하지. 애들 3명이 40점, 50점, 60점 맞은 것 다 합하면 150점이고, 이 3명 평균 점수는 50점이야. 이건 50점짜리 애들이 3명이라는 말과 똑같은 소리야. 50점짜리 3명의 점수를 합하면 역시 합계는 150점이지. 근데 이게 무슨 증명이야. 그냥 당연한 거지."

"내 말이 그 말이야. 별로 증명할 것도 없이 당연하다는 거지. '개별 학생들의 점수 합계'와 '평균 점수×학생 머릿수'가 똑같다는 것 확실하지? 그리고 개별 점수가 바뀌면 평균 점수 바뀌는 것도 확실하겠지?"

생산 가격과 가치의 관계도 마찬가지입니다. 개별 회사들이 생산한 상품 가치를 전부 합하면, 생산 가격을 전부 합한 것과 같습니다. 이러한 사실로 봤을 때 가치가 평균 이윤 문제로 인해 생산 가격으로 변신하지만, 어디까지나 생산 가격은 가치의 전적인 영향을 받는 게 확실합니다. 개별 상품의 가치가 변하면 생산 가격도 분명히 변합니다. 생산 가격은 어디까지나 가치의 영향 아래에서만 존재하는 것입니다.

생산 가격을 죄다 합하면 가치를 합해 놓은 것과 같은 것처럼, 잉여가치를 죄다 합해 놓으면 평균 이윤을 다 합해 놓은 것과 같습니다. 현실에서 이런 제도는 아마 없겠지만 그냥 상상을 좀 해 보겠습니다.

"근데 있잖아. 솔직히 말하면 학교에서 애들 0점은 안 주려고 기본 점수 20점 주고 시작하잖아. 그러니까 애들이 진짜 받은 점수는 40점, 50점, 60점이 아니고 20점, 30점, 40점이야."
"그래? 그런 일이 있었구나. 그럼 아이들이 공부해서 진짜 받은 점수 평균은 30점이네."
"그렇지."

여기서 기본 점수를 빼고 개별 아이들이 실제 얻은 점수는 말하자면, 생산 비용을 빼고 개별 자본이 가져갈 수 있는 잉여가치입니다. 이때의 평균 점수는 현실에서 개별 자본이 생산 비용에 붙이는 '평균 이윤'입니다. 서로 다른 산업에서 개별 자본은 잉여가치를 20, 30, 40씩 챙길 수 있습니다. 그러나 현실에서는 잉여가치 그대로를 이익으로 챙길 수 있는 게 아닙니다. 평균 이윤만 이익으로 챙긴다고 했으니까 개별 자본이 가져갈 수 있는 것은 방금 대화에서 나온 평균 점수에 해당하는 평균 이윤인 30입니다.

"그럼, 실제로 애들이 얻은 점수로만 아까 그 계산 다시 해 볼까?"

"복잡한데, 해야 돼? 애들이 실제 얻은 점수 합계는 20점＋30점＋40점이니까 90점, 얻은 점수의 실제 평균 점수는 30점이고, '평균 점수 30×애들 머릿수 3'은 90점. 기본 점수 빼고 아이들이 실제로 얻은 점수를 가지고 아까처럼 계산해도 결국 '개별 학생들의 점수 합계(90점)'와 '평균 점수×학생 머릿수(30점×3=90점)'는 똑같네."

기본 점수(생산 비용) 빼고 실제로 학생들이 얻은 개별 점수(잉여가치)와 평균 점수(평균 이윤)는 아까 생산 가격과 가치처럼 서로 관계가 밀접합니다. 평균 이윤은 항상 잉여가치의 영향을 받습니다. '기본 점수를 뺀 평균 점수'가 나오려면 '기본 점수를 뺀 개별 학생들의 점수'가 있어야 합니다. 마찬가지로 평균 이윤이 나오기 위해서는 개별 자본의 잉여가치가 있어야 합니다. '기본 점수를 뺀 평균 점수×학생들 숫자'가 '기본 점수를 뺀 개별 학생들 점수의 총합'과 같은 것처럼 '평균 이윤의 총합'은 '잉여가치의 총합'과 같습니다. 결국 자본가들이 얻는 이윤은 잉여가치의 영향 아래에서만 존재합니다. 이윤이 아무리 날고 뛰어도 잉여가치라는 부처님 손바닥을 못 벗어납니다.

앞서 7장에서 생산물의 가치를 노동자는 '불변자본＋가변자본＋잉여가치'라고 보는데, 자본가는 '생산 비용＋이윤'이라고 본다고 했습니다. 자본가의 주장처럼 우리 현실에서는 생산물의 원래 가치에 이윤을 붙여서 내다 파는 것이 사실이지만, 그렇다고 그 과정에서 새로운 가치가 생기는 것은 전혀 아니며, 새로운 가치는 오직 노동자의 노동으로만 만들어진다고 했습니다. 그렇습니다. 자본가는 불변자본과 가변자본을 생산 비용이라고 하고 거기에다가 이윤을 붙이는데 이 '이윤'이라는 것이 바로 평균 이윤입니다. 평균 이윤은 자본가들이 마음대로 알아서 붙이는 것이 아니고 잉여가치가 좌우합니다. 따라서 겉으로 보기에는 자본가의 관점처럼 생산물의 가치는 생산 비용(원가)에다가 이윤을 붙인 것으로 보이지만, 실제로 그 이윤은 잉여가치에서 나온 것이기 때문에 생산물의 가치는 '불변자본+가변자본+잉여가치'로 보는 게 맞습니다.

앞에서 가치가 가격으로 변신하는 두 번째 단계는 생산 가격이 시장 가격으로 변신하는 것이라고 했습니다. 시장에서 물건이 팔릴 때에는 여러 가지 요인으로 생산 가격이 다시 변합니다. 이윤율이 항상 같아지는 경향만 있는 것은 아니고, 또 일시적으로 수요와 공급이 변해서 가격에 영향을 주기도 합니다. 이런 과정을 거쳐 시장에서 최종적으로 팔릴 때의 상품 가격을 시장 가격이라고 합니다.

자본이 자초한 이윤율 저하

이제 평균 이윤율이 떨어지는 경향에 대해서 알아보겠습니다. 평균 이윤율이 떨어진다는 뜻은 쉽게 말하면, '갈수록 남겨 먹는 비율이 작아진다.'는 이야기입니다. 자본주의에서 자본이 남겨 먹는 비율이 점점 작아지면 당연히 그 사회는 아주 심각한 위기에 빠질 수밖에 없습니다.

평균 이윤율, 즉 남겨 먹는 비율은 왜 점점 줄어드는가. 이는 자본의 유기적 구성의 고도화와 관련 있습니다. 앞에서 자본은 이윤율을 높이기 위해서 여러 가지 방법을 쓴다고 했습니다. 그중에서도 자본의 유기적 구성의 고도화가 가장 큰 문제입니다. 자본의 유기적 구성의 고도화는 사람을 자르고 기계를 들여놓는 것이라고 말씀드렸습니다. 자본이 이렇게 하는 이유는 그렇게 해야 다른 회사보다 돈을 더 벌기 때문입니다.

그런데 이는 잉여가치를 낳는 가변자본은 줄어들게 되고, 잉여가치를 낳지 못하는 불변자본은 계속 늘어난다는 의미이기도 합니다. 이윤은 잉여가치에서 나온 것이고, 잉여가치는 가변자본을 투자해서 고용한 노동자에게서 나오는 것인데, 가변자본이 점점 줄어들면 잉여가치도 줄어들고 이윤도 줄어들 수밖에 없습니다. 당연히 이윤율은 떨어집니다. 그런데 이런 현상은 한 회사 안에서만 벌어지는 게 아니라 경쟁에 참여하는 모든 회사, 즉 자본주의에 있는 모든 회사에서 다 벌어집니다. 같은 산업 안에 있는 회사뿐만 아니라 다른 모든 산업에 있는 회사들 전부, 그러니까 자본 전체에서 벌어지는 일입니다. 자본의 유기적 구성의 고도화가 전 사회에 걸쳐서 일어나니까 이윤율이 떨어지는 현상도 당연히 전 사회에 걸쳐서 일어납니다.

　요약하면, 평균 이윤율의 저하 경향이란 '자본주의에 있는 모든 회사

가 남겨 먹는 비율이 갈수록 점점 떨어진다.' 정도로 이해하면 되겠습니다. 이 현상 때문에 자본주의에서는 공황이 발생합니다.

공황을 늦추는 것들

그런데 자본주의는 그렇게 호락호락하지 않습니다. 이윤율이 계속 떨어지는 걸 그냥 두고 보지 않는다는 것입니다. 이윤율이 떨어지긴 하지만 반대쪽에서는 이윤율을 끌어올리려고 끊임없이 노력합니다. 그래서 자본주의는 그렇게 쉽게 무너지지 않습니다.

이렇게 이해하시면 좀 편할 것 같습니다. 이윤율의 저하 경향은 '물은 위에서 아래로 떨어진다.'와 같다고 말입니다. 산꼭대기에서 흐르는 물이든, 공장에서 나오는 물이든 아니면 싱크대 배수구에서 나오는 물이든 물은 죄다 밑으로 떨어집니다. 그리고 결국 그 모든 물은 바다로 모입니다. 이처럼 이윤율은 계속 밑으로 떨어져서 결국은 '공황의 바다'로 흘러들어 갑니다.

하지만 물이 바다로 흘러가는 것을 막는 요인이 많습니다. 산에서 내려오는 물은 댐에 가로막혀 얼마 동안 멈춰 있고, 공장에서 나오는 물은 깨끗이 정화된 후 분수대에서 뿜어져 오르기도 합니다. 싱크대에서 그릇 씻고 버린 물은 다시 걸러져 아파트 20층 꼭대기로 수도관을 타고 올라갈 수도 있습니다. 그러면 이 물들이 바다로 가는 시간은 좀 더 늦어집니다. 모든 물은 아래로 떨어지지만, 늘 이렇게 다시 위로 올라가거나 최소한 밑으로 떨어지지 않고 제자리에 멈춰 서 있을 수 있습니다.

이윤율 저하 경향 역시 마찬가지입니다. 이윤율은 갈수록 아래로 떨어지지만 이를 막는 온갖 반작용 요인들을 만나서 다시 올라갑니다. 반작용 요인이 아주 세면 이윤율은 오랫동안 떨어지지 않을 수도 있습니다. 하지만 역사를 살펴보면 이윤율 저하 경향은 공황으로 이어지곤 했습니다. 물은 바다로 모이게 되어 있다는 것입니다. 반작용 요인이 아무리 심해도 결국 물이 바다로 모이듯이 이윤율도 마찬가지입니다. 곳곳에 이윤율 저하를 막는 반작용 요인이 있지만, 결국 이윤율은 낮아질 대로 낮아져 자본주의는 공황에 빠집니다. 이와 같은 점을 염두에 두고 지금부터 이윤율 저하 경향을 막는 요인들을 살펴보겠습니다.

이윤율이 떨어지는 걸 막는 요인에는 잉여가치율 증가시키기, 임금을 가치 이하로 떨어뜨리기, 기계 값 떨어뜨리기, 상대적 과잉 인구 활용하기 등이 있습니다.

우선 잉여가치율 증가시키기에 대해 알아보겠습니다. 잉여가치율을 증가시킨다는 건 물론 가져가는 잉여가치 비율을 더 늘린다는 말입니다. 이전보다 유기적 구성이 사회 전체적으로 다 올라갔다고 해 봅시다. 그러면 이윤율이 떨어져서 남겨 먹는 게 적어집니다. 하지만 동시에 유기적 구성의 고도화 자체는 물건의 가치를 낮추기 때문에 노동력 재생산 비용을 줄여서 잉여노동 시간을 늘릴 수 있게 하기도 합니다. 이 점에 대해서는 앞에서 살펴본 적이 있습니다. 또한, 유기적 구성의 고도화로 좋은 기계가 들어오면 자본의 회전 시간이 줄어들 수 있는데 이렇게 자본의 회전 시간이 줄어들면 일 년 동안 거두어들이는 연간 잉여가치율이 높아집니다.

잉여가치율을 증가시키는 두 번째 방법은, 자본의 유기적 구성은 그대로인 상황에서 일하는 시간을 확 늘려 버리거나 일하는 강도를 아주 세게 하는 것입니다. 이런 것을 절대적 잉여가치 생산이라고 합니다. 10장에서는 이러한 방법 역시 자본의 회전 시간을 줄인다고 했습니다. 이 역시도 연간 잉여가치율을 높입니다.

이윤율이 떨어지는 걸 막는 두 번째 요인은 노동자 임금을 가치 이하로 떨어뜨리는 것입니다. 7장과 8장에서는 노동자가 노동의 가치는 받지 못하지만 노동력의 가치는 받는다고 설명했습니다. 그런데 이윤율이 떨어지는 걸 막기 위해 이제 자본가들은 노동자들에게 노동의 가치뿐만 아니라 노동력의 가치조차도 제대로 주지 않습니다. 노동력의 가치를 제대로 쳐주지 않는다는 것은 다시 말하면 노동력 재생산 비용을 제대로 안 준다는 이야기입니다. 이 말인즉슨, "그 돈 받고는 다음 날 또 회사 나가서 일하기가 곤란하다."는 뜻입니다.

"너무 월급이 적어서 요새 살기 힘들어."

"살기 힘들다고? 먹고는 살아야 또 회사 나가서 일할 힘도 생기고 그런 거 아닌가?"

"맞아. 이런 식으로 월급을 쥐꼬리만큼 줘서는 내 노동력 재생산이 안 돼."

"그러게 말이야. 노동력 재생산 비용은 줘야 일을 하지. 나쁜 사장 같으니라고."

임금을 노동력 가치보다도 못 받고 있는 대표적인 사람들이 비정규직 노동자들입니다. 9장에서 상대적 잉여가치 생산에 대해서 설명드리면서, 인건비를 낮추려는 모든 시도는 상대적 잉여가치 생산이라고 볼 수 있고, 대표적인 사례가 비정규직의 양산이라고 했습니다. 다만 비정규직 노동자들의 경우는 평균적인 노동력 재생산 비용을 아예 못 받는다는 점을 지적했습니다. 바로 이런 것을 통해서 자본은 이윤율이 떨어지는 것을 막고 있다고 보시면 되겠습니다. 아울러, 최근 한국에 많이 늘어난 이주노동자들도 노동력 가치보다 낮은 임금으로 자본가가 노동자를 부려 먹는 중요한 사례입니다.

　이윤율이 떨어지는 걸 직접적으로 막는 요인 세 번째는 기계 값 떨어뜨리기입니다. 이걸 좀 더 유식하게 말하면, 불변자본 요소들의 가치 떨어뜨리기 정도입니다. 기계 값이 떨어지면 같은 돈으로 기계를 더 살 수 있습니다. 하지만 자본의 유기적 구성은 그대로입니다. 이게 무슨 말일까요. 사람은 덜 쓰고 기계는 더 쓰는 게 자본의 유기적 구성의 고도화입니다. 좀 더 정확히 말하면, 자본의 유기적 구성의 고도화는 사람에게 들어가는 자본은 줄이고 기계에 들어가는 자본은 늘리는 걸 말합니다. 그러니까 기계 숫자가 늘어나더라도 거기 들어간 돈이 똑같으면 유기적 구성이 고도화됐다고 하지 않습니다. 기계 값이 떨어지면 똑같은 돈으로 기계를 더 사용하긴 하지만 기계 사는 데 들어간 자본은 그대로입니다.

"돈 들어간 건 똑같다니까?"
"알았어, 알았어. 근데 기계 수가 늘어났으니까 생산량도 늘었겠네?"
"물론 그렇지!"
"오~ 더 짭짤해졌겠는데? 안 그래?"

　유기적 구성은 똑같습니다. 그러나 기계가 더 늘어나면 노동자들은 더 많은 걸 생산합니다. 유기적 구성은 똑같지만 생산성은 높아집니다.

　이윤율이 떨어지는 걸 직접적으로 막는 네 번째 요인은 상대적 과잉인구 활용하기입니다. 자본의 유기적 구성이 높아지는 건 기계를 더 쓰고 사람을 덜 쓰는 것이기 때문에 노동자들은 자꾸 공장 밖으로 쫓겨나고 일할 사람이 남아돕니다. 이미 12장에서 확인한 사실입니다. 실업자가 늘어나면 어떤 자본가들은 기계화를 하는 데 돈을 더 들이지 않고 그냥 노동자들을 아주 값싸게 데려다 일을 시킵니다. 당연히 자본가의 이윤이 늘어납니다.

'역사적 자본주의'의 관점

평균 이윤율의 저하 경향은 그것을 막는 다양한 반작용 요인 때문에 현실에서 항상 관찰되지는 않습니다. 게다가 본문에서 설명한 것 이외에도 평균 이윤율 저하 경향을 막는 요인들은 매우 다양합니다.

"평균 이윤율 저하로 망해 가는 자본주의를 망하지 않게 할 비법들이 여기 있소!"

비법도 다양합니다. 노동자들이 불만을 갖지 않게 잘 달래는 비법, 기업을 이전과 다른 형태로 변신시키는 비법, 국가와 경제의 관계에 대한 새로운 비법 그리고 다른 나라와의 관계를 효과적으로 이끄는 비법 등 많습니다. 바로 이런 비법들을 누군가가 들고 나오고, 그것이 정말 효과를 발휘하면 평균 이윤율은 다시 올라갑니다. 노동자 계급을 포섭하고 관리하는 제도, 새로운 기업 조직 형태, 국가의 경제 개입 제도와 국가 간 시스템 등을 제시하고 관철시키는 자본과 국가가 등장하면 자본주의는 새로운 주도권(영어로는 헤게모니) 아래 계속 변신하면서 발전한다는 것입니다. 자본주의는 새롭게 호황을 맞이하며, 호황은 꽤 오랫동안 지속됩니다.

하지만 항상 그렇듯이 새로운 시스템이, 평균 이윤율이 떨어지는 경향을 막는 데 천년만년 효과를 발휘하는 것은 아닙니다. 효과는 약해지고, 새롭다고 칭송받던 시스템은 이제 낡은 것이라고 비판을 받습니다. 다시 이윤율은 떨어지고 주도권을 잡았던 쪽의 영향력은 약해집니다. 그러자 너도나도 또 다른 새로운 시스템을 주장하면서 주도권을 잡기 위해 서로 경쟁합니다.

이렇게 자본주의가 계속되는 과정, 즉 이윤율이 떨어지면서 새로운 돈벌이 시스템이 등장하고, 그것을 중심으로 자본주의 주도권이 교체되는 과정을 살펴보는 것을 최근에는 '역사적 자본주의의 관점으로 자본주의를 살펴본다.'고 합니다. 역사적 자본주의의 관점은 자본주의 역사가 첫 번째는 네덜란드, 두 번째는 영국, 세 번째는 미국 헤게모니를 중심으로 변해 왔다고 설명합니다.

좀 더 자세히 들여다보면 헤게모니 시기는 또 두 국면으로 나뉩니다. 처음에는 물질적 팽창이 일어나고, 그 시점이 끝나면 금융적 팽창이 일어난다고 합니다. 물질적 팽창 국면이란, 새로운 생산물을 많이 만들어 내고 그 물건이 잘 팔려 경제가 팍팍 돌아가서 사람들 일자리도 꽤 늘어나는 식의 호황 국면을 말합니다. 그런데 물질적 팽창 국면은 일정한 시점이 되면 위기가 옵니다. 이윤율이 떨어지기 때문입니다. 이때 물질적 팽창 국면은 경제가 폭삭 망하는 데에까지 가지 않고 금융적 팽창 국면으로 변신합니다. 금융적 팽창 국면이란 경제가 잘 돌아가긴 하는데 새로운 생산물을 만들어 내고 그 물건이 잘 팔리는 식으로 경제가 잘되는 것이 아니라 금융 쪽이 잘되는 식으로 호황을 누리는 걸 말합니다. 이때는 주식, 채권, 외국돈 등을 사고팔면서 이익을 남기는 사람들이 늘어나고, 그런 직업이 각광받습니다. 국민들이 너도나도 주식 같은 것을 사고팔아서 이익 남기는 재미에 빠집니다. 금융적 팽창 시기는 땀 흘려 노동한 결과로 새로운 걸 만들어 내는 것이 아니라, 그냥 있는 돈 넣어 놓고 불어나길 기다리는 '돈 놓고 돈 먹는' 때라고 할 수 있습니다.

이렇게 물질적 팽창 국면에서 금융적 팽창 국면으로 넘어가는 시기에는 일시적으로 사람들 씀씀이가 커지면서 흥청망청하게 되는데 이런 때를 프랑스 말로 '벨에포크(La belle epoque)'라고 합니다. 우리말로는 '좋은 시절'이라는 뜻입니다. 그런데 이 말은 경제가 앞으로도 영원히 잘되리라가 아니라 곧 망할 것이라는 암시입니다. 금융적 팽창 국면에는 금융자본이 어마어마하게 커지는데 이렇게 커진 금융자본은 보통 사람들이 상상도 할 수 없을 정도로 규모가 큰 '도박'을 하게 됩니다. 그리고 이것이 커다란 금융 위기를 야기합니다. 또, 이 시기에는 기존에 주도권을 잡았던 국가 힘이 약해져서 새로운 주도권을 놓고 국가와 국가가 치열하게 경쟁하고 다툽니다. 그동안 국가끼리 탈 없이 잘 지내던 시스템은 무너집니다. 때로는 거대한 전쟁이 벌어지기도 합니다. 자본주의는 아주 큰 혼란에 빠집니다.

2008년 이후 계속되는 금융 위기도 바로 이런 사태와 관계 있습니다. 금융 위기는 단순히 미국 금융 기관의 실수가 아니라 좀 더 거대하고 구조적인 문제라는 것입니다. 그래서 어쩌면 이번 금융 위기는 미국의 헤게모니가 끝난다는 증거일 수도 있습니다. 또 이번 일을 계기로 새로운 헤게모니를 쥔 국가의 지배로 자본주의가 변신할 수도 있고 혹은 한동안 대혼란기를 거칠 수도 있으며, 자본주의가 아닌 완전히 다른 사회가 펼쳐질 수도 있다는 것이 '역사적 자본주의'를 주장하는 사람들의 생각입니다.

15

탐욕이 부른 재앙

– 공황의 발생

14장에서 살펴봤듯이 이윤율은 계속해서 떨어지는 경향이 있습니다. 그 핵심적인 원인이 자본의 유기적 구성의 고도화, 즉 기계는 늘리고 사람은 줄이는 데 있음을 여러 차례 확인했습니다. 그런데 이러한 자본의 유기적 구성의 고도화는 기업이 다른 기업보다 조금이라도 돈을 더 벌려는 것 때문에 발생하고, 이것이 결과적으로는 사회 전체의 평균 이윤율을 떨어뜨린다고 했습니다. 평균 이윤율이 떨어지면서 결국 공황이 발생하는데요, 어떻게 공황이 발생하는지 조금 더 자세히 살펴보겠습니다.

이윤율이 떨어지면 사람들의 소비 능력이 전체적으로 떨어집니다. 물건을 사고 싶어도 돈이 없어서 살 수 없는 상황이 벌어진다는 것입니다. 이렇게 되면 기업은 만든 물건들을 팔지 못해 망합니다. 이런 일이 아주 큰 규모로 급작스럽게 일어나면 경제는 공황에 빠집니다.

막대한 양의 상품이 다 팔리지 못하는 이유는 자본의 유기적 구성의 고도화와 관련 있습니다. 유기적 구성의 고도화는 사람 대신 기계를 늘리는 것이라고 누차 말했는데요, 이 때문에 사람들 수중에는 그 전보다 돈이 덜 들어옵니다. 그러다 보니 기업이 물건을 만들어도 이걸 다 사 줄 사람이 부족해집니다. 돈이 있어야 소비를 하는데 돈이 없으니 소비가 줄어드는 것입니다. 유기적 구성을 고도화하는 움직임 때문에 결국 사회 전체적으로 소비 능력이 부족해지는 현상이 벌어집니다. 만든 물건은 많은데 이 물건이 팔리지 않는 일이 벌어지는 것입니다. 사실 이 때문에 자본주의는 상품의 '판로 개척'을 위해서 온갖 노력을 다합니다. 이와 관련해서 잠시 자본주의를 소비의 측면에서 바라보면 어떻게 이해할 수 있을지 짚어 보겠습니다.

욕망을 계발하는 사회

자본주의는 소비를 부추기기 위해서 온갖 일을 합니다. 대량으로 생산된 물건을 역시 대량으로 팔기 위해서는 사람들이 그 많은 물건을 죄다 사고 싶어 하도록 만들어야 합니다. 그래서 자본주의는 사람들이 소비하도록 여러 가지 방법으로 자극하는데 그 대표적인 것이 바로 브랜드, 광고, 유행 같은 것들입니다.

"아니, 옷이면 다 똑같은 옷이지 무슨 옷에다가 이름을 붙여?"
"그러게 말이야. 사람도 아니고 옷에다가 이름 붙이면 그 옷이 좋아하기라도 한대?"

아마도 맨 처음, 제품에 '브랜드'를 단 사람들을 보고 주변에서는 이런 반응을 보였을지도 모릅니다. 옷은 그냥 만들어서 입으면 되는 것이고, 계절마다 한두 벌씩만 있으면 되는데 웬 오버냐고 생각했을 법합니다.
하지만 자본주의는 자본주의가 만들어 낸 상품에 브랜드를 붙이고 그걸 광고하기 시작했습니다. 이러면서 '유행'이라는 현상이 생겼습니다.

"아니, 너 그 옷은 사서 뭐하려고 그래?"
"아빠!!!!! 우리 반 애들은 다 이 옷 입는단 말이야~~!"

유행을 따르지 않으면 시대에 뒤처지는 사람처럼 됩니다.

"이 옷이 비록 10년 됐지만 아직도 입을 만하니까 그냥 입어!"

"요새 이런 옷을 누가 입는다고 그래요?!"

이렇게 실제로 필요하지 않아도, 유행에 뒤처지지 않으려고 사람들은 상품을 삽니다. 필요해서가 아니라 심리적 만족을 위해서 말입니다. 정말 필요해서라면 옷은 계절별로 한두 벌만 있으면 됩니다. 여름엔 더우니까 시원해야 할 필요를 충족시키기 위해서 한 벌, 빨래 빨았을 때 입어야 하니까 또 한 벌, 이렇게 두 벌 있으면 됩니다. 겨울엔 추우니까 좀 따뜻할 필요가 있으므로, 그 필요를 충족시키기 위해서 한 벌, 빨래했을 경우를 대비해서 한 벌, 역시 두 벌 있으면 됩니다. 하지만 심리적 만족을 위해서라면 옷은 한두 벌로는 부족하고, 몇 벌이 있어도 상관없습니다.

심리적으로 만족하기 위해 사람들이 정말 그렇게 많이 소비할까 의문을 품을 수 있는데, 정말 그렇습니다. 사람들이 소비하는 상당한 이유가 심리적으로 만족하기 위해서입니다. 몇 년 전에 미국 애플사에서 만든 '아이폰'이라는 핸드폰 제품이 사람들 사이에서 폭발적인 호응을 얻었습니다. 인터넷에서는 아이폰이 '천상의 디자인'을 갖췄다고 야단법석이었고, 사람들은 아이폰이 나오는 날 새벽부터 제품을 사려고 줄을 늘어섰습니다. 드디어 아이폰이 출시되는 시각, 미국 전역에서 아이폰은 순식간에 동나 버렸답니다.

이렇게 인기 폭발이었던 아이폰의 단점은 딱 두 개밖에 없었다고 합니다. 하나는 개통이 잘 안 되고, 또 하나는 일 년에 한 번쯤 배터리를 바꾸기 위해 전화기를 애플사에 일주일 정도 맡겨야 하는 것이었습니다. 새로 나오는 핸드폰에 이런 문제가 있다면 사람들은 대부분 쳐다보지도 않았을 겁니다. 하지만 아이폰은 그렇지 않았습니다. 개통이 잘 안 되고, 배터리 바꾸는 데 일주일 걸리는 전화기는 디자인이 예쁘고, 최신 유행을 선도한다는 이유로 사람들의 심리를 자극했고 사람들은 이걸 사는데 주저하지 않았습니다.

최근에 한국에도 많아진 유명 브랜드의 커피숍들도 마찬가지입니다. 많은 사람이 이런 곳에서 몇 시간씩 커피를 마시기도 하고, 책도 읽습니다. 어떤 사람들은 커피가 맛있다는 이유로, 또 어떤 사람들은 시간을 때우기에 적당한 곳이라서 찾습니다. 그런데 이와 동시에 사람들은 이런 장소에 머물면서 자기가 뭔가 좀 세련된 도시인이 되었다는 심리적 만족도 얻습니다. 이럴 경우 사람들은 커피가 아니라 유명 브랜드의 '이미지'를 소비하고 있는 것입니다.

이런 식의 소비를 통해 사람들은 자신의 개성과 정체성도 확인합니다. 개성이나 정체성을 확인하는 방법이 뭐 다른 데 있는 게 아니고 돈 써서 물건이나 서비스를 사는 겁니다. 소비 수준이 어떠냐에 따라서 사람의 수준이 갈립니다. 사람들이 돈을 버는 이유 중의 하나는 뭔가 더 좋은 걸 소비하기 위해서입니다. 소비가 살아가는 이유가 된 것입니다.

자본주의는 한편에서는 이렇게 심리적 욕구 충족을 위해 사람들이 대량으로 소비하도록 만들어 놓고, 다른 한편에서는 자본의 유기적 구성을 계속 고도화해서 사람들의 호주머니를 더욱 비웁니다. 그래서 사람들은 심리적 욕구 충족을 위한 소비에 열을 올리지만 동시에 아예 그런 건 꿈도 못 꿉니다. 사회 전체적으로는 소비 수준이 점점 떨어집니다.

한곳으로 몰리는 돈

자본의 유기적 구성이 고도화되면 그냥 단순히 노동자가 줄고 기계가 더 늘어나는 일만 일어나는 게 아닙니다. 현실적으로는 자본이 점점 쌓

이거나 한곳으로 모입니다. 이러면서 자본 규모가 점점 거대해집니다.

자본가 찔찔이가 드디어 정치에 진출했습니다.

"지지율 떨어지는데 총선은 코앞이고 무슨 대책이 있습니까?"

"그럼요, 질이 떨어지면 양으로 승부한다. 이것이 바로 저의 철학입니다."

"아니 찔찔이 의원! 무슨 뚱딴지 같은 소리입니까?"

"지지율이 떨어질수록 우리 후보들이 출마하는 지역구를 점점 넓히는 겁니다. 그러면 표를 더 많이 얻을 수 있을 거 아닙니까."

"지지율이 떨어지는 걸 출마 지역구를 늘려서 만회하자. 음……."

"네, 바로 그겁니다. 질보다는 양이다. 이거 아닙니까!!"

이윤율이 떨어지자 자본은 이익 남길 방법을 찾다가 결국 덩치 키우기를 택합니다. 이윤율이 떨어지는 대신 이윤의 양을 늘리는 겁니다. 이윤 양을 늘리기 위해서 덩치 키우는 걸 다른 말로는 '자본의 집적'이나 '자본의 집중이 강화된다'고 표현합니다. 이렇게 자본은 가능한 한 최대한 자기 덩치를 키우려고 하는데 이 과정에서 아래와 같은 문제가 생깁니다.

첫 번째는 산업자본으로 역할 할 수 있는 최소 규모가 매우 커집니다.

"여보쇼. 인제 그 정도 당원 숫자로는 아예 이 판에 못 끼지."

"예?"

"여기는 덩치 큰 당만 모여서 노는 곳이라고, 알아들었어? 당원이 그 정도밖에 없으면 아예 안 끼워 줘."

"그런 게 어디 있습니까? 그냥 하면 하는 거지."

"어허~ 여기서 버틸 수 있는 최소 규모가 있어, 이 사람아! 그걸 꼭 말로 해야 하나? 그 정도도 안 돼서 우리하고 경쟁하겠다고? 당신들 말이야 남들이 참신하다고 하니까 아주 세상 물정 모르고 나대는데, 참신한 게 중요한 게 아니고 규모가 중요한 거야, 규모가!!"

자본 전체의 이윤율이 점점 떨어지는 상황을 막기 위해서는, 비록 덩치는 작더라도 이윤율이 높은 새로운 자본이 나서 줘야 합니다. 참신한 자본이 산업에 새롭게 진출해 줘야 산업 전반에 활력이 생기고 자본의 이윤율도 높아질 수 있습니다. 하지만 이런 참신한 자본들은 덩치 큰 자본들이 이미 버티고 있어서 아예 진출할 수 없게 됩니다. 덩치가 작아서 애초부터 시작을 못하게 된다는 겁니다. 자본의 규모가 커지면, 새롭게 진출하는 자본도 웬만한 규모는 갖추고 있어야 경쟁할 수 있습니다. 새롭게 시작하는 자본이 그 큰 규모를 감당하기는 힘들기 때문입니다.

결국 자본의 집적이나 집중 때문에 이윤율이 높은 새로운 자본은 만들어지기 어렵고, 자본 전체적으로 이윤율을 높일 수 있는 가능성은 사라집니다. 그뿐만 아닙니다. 애초 산업에 진출하려던 돈들이 그냥 쉬면서 떠돕니다. 갈데없는 신세가 되면서 떠돌다가, 돈들이 항상 그렇듯이 은행 같은 금융 기관 등을 거쳐 기존 자본에게 넘어갑니다. 이렇게 되면 기존 자본의 덩치는 더욱 커집니다. 기존 자본은 덩치 키우기로 새로운 자본이 들어오지 못하도록 할 뿐만 아니라, 이 자본을 금융 기관을 통해 오히려 자신이 먹어 버리는 것입니다. 이렇게 해서 자본의 집중은 더욱 강화됩니다.

언젠가 거품은 꺼진다

게다가 여기서 발생하는 문제가 하나 더 있습니다. 이윤율은 계속 떨어
지는데 웬만한 사업은 초기 자금 규모가 커서 시작하기도 힘듭니다. 또
시작하더라도 경제 전체의 이윤율이 낮아서 얼마나 이익이 생길지 알
수 없습니다. 그러면 돈은 결국 다른 쪽으로 몰립니다. 어차피 돈이야 뭐
든 해서 계속 불어나기만 하면 되니까 좀 더 쉽게 돈을 벌 수 있는 분야
로 돈이 몰립니다. 그 분야들이 바로 '주식', '부동산' 같은 것들입니다.
이러다 보면 실물 경제는 그대로인데 경기는 팽창합니다. 땅은 원래 있
던 땅 그대로이고, 공장에서 생산하는 물건도 예전이나 다를 바 없으며,
공장에서 일하는 노동자도 그 숫자 그대로이지만, 자꾸만 부동산이나
주식 값이 오릅니다. 가격이 계속 오르면 사람들은 '요즘은 부동산이나
주식에 투자해야 해.'라고 생각하고 자꾸 돈을 더 투자합니다. 투기 심리
가 생기는 겁니다. 이게 계속돼서 결국 비이성적인 수준의 투기가 발생
하게 되는데요, 이런 걸 보통 '경제에 거품이 끼었다'고 말합니다.

   거품 경제는 여러 이유로 언젠가는 꺼집니다. 자본주의 역사를 보면
거품 경제는 자주 있었고, 또 결국 꺼졌습니다. 거품이 갑작스럽게 꺼지
면 경제는 큰 충격을 받습니다. 비싸게 주고 산 부동산이나 주식이 하루
아침에 껌 값이 됩니다. 돈은 더는 투자할 데가 없어서 갈 곳을 몰라 합
니다. 최근 미국의 경제 위기는 돈을 갚을 수 없는 사람에게도 금융 기관
에서 돈을 빌려 준 데서 비롯됐습니다. 이자율이 높아지면서 돈을 못 갚
는 사람들이 늘어나자 돈 빌려 준 금융 기관이 망하기 시작하고, 그 금융
기관들과 복잡하게 연관된 다른 금융 기관들도 같이 망했습니다.

"자, 맥주 한잔 받아."

"야! 술 잘 따라야지. 에이, 이거 봐 거품이 너무 많이 생겼잖아."

거품 낀 맥주는 마셔 봐야 맛이 하나도 없고, 결국 거품은 가라앉습니다. 마찬가지입니다. 이윤율은 바닥인 상태에서 계속 돈을 쏟아부어 봐야 거품만 생깁니다. 부동산이나 주식에 투자하는 돈 때문에 부동산과 주식 가격은 뛰겠지만, 그렇게 해서 새롭게 생산되는 건 아무것도 없습니다. 그리고 결국 거품은 꺼집니다. 하지만 거품이 꺼지기 전까지 사람들은 거품이 꺼질 거라고 생각하지 않습니다. 자기는 그 전에 땅을 팔고 나올 거라고 생각합니다. 다른 쪽 이윤율은 다 떨어진 상황에서 주식이나 부동산 쪽에는 투자만 하면 가격이 올라서 돈을 벌 수 있다면, 이렇게 생각하지 않을 사람이 없습니다. 모두 이성을 잃게 됩니다.

자본가 찔찔이가 정치를 하고 나서는 술이 더 늘었습니다.

"으윽, 취했어. 이 술 아주 맛이 좋구면. 또 다른 술 없어? 다른 술?"

알코올 중독자는 허구한 날 술을 찾습니다. 아무리 취했더라도 술을 더 먹고 싶어 합니다. 투기 중독자도 똑같습니다. 제정신으로 제대로 된 밥을 먹을 생각은 안 하고 계속 술만 찾는 알코올 중독자처럼, 투기 중독자도 돈 되는 부동산, 돈 되는 주식을 찾는 게 유일한 관심사입니다. 알코올 중독자가 사리 분별을 못하듯이 투기 중독자도 마찬가지입니다.

"헤헤, 그래도 술이 최고야~!! 술 마시는 인생이 최고의 인생이야. 안 그래?"

"당신 아무래도 알코올 중독인 것 같네."

"중독은 무슨 중독. 난 그냥 술로 인생을 즐길 뿐이야, 이 사람아. 술이 인생이고 인생이 술이지."

그렇습니다. 알코올에 중독된 사람은 술 마시는 게 최고입니다. 투기에 중독된 사람은 투기로 돈을 버는 게 최고입니다. 남들은 알코올 중독자에게 알코올 중독자라고 말하지만 자신은 단지 술로 인생을 즐길 뿐이라고 하는 것처럼, 주식이나 부동산 투기를 하는 사람들은 자신은 단지 주식이나 부동산에 '투자' 할 뿐이라고 얘기합니다. 이런 과정에서 사람들은 주식이나 부동산과 관련된 투자를 전문적으로 해 주는 금융 기관이 자본주의를 대표하는 곳이라고 믿습니다. 자본주의의 최첨단은 금융이며 경제 전체가 바로 금융을 중심으로 굴러가야 한다고 생각합니다. 국가도 금융을 적극 육성하는 쪽으로 정책을 씁니다. 사람들 사이에서는 추접스럽게 기름때 묻혀서 돈 버는 것보다, 고급스럽게 컴퓨터 자판 두드려 가면서 '투자' 하는 것이 세련되다는 믿음이 퍼집니다. 서점에는 '재테크' 관련 서적이 넘쳐 납니다.

"술을 그렇게 마시더니⋯⋯. 이봐, 찔찔이. 이런 데서 자면 어떡해?"

술을 있는 대로 마신 알코올 중독자는 결국 토하거나 쓰러집니다. 최고로 취할 때까지 마셔 최고로 흥분한 알코올 중독자는 모든 게 잘될 거라고 믿습니다. 그러나 결국 먹었던 모든 걸 토해 냅니다. 길바닥에 쓰러집니다. 이제 더는 밥 먹을 힘도 없습니다. 투기에 여념이 없던 자본주의는 최고로 흥분합니다. 모든 게 잘될 거라고 믿습니다. 그러나 결국 투기에 동원됐던 돈은 사라지고, 경제는 쓰러집니다. 이제 실물 경제를 일으킬 힘도 사라집니다.

탐욕이 부른 재앙

자본의 유기적 구성의 고도화로 인해 소비 능력에 문제가 생기고 자본은 덩치를 키우지만, 그것이 결국에는 이윤율을 더욱 떨어뜨립니다. 또한 투기가 발생하여 위기의 가능성은 높아집니다. 이러한 과정을 거쳐서 결국 경제는 과잉 생산의 모습으로 공황에 빠집니다. 공황은 항상 과잉 생산의 모습을 띱니다. 과잉 생산이란 말 그대로 너무나 많이 생산했다는 뜻입니다. 그런데 이 말이 수요보다 공급이 훨씬 많다는 뜻은 아닙니다. 구분을 좀 해 보겠습니다.

"우와, 올해는 풍년이야 풍년!"
"그러게 말일세. 작년보다 농사가 두 배는 잘됐구먼!!"
"그런데 말이야. 이런 걸 바로 과잉 생산이라고 하지 않을까?"

만약 조선 시대 상황이라면 이건 과잉 생산이 아닙니다. 그냥 쌀이 많이 나온 것이고, 그만큼 좋은 일입니다. 그런데 이 상황이 자본주의에서라면 과잉 생산일 가능성이 큽니다.

"풍년이면 뭐하나. 남는 게 하나도 없는데."
"왜?"
"왜는 무슨. 예전 같으면 쌀 1가마니 팔면 5만 원은 남았겠지? 근데

이제는 적자야 적자."

"그럼, 이걸 어떡하지? 그냥 버려야 하나? 차라리 동네에 밥 못 먹는 사람 좀 나눠 줄까?"

"이 사람이 미쳤나? 그걸 왜 나눠 줘? 우리가 주변 사람들한테 좋은 일 하려고 농사지었나? 팔아서 돈 좀 만지려고 농사지었지. 차라리 다 불태워 버리는 게 낫지, 왜 사서 고생을 해?"

이렇게 과잉 생산이란 자본이 제대로 이윤을 챙길 수 없는 상태를 말합니다. 이윤율이 적당히 보장이 안 되는 상태라는 것입니다. 그러니까 과잉 생산이란 수요에 비해서 너무 많이 생산된 것이 아니라 자본이 돈벌이하고 싶은 욕심에 비해 너무 많이 생산된 것을 말합니다.

"꺼어억~~, 아이구 배부르다. 이렇게 먹었는데도 음식이 저렇게 남았구먼. 너무 과잉 생산한 거 아냐?"

이런 걸 과잉 생산이라고 부르지는 않습니다.

"아이고, 배고파. 이렇게 배가 고픈데 저기 쌓인 음식은 먹을 수가 없구만. 정말 너무 힘이 들어."

"내 참, 누구는 힘 안 드나? 이렇게 음식을 많이 만들어 놨는데, 당신 같은 가난뱅이들 말고, 돈 내고 사 먹을 사람이 하나도 없으니 이거 이 음식들을 다 어떻게 해. 너무 많이 생산했어. 과잉 생산이야, 과잉 생산."

이런 게 과잉 생산입니다. 과잉 생산은 사람들이 생산한 물건을 필요로 하느냐 안 하느냐를 가지고 따지는 것이 아니라 '그만큼 생산하면 자본이 이윤을 얻을 수 있느냐 못 얻느냐'로 따집니다. 공황은 바로 이런 모습으로 찾아옵니다. 한쪽에서는 물건이 쌓여 가는데, 한쪽에서는 물건을 사지 못하는 사람들이 쌓여 갑니다. 한쪽에서는 음식이 쌓여 가고, 한쪽에서는 배고픈 사람들이 쌓여 갑니다. 한쪽에서는 과잉 생산이 일어나고, 한쪽에서는 과잉 인구가 쌓여 갑니다. 이 모든 것의 중심에는 돈을 벌려는 욕심, 그러니까 자본이 스스로의 가치를 더 키워 가려는 '가치 증식욕'이 있습니다. 가치 증식욕만 없으면 한쪽에 쌓여 있는 밥을 다른 쪽의 굶는 사람이 가져다 먹으면 됩니다. 그러나 돈 벌 욕심이 중간에 끼면 사람은 죽어 나가고, 그 사람이 먹을 밥은 그 옆에서 버려집니다. 자본주의는 욕심을 부리다 망합니다.

이쯤에서 갑자기 의문이 듭니다.

"아니? 경제학에서는 시장이 수요와 공급을 딱딱 조절해 준다면서? 그런데 왜 저런 일이 벌어지지?"

주류경제학에서는 시장이 가격을 통해 수요와 공급을 조절한다고 설명하고 있습니다. 그리고 이렇게 수요와 공급을 조절하는 가격 기구를 '보이지 않는 손'이라고 설명합니다. 그런데 공황의 발생 과정을 살펴보면 의문이 듭니다. 과연 시장은, 보이지 않는 손은 대체 뭘 하고 있나. 안 보인다고 어디 가서 놀고 있나 싶습니다.

각도를 좀 달리해서 보겠습니다. 자본들 사이에서는 사전에 어떤 조정도 이루어지지 않습니다. 이런 걸 '생산의 무정부성', '무계획성'이라고

합니다. 조절해 주는 정부도, 계획도 없다는 겁니다. 자본주의 시장에서는 가격 말고 다른 신호는 전혀 없는 상황이라 가격이 결정된 다음에 조정합니다. 그래서 자본가들이 사회가 필요한 만큼만 알아서 생산하는 일은 절대 없습니다. 뭘 얼마나 만들까를 미리 서로 의논해서 결정하고 조절한다면 과잉 생산 같은 건 없습니다. 하지만 이러면 자본주의가 아닙니다. 따라서 시장은 경제 위기를 막을 수 없습니다. 자본주의 시장 경제에서 위기는 불가피합니다.

서브프라임 모기지 사태

서브프라임 모기지란 한국말로 '비우량 주택 담보 대출'로 번역됩니다. 보통 뭔가를 담보로 잡고 대출해 줄 때는 대출받는 사람이 소득은 있는지, 신용은 높은지 등을 꼼꼼하게 따집니다. 그런데 서브프라임 모기지는 서브프라임(subprime)이라는 단어가 원래 '최고급 다음가는'이라는 뜻인 데에서도 알 수 있듯이 소득이 불안정하거나 신용이 낮은 사람들에게 주택 담보 대출을 해 주는 것입니다. 그 대신에 이자는 신용이 높은 사람들에 비해 좀 많이 받는 조건으로요.

상식적으로 생각하면, 돈은 갚을 수 있는 사람에게 빌려 주는 것이 정석입니다. 돈 빌려 주는 금융 기관이 돈 못 받을 거라고 생각하면서 대출해 주지는 않습니다. 게다가 대출금을 못 받으면 금융 기관 자체가 자금난을 겪을 수도 있습니다. 그런데 미국의 금융 기관들이 서브프라임 모기지 상품을 자꾸 판 것은 집값이 계속 오를 거라고 판단했기 때문입니다. 집값이 오르면 소득이 불안정하더라도 어차피 재산은 불어나기 때문에 대출금 갚는 건 별로 어렵지 않으리 라고 본 겁니다.

그런데 문제는 미국 금융 기관들이 이렇게 집값이 오를 것이라고 생각하고 서브프라임 모기지 대출을 해 줬는데 예상과 달리 집값이 점점 떨어졌다는 겁니다. 미국 집값은 2001년쯤부터 5년 동안 계속 올랐습니다. 이건 미국의 중앙은행 격인 '연방준비제도이사회'가 2000년 이후에 정보통신업계 거품이 꺼지면서 주가가 하락하고 미 국 경기도 침체될 것으로 보이자 대대적으로 금리를 낮췄기 때문입 니다. 게다가 9·11 테러 때문에 경기가 더 침체되리라 여겨 연방준 비제도이사회에서는 아예 금리를 1퍼센트대로 낮췄는데요, 이로 인 해 낮은 금리의 돈이 주로 주택 쪽으로 몰린 겁니다. 이 과정에서 2003년 정도부터는 서브프라임 모기지 대출이 특히 점점 많아져 2006년에는 대출 규모가 총 600조 원에 이르렀습니다.

그런데 2004년부터 연방준비제도이사회는 기준 금리를 점차 높 였습니다. 돈이 너무 주택으로 몰려서 경기가 과열되고, 물가도 너 무 많이 오를 것 같아서였습니다. 이 때문에 연방준비제도이사회는 기준 금리를 2년 동안 17번이나 올려서 나중에는 금리가 처음 1퍼 센트에서 5.25퍼센트로 훌쩍 뜁니다. 이렇게 되자 돈을 대출받은 사 람들이 내야 하는 이자도 훨씬 많아졌습니다. 보통 주택 담보 대출 이자는 딱 몇 퍼센트로 고정되어 있는 것이 아니라 때에 따라 변하 는 식입니다. 그래서 금리가 높아지자 부담도 커진 것입니다. 거기다가 금리가 높아지면 돈이 덜 풀려 경기는 더 안 좋아질 수밖에 없습니다. 주택 경기도 점점 안 좋아지는 건 당연합니다. 그리고 이 때문에, 집값이 계속 올랐다면 집을 담보로 금융 기관에서 추가로 대출을 좀 더 받기도 하면서 이자와 원금을 갚아 나갔을 서민들은 이제 돈 갚을 길이 막막해집니다. 서민들이 돈을 못 갚자, 서민들에게 돈을 빌려 준 모기지 대출업체들이 손해를 보기 시작했습니다. 그리고 이 경향이 계속 심해지면서 결국 회사 자체가 부실해지고 급기야 파산까지 하게 된 것입니다. 2009년 초, 망하기 직전에 미국 정부가 국유화해 버린 패니메이, 프레디맥 같은 회사들이 대표적으로 이런 과정을 겪은 모기지 대출업체들이었습니다.

사태는 여기서 끝나지 않았습니다. 모기지 대출업체뿐만 아니라 '투자은행'들에도 문제가 생겼습니다. 우선 투자은행이 무엇인지 설명을 드리겠습니다. 미국에는 커다란 금융 기관으로 투자은행과 상업은행이 있습니다. 둘 다 '은행'이라는 글자가 들어가지만, 두 금융 기관이 하는 일은 많이 다릅니다. 한국에서 보통 그냥 '은행'이라고 부르는 것이 상업은행입니다. 상업은행은 고객한테 받은 예금을 모아 기업에 대출해 주고, 기업에서 받은 이자 중 일부를 예금한 고객에게 다시 이자로 주고 나머지 마진을 챙기는 식으로 사업을 합니다.

그런데 투자은행은 다릅니다. 투자은행은 주식이나 채권이나 외환 같은 것들에 투자를 합니다. 이런 투자를 하기 위해서 보통은 다른 데서 돈을 빌려 옵니다. 남의 돈을 빌려다가 투자한다는 것입니다. 또한 투자은행은 온갖 형태의 파생 금융 상품에 투자합니다. 파생 금융 상품은 주식, 채권, 외환 같은 기초적인 금융 상품에서 파생되어 나왔다고 해서 '파생 금융 상품'이라고 합니다. 투자은행은 다양한 종류의 파생 금융 상품들도 취급합니다. 서브프라임 모기지 사태로 인해서 투자은행이 몰락한 것이 바로 이 파생 금융 상품들 때문입니다.

모기지 대출 회사는 주택을 담보로 한 번 돈을 빌려 주고 나면 이자를 꼬박꼬박 받고 나중에 원금도 돌려받을 '권리'를 가지고 있습니다. 이 권리를 가지고 있으면 돈이 꼬박꼬박 들어오니까 결국 이런 권리는 '돈이 되는 물건', 즉 '자산'입니다. 그런데 한 가지 문제가 있습니다. 이 자산은 당장 돈으로 바꿀 수 있는 게 아니라는 겁니다. 만기가 되어야 원금을 돌려받고, 이자도 정해진 때에만 받습니다. 주택 담보 대출 같은 경우 원금은 20~30년이나 지나야 받을 수 있습니다. 자산이긴 자산인데 유동적인 자산은 아니고 꽁꽁 묶여서 움직일 수 없는 자산이라는 겁니다.

그런데 만약 대출업체가 이 자산을 다른 사람에게 팔 수 있으면 어떻게 될까요? 그렇게 되면 나중이 아니라 지금 당장 돈이 생기니까 매우 좋습니다. 그 돈으로 또 대출해 줄 수도 있게 됩니다. 그렇다면 더는 고민할 게 없습니다. 돈을 빌려 줘서 생긴, 원금과 이자를 받을 권리를 아예 다른 사람에게 돈 받고 팔아 버리면 됩니다. 이건 곧 유동적이지 않은 자산을 유동적으로 만들어 버리는 겁니다. 바로 이런 고민에서 나온 것이 자산유동화증권(ABS)이라는 것입니다.

모기지 대출을 해 주고 모기지업체가 갖게 된 이자와 원금을 받을 권리는 이런 식으로 유동화되어 새로운 이름의 증권(주택저당증권, MBS)으로 거래됩니다. 여기에다가 자동차 대출, 기업 대출, 학자금 대출 등을 담보로 발행된 다른 증권을 혼합해서 또 다른 증권이 만들어집니다(부채담보부증권, CDO). 미국의 투자은행은 바로 이런 과정을 주도했습니다. 그래서 모기지 대출을 못 갚게 되자, 모기지 대출과 연결되어 있던 각종 증권들이 모두 부실하게 되었고, 이 때문에 미국의 투자은행들이 큰 손실을 입게 된 것입니다.

뭐, 다른 세상은 없을까

세탁기가 안 돌아가면, 코드가 잘 꽂혀 있는지 보고, 안에 빨래가 한 군데에 몰려 있지는 않은지 좀 정리한 뒤 다시 돌려 볼 수 있습니다. 그래도 안 되면 손으로 몇 대 퍽퍽 쳐 봅니다. 운이 좋으면 세탁기는 다시 돌아갈 겁니다. 그런데도 세탁기가 잘 안 돌아가고 툭하면 고장 난다면 아예 버리는 게 속 편합니다.

자본주의가 잘 안 돌아가면, 세탁기처럼 코드가 잘 꽂혀서 전원이 들어오는지 즉 '투자'가 잘되는지를 신경 쓰고, 또 빨래가 한 군데에 몰려 있지는 않은지 보는 것처럼 자원이 한 군데에 몰려 있지 않은지 확인해서 조정하고, 그래도 안 될 경우에는 몇 대 퍽퍽 치면, 그러니까 정부가 강력하게 충격을 좀 주면 된다고 주장할 수 있습니다. 하지만 그래도 자본주의는 걸핏 하면 공황에 빠지고 사람들은 고통스럽습니다. 이럴 바에야 자본주의 말고 새로운 사회를 만드는 게 훨씬 낫겠다는 생각이 듭니다. 고장 난 세탁기는 버리자는 겁니다.

나만 살길은 없다

서점에서 잘 팔리는 책들이 있습니다. 재테크, 처세술, 시간 관리, 자기 계발에 관한 책들입니다. 이런 건 모두 '각자 잘살기' 위한 비법입니다. 그런데 모두 이런 책을 보기 때문에 내가 남보다 특별히 더 나아지리라는 보장은 사실 없습니다. 그래도 뭐, 지금까지는 그냥 각자 알아서 잘살아도 살만 했을지 모르겠습니다. 학교 졸업하고 취직해서 그럭저럭 먹고살면 인생이 꼭 그렇게 고달픈 것만은 아닐 수도 있었습니다.

그러나 경제 위기의 시대에 이제는 자본주의 자체가 흔들리고 있습니다. 사회 전체가 무너지는데 혼자 알아서 잘살 도리는 별로 없습니다. 지금부터는 어떻게 살아야 하는지 고민해야 합니다. 어떻게 먹고 살아야 하는가가 아니라 어떻게 살아야 하는가를 고민해야 합니다. 그리고 이고민이 우리가 어떻게 먹고 살아야 하는가를 결정짓습니다.

어떻게 살아야 하는가. 자기 혼자 고민해서는 답이 안 나옵니다. 혼자 노력한다고 해서 길이 보이지 않습니다. "사교육, 부동산 등 부자들이 이길 수밖에 없는 게임에 뛰어들면서 자기 가족만 살 수 있을 거라는 헛된 믿음은 버려야 합니다. 우리 모두 살길만 있지 나만 살길은 없습니다." 사실 이건 제 말이 아니고 술과 경제학으로 인생을 꽉꽉 채우고 계시는 진보신당 칼라TV 대표 정태인 선생님이 어느 강연에서 하신 이야기입니다. 요즘 시대에 우리에게 가장 필요한 말입니다.

"미루야, 아빠는 일찍 자고 내일 아침에 일찍 일어나야 해."
"왜에??"
"아빠가 미루 맛있는 거 사 주려고 새벽에 일어나서 책 쓰고 있거든."

"정말?"

"응, 그러니까 빨리 자자."

"그래~!!"

밤마다 안 자려고 버둥거리는 애를 달래다 못해 이렇게 설득했는데 의외로 애가 빨리 자겠답니다. 역시 맛있는 게 최곱니다. 사실 맛있는 걸 그냥 주는 게 아니고 '사 주는 것'은 우리가 자본주의에 살고 있기 때문입니다. 무슨 말인지 알아듣는 건 아이도 벌써 자본주의에 다 적응했기 때문인 것 같습니다. 그러나 맛있는 것보다 더 최고는 세상을 바꾸는 것입니다. 세상을 바꿔서 모든 사람이 사랑하는 사람에게 맛있는 것을 실컷 줄 수 있게 되는 게 최곱니다. 그런 사회를 위해서 지금 우리가 살고 있는 사회를 충분히 알고 있는지, 알았다면 '함께' 문제를 해결하기 위해서 노력하고 있는지 돌아봐야 합니다. 지금이야말로 개인만의 행복을 위한 처세가 아니라 연대가 중요합니다. MB 빼고 다 연대합시다. 어차피 MB는 《자본론》안 읽었을 테니까.